# ALBANAIS

## VOCABULAIRE

# FRANÇAIS
# ALBANAIS

Les mots les plus utiles
Pour enrichir votre vocabulaire et aiguiser
vos compétences linguistiques

## 9000 mots

# Vocabulaire Français-Albanais pour l'autoformation - 9000 mots

Par Andrey Taranov

Les dictionnaires T&P Books ont pour but de vous aider à apprendre, à mémoriser et à réviser votre vocabulaire en langue étrangère. Ce dictionnaire thématique couvre tous les grands domaines du quotidien: l'économie, les sciences, la culture, etc ...

Acquérir du vocabulaire avec les dictionnaires thématiques T&P Books vous offre les avantages suivants:

- Les données d'origine sont regroupées de manière cohérente, ce qui vous permet une mémorisation lexicale optimale
- La présentation conjointe de mots ayant la même racine vous permet de mémoriser des groupes sémantiques entiers (plutôt que des mots isolés)
- Les sous-groupes sémantiques vous permettent d'associer les mots entre eux de manière logique, ce qui facilite votre consolidation du vocabulaire
- Votre maîtrise de la langue peut être évaluée en fonction du nombre de mots acquis

T&P Books Publishing
www.tpbooks.com

ISBN: 978-1-78716-997-5

Ce livre existe également en format électronique.
Pour plus d'informations, veuillez consulter notre site: www.tpbooks.com ou rendez-vous sur ceux des grandes librairies en ligne.

# GUIDE DE PRONONCIATION

| Alphabet phonétique T&P | Exemple en albanais | Exemple en français |
|---|---|---|
| [a] | flas [flas] | classe |
| [e], [ɛ] | melodi [mɛlodí] | poète |
| [ə] | kërkoj [kərkój] | record |
| [i] | pikë [píkə] | stylo |
| [o] | motor [motór] | normal |
| [u] | fuqi [fucí] | boulevard |
| [y] | myshk [myʃk] | Portugal |
| | | |
| [b] | brakë [brákə] | bureau |
| [c] | oqean [ocɛán] | corse - machja |
| [d] | adoptoj [adoptój] | document |
| [dz] | lexoj [lɛdzój] | pizza |
| [dʒ] | xham [dʒam] | adjoint |
| [ð] | dhomë [ðómə] | consonne fricative dentale voisée |
| | | |
| [f] | i fortë [i fórtə] | formule |
| [g] | bullgari [buɫgarí] | gris |
| [h] | jaht [jáht] | [h] aspiré |
| [j] | hyrje [hýrjɛ] | maillot |
| [ɟ] | zgjedh [zɟɛð] | Dieu |
| [k] | korik [korík] | bocal |
| [l] | lëviz [ləvíz] | vélo |
| [ɫ] | shkallë [ʃkáɫə] | lit |
| [m] | medalje [mɛdáljɛ] | minéral |
| [n] | klan [klan] | ananas |
| [ɲ] | spanjoll [spaɲóɫ] | canyon |
| [ŋ] | trung [truŋ] | parking |
| | | |
| [p] | polici [politsí] | panama |
| [r] | i erët [i érət] | racine, rouge |
| [ɾ] | groshë [gróʃə] | espagnol - pero |
| [s] | spital [spitál] | syndicat |
| [ʃ] | shes [ʃɛs] | chariot |
| [t] | tapet [tapét] | tennis |
| [ts] | batica [batítsa] | gratte-ciel |
| [tʃ] | kaçube [katʃúbɛ] | match |
| [v] | javor [javór] | rivière |
| [z] | horizont [horizónt] | gazeuse |
| [ʒ] | kuzhinë [kuʒínə] | jeunesse |
| [θ] | përkthej [pərkθéj] | consonne fricative dentale sourde |

# ABRÉVIATIONS
## employées dans ce livre

## Abréviations en français

| | | |
|---|---|---|
| adj | - | adjective |
| adv | - | adverbe |
| anim. | - | animé |
| conj | - | conjonction |
| dénombr. | - | dénombrable |
| etc. | - | et cetera |
| f | - | nom féminin |
| f pl | - | féminin pluriel |
| fam. | - | familiar |
| fem. | - | féminin |
| form. | - | formal |
| inanim. | - | inanimé |
| indénombr. | - | indénombrable |
| m | - | nom masculin |
| m pl | - | masculin pluriel |
| m, f | - | masculin, féminin |
| masc. | - | masculin |
| math | - | mathematics |
| mil. | - | militaire |
| pl | - | pluriel |
| prep | - | préposition |
| pron | - | pronom |
| qch | - | quelque chose |
| qn | - | quelqu'un |
| sing. | - | singulier |
| v aux | - | verbe auxiliaire |
| v imp | - | verbe impersonnel |
| vi | - | verbe intransitif |
| vi, vt | - | verbe intransitif, transitif |
| vp | - | verbe pronominal |
| vt | - | verbe transitif |

## Abréviations en albanais

| | | |
|---|---|---|
| f | - | nom féminin |
| m | - | nom masculin |
| pl | - | pluriel |

# CONCEPTS DE BASE

## Concepts de base. Partie 1

### 1. Les pronoms

| | | |
|---|---|---|
| je | Unë, mua | [unə], [múa] |
| tu | ti, ty | [ti], [ty] |
| il | ai | [aʃ] |
| elle | ajo | [ajó] |
| ça | ai | [aʃ] |
| nous | ne | [nɛ] |
| vous | ju | [ju] |
| ils | ata | [atá] |
| elles | ato | [ató] |

### 2. Adresser des vœux. Se dire bonjour. Se dire au revoir

| | | |
|---|---|---|
| Bonjour! (fam.) | Përshëndetje! | [pərʃəndétjɛ!] |
| Bonjour! (form.) | Përshëndetje! | [pərʃəndétjɛ!] |
| Bonjour! (le matin) | Mirëmëngjes! | [mirəmənɟés!] |
| Bonjour! (après-midi) | Mirëdita! | [mirədíta!] |
| Bonsoir! | Mirëmbrëma! | [mirəmbréma!] |
| dire bonjour | përshëndes | [pərʃəndés] |
| Salut! | Ç'kemi! | [tʃˈkémi!] |
| salut (m) | përshëndetje (f) | [pərʃəndétjɛ] |
| saluer (vt) | përshëndes | [pərʃəndés] |
| Comment allez-vous? | Si jeni? | [si jéni?] |
| Comment ça va? | Si je? | [si jɛ?] |
| Quoi de neuf? | Çfarë ka të re? | [tʃfárə ká tə ré?] |
| Au revoir! (form.) | Mirupafshim! | [mirupáfʃim!] |
| Au revoir! (fam.) | U pafshim! | [u páfʃim!] |
| À bientôt! | Shihemi së shpejti! | [ʃíhɛmi sə ʃpéjti!] |
| Adieu! | Lamtumirë! | [lamtumírə!] |
| dire au revoir | përshëndetem | [pərʃəndétɛm] |
| Salut! (À bientôt!) | Tungjatjeta! | [tunɟatjéta!] |
| Merci! | Faleminderit! | [falɛmindérit!] |
| Merci beaucoup! | Faleminderit shumë! | [falɛmindérit ʃúmə!] |
| Je vous en prie | Të lutem | [tə lútɛm] |
| Il n'y a pas de quoi | Asgjë! | [asɟé!] |
| Pas de quoi | Asgjë | [asɟé] |

| Excuse-moi! | Më fal! | [mə fal!] |
| Excusez-moi! | Më falni! | [mə fálni!] |
| excuser (vt) | fal | [fal] |

| s'excuser (vp) | kërkoj falje | [kərkój fáljɛ] |
| Mes excuses | Kërkoj ndjesë | [kərkój ndjésə] |
| Pardonnez-moi! | Më vjen keq! | [mə vjɛn kɛc!] |
| pardonner (vt) | fal | [fal] |
| C'est pas grave | S'ka gjë! | [s'ka ɟə!] |
| s'il vous plaît | të lutem | [tə lútɛm] |

| N'oubliez pas! | Mos harro! | [mos haró!] |
| Bien sûr! | Sigurisht! | [siguríʃt!] |
| Bien sûr que non! | Sigurisht që jo! | [siguríʃt cə jo!] |
| D'accord! | Në rregull! | [nə réguɫ!] |
| Ça suffit! | Mjafton! | [mjaftón!] |

## 3. Comment s'adresser à quelqu'un

| Excusez-moi! | Më falni, ... | [mə fálni, ...] |
| monsieur | zotëri | [zotərí] |
| madame | zonjë | [zóɲə] |
| madame (mademoiselle) | zonjushë | [zoɲúʃə] |
| jeune homme | djalë i ri | [djálə i rí] |
| petit garçon | djalosh | [djalóʃ] |
| petite fille | vajzë | [vájzə] |

## 4. Les nombres cardinaux. Partie 1

| zéro | zero | [zéro] |
| un | një | [ɲə] |
| deux | dy | [dy] |
| trois | tre | [trɛ] |
| quatre | katër | [kátər] |

| cinq | pesë | [pésə] |
| six | gjashtë | [ɟáʃtə] |
| sept | shtatë | [ʃtátə] |
| huit | tetë | [tétə] |
| neuf | nëntë | [nəntə] |

| dix | dhjetë | [ðjétə] |
| onze | njëmbëdhjetë | [ɲəmbəðjétə] |
| douze | dymbëdhjetë | [dymbəðjétə] |
| treize | trembëdhjetë | [trɛmbəðjétə] |
| quatorze | katërmbëdhjetë | [katərmbəðjétə] |

| quinze | pesëmbëdhjetë | [pɛsəmbəðjétə] |
| seize | gjashtëmbëdhjetë | [ɟaʃtəmbəðjétə] |
| dix-sept | shtatëmbëdhjetë | [ʃtatəmbəðjétə] |
| dix-huit | tetëmbëdhjetë | [tɛtəmbəðjétə] |
| dix-neuf | nëntëmbëdhjetë | [nəntəmbəðjétə] |

| vingt | njëzet | [ɲəzét] |
| vingt et un | njëzet e një | [ɲəzét ɛ ɲə] |
| vingt-deux | njëzet e dy | [ɲəzét ɛ dy] |
| vingt-trois | njëzet e tre | [ɲəzét ɛ trɛ] |

| trente | tridhjetë | [triðjétə] |
| trente et un | tridhjetë e një | [triðjétə ɛ ɲə] |
| trente-deux | tridhjetë e dy | [triðjétə ɛ dy] |
| trente-trois | tridhjetë e tre | [triðjétə ɛ trɛ] |

| quarante | dyzet | [dyzét] |
| quarante et un | dyzet e një | [dyzét ɛ ɲə] |
| quarante-deux | dyzet e dy | [dyzét ɛ dy] |
| quarante-trois | dyzet e tre | [dyzét ɛ trɛ] |

| cinquante | pesëdhjetë | [pɛsəðjétə] |
| cinquante et un | pesëdhjetë e një | [pɛsəðjétə ɛ ɲə] |
| cinquante-deux | pesëdhjetë e dy | [pɛsəðjétə ɛ dy] |
| cinquante-trois | pesëdhjetë e tre | [pɛsəðjétə ɛ trɛ] |

| soixante | gjashtëdhjetë | [ɟaʃtəðjétə] |
| soixante et un | gjashtëdhjetë e një | [ɟaʃtəðjétə ɛ ɲə] |
| soixante-deux | gjashtëdhjetë e dy | [ɟaʃtəðjétə ɛ dý] |
| soixante-trois | gjashtëdhjetë e tre | [ɟaʃtəðjétə ɛ tré] |

| soixante-dix | shtatëdhjetë | [ʃtatəðjétə] |
| soixante et onze | shtatëdhjetë e një | [ʃtatəðjétə ɛ ɲə] |
| soixante-douze | shtatëdhjetë e dy | [ʃtatəðjétə ɛ dy] |
| soixante-treize | shtatëdhjetë e tre | [ʃtatəðjétə ɛ trɛ] |

| quatre-vingts | tetëdhjetë | [tɛtəðjétə] |
| quatre-vingt et un | tetëdhjetë e një | [tɛtəðjétə ɛ ɲə] |
| quatre-vingt deux | tetëdhjetë e dy | [tɛtəðjétə ɛ dy] |
| quatre-vingt trois | tetëdhjetë e tre | [tɛtəðjétə ɛ trɛ] |

| quatre-vingt-dix | nëntëdhjetë | [nəntəðjétə] |
| quatre-vingt et onze | nëntëdhjetë e një | [nəntəðjétə ɛ ɲə] |
| quatre-vingt-douze | nëntëdhjetë e dy | [nəntəðjétə ɛ dy] |
| quatre-vingt-treize | nëntëdhjetë e tre | [nəntəðjétə ɛ trɛ] |

## 5. Les nombres cardinaux. Partie 2

| cent | njëqind | [ɲəcínd] |
| deux cents | dyqind | [dycínd] |
| trois cents | treqind | [trɛcínd] |
| quatre cents | katërqind | [katərcínd] |
| cinq cents | pesëqind | [pɛsəcínd] |

| six cents | gjashtëqind | [ɟaʃtəcínd] |
| sept cents | shtatëqind | [ʃtatəcínd] |
| huit cents | tetëqind | [tɛtəcínd] |
| neuf cents | nëntëqind | [nəntəcínd] |
| mille | një mijë | [ɲə míjə] |
| deux mille | dy mijë | [dy míjə] |

| trois mille | tre mijë | [trɛ míjə] |
|---|---|---|
| dix mille | dhjetë mijë | [ðjétə míjə] |
| cent mille | njëqind mijë | [ɲəcínd míjə] |
| million (m) | milion (m) | [milión] |
| milliard (m) | miliardë (f) | [miliárdə] |

## 6. Les nombres ordinaux

| premier (adj) | i pari | [i pári] |
|---|---|---|
| deuxième (adj) | i dyti | [i dýti] |
| troisième (adj) | i treti | [i tréti] |
| quatrième (adj) | i katërti | [i kátərti] |
| cinquième (adj) | i pesti | [i pésti] |

| sixième (adj) | i gjashti | [i ɟáʃti] |
|---|---|---|
| septième (adj) | i shtati | [i ʃtáti] |
| huitième (adj) | i teti | [i téti] |
| neuvième (adj) | i nënti | [i nénti] |
| dixième (adj) | i dhjeti | [i ðjéti] |

## 7. Nombres. Fractions

| fraction (f) | thyesë (f) | [θýɛsə] |
|---|---|---|
| un demi | gjysma | [ɟýsma] |
| un tiers | një e treta | [ɲə ɛ tréta] |
| un quart | një e katërta | [ɲə ɛ kátərta] |
| un huitième | një e teta | [ɲə ɛ téta] |
| un dixième | një e dhjeta | [ɲə ɛ ðjéta] |
| deux tiers | dy të tretat | [dy tə trétat] |
| trois quarts | tre të katërtat | [trɛ tə kátərtat] |

## 8. Les nombres. Opérations mathématiques

| soustraction (f) | zbritje (f) | [zbrítjɛ] |
|---|---|---|
| soustraire (vt) | zbres | [zbrɛs] |
| division (f) | pjesëtim (m) | [pjɛsətím] |
| diviser (vt) | pjesëtoj | [pjɛsətój] |

| addition (f) | mbledhje (f) | [mbléðjɛ] |
|---|---|---|
| additionner (vt) | shtoj | [ʃtoj] |
| ajouter (vt) | mbledh | [mbléð] |
| multiplication (f) | shumëzim (m) | [ʃuməzím] |
| multiplier (vt) | shumëzoj | [ʃuməzój] |

## 9. Les nombres. Divers

| chiffre (m) | shifër (f) | [ʃífər] |
|---|---|---|
| nombre (m) | numër (m) | [númər] |

| adjectif (m) numéral | numerik (m) | [numɛrík] |
| moins (m) | minus (m) | [minús] |
| plus (m) | plus (m) | [plus] |
| formule (f) | formulë (f) | [formúlə] |

| calcul (m) | llogaritje (f) | [łogarítjɛ] |
| compter (vt) | numëroj | [numərój] |
| calculer (vt) | llogaris | [łogarís] |
| comparer (vt) | krahasoj | [krahasój] |

| Combien? | Sa? | [sa?] |
| somme (f) | shuma (f) | [ʃúma] |
| résultat (m) | rezultat (m) | [rɛzultát] |
| reste (m) | mbetje (f) | [mbétjɛ] |

| quelques ... | disa | [disá] |
| peu de ... | pak | [pak] |
| peu de ... (dénombr.) | disa | [disá] |
| peu de ... (indénombr.) | pak | [pak] |
| reste (m) | mbetje (f) | [mbétjɛ] |
| un et demi | një e gjysmë (f) | [ɲə ɛ ɟýsmə] |
| douzaine (f) | dyzinë (f) | [dyzínə] |

| en deux (adv) | përgjysmë | [pərɟýsmə] |
| en parties égales | gjysmë për gjysmë | [ɟýsmə pər ɟýsmə] |
| moitié (f) | gjysmë (f) | [ɟýsmə] |
| fois (f) | herë (f) | [hérə] |

## 10. Les verbes les plus importants. Partie 1

| aider (vt) | ndihmoj | [ndihmój] |
| aimer (qn) | dashuroj | [daʃurój] |
| aller (à pied) | ec në këmbë | [ɛts nə kémbə] |
| apercevoir (vt) | vërej | [vəréj] |
| appartenir à ... | përkas ... | [pərkás ...] |

| appeler (au secours) | thërras | [θərás] |
| attendre (vt) | pres | [prɛs] |
| attraper (vt) | kap | [kap] |
| avertir (vt) | paralajmëroj | [paralajmərój] |

| avoir (vt) | kam | [kam] |
| avoir confiance | besoj | [bɛsój] |
| avoir faim | kam uri | [kam urí] |

| avoir peur | kam frikë | [kam fríkə] |
| avoir soif | kam etje | [kam étjɛ] |
| cacher (vt) | fsheh | [fʃéh] |
| casser (briser) | ndahem | [ndáhɛm] |
| cesser (vt) | ndaloj | [ndalój] |

| changer (vt) | ndryshoj | [ndryʃój] |
| chasser (animaux) | dal për gjah | [dál pər ɟáh] |
| chercher (vt) | kërkoj ... | [kərkój ...] |

| choisir (vt) | zgjedh | [zɟɛð] |
| commander (~ le menu) | porosis | [porosís] |

| commencer (vt) | filloj | [fiɫój] |
| comparer (vt) | krahasoj | [krahasój] |
| comprendre (vt) | kuptoj | [kuptój] |
| compter (dénombrer) | numëroj | [numərój] |
| compter sur ... | mbështetem ... | [mbəʃtétɛm ...] |

| confondre (vt) | ngatërroj | [ŋatərój] |
| connaître (qn) | njoh | [ɲóh] |
| conseiller (vt) | këshilloj | [kəʃiɫój] |
| continuer (vt) | vazhdoj | [vaʒdój] |
| contrôler (vt) | kontrolloj | [kontroɫój] |

| courir (vi) | vrapoj | [vrapój] |
| coûter (vt) | kushton | [kuʃtón] |
| créer (vt) | krijoj | [krijój] |
| creuser (vt) | gërmoj | [gərmój] |
| crier (vi) | bërtas | [bərtás] |

## 11. Les verbes les plus importants. Partie 2

| décorer (~ la maison) | zbukuroj | [zbukurój] |
| défendre (vt) | mbroj | [mbrój] |
| déjeuner (vi) | ha drekë | [ha drékə] |
| demander (~ l'heure) | pyes | [pýɛs] |
| demander (de faire qch) | pyes | [pýɛs] |

| descendre (vi) | zbres | [zbrɛs] |
| deviner (vt) | hamendësoj | [hamɛndəsój] |
| dîner (vi) | ha darkë | [ha dárkə] |
| dire (vt) | them | [θɛm] |
| diriger (~ une usine) | drejtoj | [drɛjtój] |
| discuter (vt) | diskutoj | [diskutój] |

| donner (vt) | jap | [jap] |
| donner un indice | aludoj | [aludój] |
| douter (vt) | dyshoj | [dyʃój] |
| écrire (vt) | shkruaj | [ʃkrúaj] |
| entendre (bruit, etc.) | dëgjoj | [dəɟój] |

| entrer (vi) | hyj | [hyj] |
| envoyer (vt) | dërgoj | [dərgój] |
| espérer (vi) | shpresoj | [ʃprɛsój] |
| essayer (vt) | përpiqem | [pərpícɛm] |

| être (vi) | jam | [jam] |
| être d'accord | bie dakord | [bíɛ dakórd] |
| être nécessaire | nevojitet | [nɛvojítɛt] |
| être pressé | nxitoj | [ndzitój] |

| étudier (vt) | studioj | [studiój] |
| excuser (vt) | fal | [fal] |

| | | |
|---|---|---|
| exiger (vt) | kërkoj | [kərkój] |
| exister (vi) | ekzistoj | [ɛkzistój] |
| expliquer (vt) | shpjegoj | [ʃpjɛgój] |
| | | |
| faire (vt) | bëj | [bəj] |
| faire tomber | lëshoj | [ləʃój] |
| finir (vt) | përfundoj | [pərfundój] |
| garder (conserver) | mbaj | [mbáj] |
| gronder, réprimander (vt) | qortoj | [cortój] |
| | | |
| informer (vt) | informoj | [informój] |
| insister (vi) | këmbëngul | [kəmbəŋúl] |
| insulter (vt) | fyej | [fýɛj] |
| inviter (vt) | ftoj | [ftoj] |
| jouer (s'amuser) | luaj | [lúaj] |

## 12. Les verbes les plus importants. Partie 3

| | | |
|---|---|---|
| libérer (ville, etc.) | çliroj | [tʃlirój] |
| lire (vi, vt) | lexoj | [lɛdzój] |
| louer (prendre en location) | marr me qira | [mar mɛ cirá] |
| manquer (l'école) | humbas | [humbás] |
| menacer (vt) | kërcënoj | [kərtsənój] |
| | | |
| mentionner (vt) | përmend | [pərménd] |
| montrer (vt) | tregoj | [trɛgój] |
| nager (vi) | notoj | [notój] |
| objecter (vt) | kundërshtoj | [kundərʃtój] |
| observer (vt) | vëzhgoj | [vəʒgój] |
| | | |
| ordonner (mil.) | urdhëroj | [urðərój] |
| oublier (vt) | harroj | [harój] |
| ouvrir (vt) | hap | [hap] |
| pardonner (vt) | fal | [fal] |
| parler (vi, vt) | flas | [flas] |
| | | |
| participer à ... | marr pjesë | [mar pjésə] |
| payer (régler) | paguaj | [pagúaj] |
| penser (vi, vt) | mendoj | [mɛndój] |
| permettre (vt) | lejoj | [lɛjój] |
| plaire (être apprécié) | pëlqej | [pəlcéj] |
| | | |
| plaisanter (vi) | bëj shaka | [bəj ʃaká] |
| planifier (vt) | planifikoj | [planifikój] |
| pleurer (vi) | qaj | [caj] |
| posséder (vt) | zotëroj | [zotərój] |
| pouvoir (v aux) | mund | [mund] |
| préférer (vt) | preferoj | [prɛfɛrój] |
| | | |
| prendre (vt) | marr | [mar] |
| prendre en note | mbaj shënim | [mbáj ʃəním] |
| prendre le petit déjeuner | ha mëngjes | [ha məɲés] |
| préparer (le dîner) | gatuaj | [gatúaj] |
| prévoir (vt) | parashikoj | [paraʃikój] |

| prier (~ Dieu) | lutem | [lútɛm] |
|---|---|---|
| promettre (vt) | premtoj | [prɛmtój] |
| prononcer (vt) | shqiptoj | [ʃciptój] |
| proposer (vt) | propozoj | [propozój] |
| punir (vt) | ndëshkoj | [ndəʃkój] |

## 13. Les verbes les plus importants. Partie 4

| recommander (vt) | rekomandoj | [rɛkomandój] |
|---|---|---|
| regretter (vt) | pendohem | [pɛndóhɛm] |
| répéter (dire encore) | përsëris | [pərsərís] |
| répondre (vi, vt) | përgjigjem | [pəɾɟiɟɛm] |
| réserver (une chambre) | rezervoj | [rɛzɛrvój] |

| rester silencieux | hesht | [hɛʃt] |
|---|---|---|
| réunir (regrouper) | bashkoj | [baʃkój] |
| rire (vi) | qesh | [cɛʃ] |
| s'arrêter (vp) | ndaloj | [ndalój] |
| s'asseoir (vp) | ulem | [úlɛm] |

| sauver (la vie à qn) | shpëtoj | [ʃpətój] |
|---|---|---|
| savoir (qch) | di | [di] |
| se baigner (vp) | notoj | [notój] |
| se plaindre (vp) | ankohem | [ankóhɛm] |
| se refuser (vp) | refuzoj | [rɛfuzój] |

| se tromper (vp) | gaboj | [gabój] |
|---|---|---|
| se vanter (vp) | mburrem | [mbúrɛm] |
| s'étonner (vp) | çuditem | [tʃudítɛm] |
| s'excuser (vp) | kërkoj falje | [kərkój fáljɛ] |
| signer (vt) | nënshkruaj | [nənʃkrúaj] |

| signifier (vt) | nënkuptoj | [nənkuptój] |
|---|---|---|
| s'intéresser (vp) | interesohem ... | [intɛrɛsóhɛm ...] |
| sortir (aller dehors) | dal | [dal] |
| sourire (vi) | buzëqesh | [buzəcéʃ] |
| sous-estimer (vt) | nënvlerësoj | [nənvlɛrəsój] |

| suivre ... (suivez-moi) | ndjek ... | [ndjék ...] |
|---|---|---|
| tirer (vi) | qëlloj | [cətój] |
| tomber (vi) | bie | [bíɛ] |
| toucher (avec les mains) | prek | [prɛk] |
| tourner (~ à gauche) | kthej | [kθɛj] |

| traduire (vt) | përkthej | [pərkθéj] |
|---|---|---|
| travailler (vi) | punoj | [punój] |
| tromper (vt) | mashtroj | [maʃtrój] |
| trouver (vt) | gjej | [ɟéj] |
| tuer (vt) | vras | [vras] |
| vendre (vt) | shes | [ʃɛs] |

| venir (vi) | arrij | [aríj] |
|---|---|---|
| voir (vt) | shikoj | [ʃikój] |
| voler (avion, oiseau) | fluturoj | [fluturój] |

| voler (qch à qn) | vjedh | [vjɛð] |
| vouloir (vt) | dëshiroj | [dəʃirój] |

## 14. Les couleurs

| couleur (f) | ngjyrë (f) | [ɲɟýrə] |
| teinte (f) | nuancë (f) | [nuántsə] |
| ton (m) | tonalitet (m) | [tonalitét] |
| arc-en-ciel (m) | ylber (m) | [ylbér] |

| blanc (adj) | e bardhë | [ɛ bárðə] |
| noir (adj) | e zezë | [ɛ zézə] |
| gris (adj) | gri | [gri] |

| vert (adj) | jeshile | [jɛʃílɛ] |
| jaune (adj) | e verdhë | [ɛ vérðə] |
| rouge (adj) | e kuqe | [ɛ kúcɛ] |

| bleu (adj) | blu | [blu] |
| bleu clair (adj) | bojëqielli | [bojəciéɬi] |
| rose (adj) | rozë | [rózə] |
| orange (adj) | portokalli | [portokáɬi] |
| violet (adj) | bojëvjollcë | [bojəvjóɬtsə] |
| brun (adj) | kafe | [káfɛ] |

| d'or (adj) | e artë | [ɛ ártə] |
| argenté (adj) | e argjendtë | [ɛ arɟéndtə] |

| beige (adj) | bezhë | [béʒə] |
| crème (adj) | krem | [krɛm] |
| turquoise (adj) | e bruztë | [ɛ brúztə] |
| rouge cerise (adj) | qershi | [cɛrʃí] |
| lilas (adj) | jargavan | [jargaván] |
| framboise (adj) | e kuqe e thellë | [ɛ kúcɛ ɛ θéɬə] |

| clair (adj) | e hapur | [ɛ hápur] |
| foncé (adj) | e errët | [ɛ érət] |
| vif (adj) | e ndritshme | [ɛ ndrítʃmɛ] |

| de couleur (adj) | e ngjyrosur | [ɛ ɲɟyrósur] |
| en couleurs (adj) | ngjyrë | [ɲɟýrə] |
| noir et blanc (adj) | bardhë e zi | [bárðə ɛ zi] |
| unicolore (adj) | njëngjyrëshe | [nənɟýrəʃɛ] |
| multicolore (adj) | shumëngjyrëshe | [ʃumənɟýrəʃɛ] |

## 15. Les questions

| Qui? | Kush? | [kuʃ?] |
| Quoi? | Çka? | [tʃká?] |
| Où? (~ es-tu?) | Ku? | [ku?] |
| Où? (~ vas-tu?) | Për ku? | [pər ku?] |
| D'où? | Nga ku? | [ŋa ku?] |

| Quand? | Kur? | [kur?] |
| Pourquoi? (~ es-tu venu?) | Pse? | [psɛ?] |
| Pourquoi? (~ t'es pâle?) | Pse? | [psɛ?] |

| À quoi bon? | Për çfarë arsye? | [pər tʃfárə arsýɛ?] |
| Comment? | Si? | [si?] |
| Quel? (à ~ prix?) | Çfarë? | [tʃfárə?] |
| Lequel? | Cili? | [tsíli?] |

| À qui? (pour qui?) | Kujt? | [kújt?] |
| De qui? | Për kë? | [pər kə?] |
| De quoi? | Për çfarë? | [pər tʃfárə?] |
| Avec qui? | Me kë? | [mɛ kə?] |

| Combien? | Sa? | [sa?] |
| À qui? | Të kujt? | [tə kujt?] |

## 16. Les prépositions

| avec (~ toi) | me | [mɛ] |
| sans (~ sucre) | pa | [pa] |
| à (aller ~ ...) | për në | [pər nə] |
| de (au sujet de) | për | [pər] |
| avant (~ midi) | përpara | [pərpára] |
| devant (~ la maison) | para ... | [pára ...] |

| sous (~ la commode) | nën | [nən] |
| au-dessus de ... | mbi | [mbí] |
| sur (dessus) | mbi | [mbí] |
| de (venir ~ Paris) | nga | [ŋa] |
| en (en bois, etc.) | nga | [ŋa] |

| dans (~ deux heures) | për | [pər] |
| par dessus | sipër | [sípər] |

## 17. Les mots-outils. Les adverbes. Partie 1

| Où? (~ es-tu?) | Ku? | [ku?] |
| ici (c'est ~) | këtu | [kətú] |
| là-bas (c'est ~) | atje | [atjé] |

| quelque part (être) | diku | [dikú] |
| nulle part (adv) | askund | [askúnd] |

| près de ... | afër | [áfər] |
| près de la fenêtre | tek dritarja | [tɛk dritárja] |

| Où? (~ vas-tu?) | Për ku? | [pər ku?] |
| ici (Venez ~) | këtu | [kətú] |
| là-bas (j'irai ~) | atje | [atjé] |
| d'ici (adv) | nga këtu | [ŋa kətú] |
| de là-bas (adv) | nga atje | [ŋa atjɛ] |

| près (pas loin) | pranë | [pránə] |
|---|---|---|
| loin (adv) | larg | [larg] |

| près de (~ Paris) | afër | [áfər] |
|---|---|---|
| tout près (adv) | pranë | [pránə] |
| pas loin (adv) | jo larg | [jo lárg] |

| gauche (adj) | majtë | [májtə] |
|---|---|---|
| à gauche (être ~) | majtas | [májtas] |
| à gauche (tournez ~) | në të majtë | [nə tə májtə] |

| droit (adj) | djathtë | [djáθtə] |
|---|---|---|
| à droite (être ~) | djathtas | [djáθtas] |
| à droite (tournez ~) | në të djathtë | [nə tə djáθtə] |

| devant (adv) | përballë | [pərbáɫə] |
|---|---|---|
| de devant (adj) | i përparmë | [i pərpármə] |
| en avant (adv) | përpara | [pərpára] |

| derrière (adv) | prapa | [prápa] |
|---|---|---|
| par derrière (adv) | nga prapa | [ŋa prápa] |
| en arrière (regarder ~) | pas | [pas] |

| milieu (m) | mes (m) | [mɛs] |
|---|---|---|
| au milieu (adv) | në mes | [nə mɛs] |

| de côté (vue ~) | në anë | [nə anə] |
|---|---|---|
| partout (adv) | kudo | [kúdo] |
| autour (adv) | përreth | [pəréθ] |

| de l'intérieur | nga brenda | [ŋa brénda] |
|---|---|---|
| quelque part (aller) | diku | [dikú] |
| tout droit (adv) | drejt | [dréjt] |
| en arrière (revenir ~) | pas | [pas] |

| de quelque part (n'import d'où) | nga kudo | [ŋa kúdo] |
|---|---|---|
| de quelque part (on ne sait pas d'où) | nga diku | [ŋa dikú] |

| premièrement (adv) | së pari | [sə pári] |
|---|---|---|
| deuxièmement (adv) | së dyti | [sə dýti] |
| troisièmement (adv) | së treti | [sə tréti] |

| soudain (adv) | befas | [béfas] |
|---|---|---|
| au début (adv) | në fillim | [nə fiɫím] |
| pour la première fois | për herë të parë | [pər hérə tə párə] |
| bien avant ... | shumë përpara ... | [ʃúmə pərpára ...] |
| de nouveau (adv) | sërish | [səríʃ] |
| pour toujours (adv) | një herë e mirë | [ɲə hérə ɛ mírə] |

| jamais (adv) | kurrë | [kúrə] |
|---|---|---|
| de nouveau, encore (adv) | përsëri | [pərsərí] |
| maintenant (adv) | tani | [táni] |
| souvent (adv) | shpesh | [ʃpɛʃ] |
| alors (adv) | atëherë | [atəhérə] |

23

| d'urgence (adv) | urgjent | [urɟént] |
|---|---|---|
| d'habitude (adv) | zakonisht | [zakoníʃt] |

| à propos, ... | meqë ra fjala, ... | [mécə ra fjála, ...] |
|---|---|---|
| c'est possible | ndoshta | [ndóʃta] |
| probablement (adv) | mundësisht | [mundəsíʃt] |
| peut-être (adv) | mbase | [mbásɛ] |
| en plus, ... | përveç | [pərvétʃ] |
| c'est pourquoi ... | ja përse ... | [ja pərsé ...] |
| malgré ... | pavarësisht se ... | [pavarəsíʃt sɛ ...] |
| grâce à ... | falë ... | [fálə ...] |

| quoi (pron) | çfarë | [tʃfárə] |
|---|---|---|
| que (conj) | që | [cə] |
| quelque chose (Il m'est arrivé ~) | diçka | [ditʃká] |
| quelque chose (peut-on faire ~) | ndonji gjë | [ndoɲí ɟə] |
| rien (m) | asgjë | [asɟé] |

| qui (pron) | kush | [kuʃ] |
|---|---|---|
| quelqu'un (on ne sait pas qui) | dikush | [dikúʃ] |
| quelqu'un (n'importe qui) | dikush | [dikúʃ] |

| personne (pron) | askush | [askúʃ] |
|---|---|---|
| nulle part (aller ~) | askund | [askúnd] |
| de personne | i askujt | [i askújt] |
| de n'importe qui | i dikujt | [i dikújt] |

| comme ça (adv) | aq | [ác] |
|---|---|---|
| également (adv) | gjithashtu | [ɟiθaʃtú] |
| aussi (adv) | gjithashtu | [ɟiθaʃtú] |

## 18. Les mots-outils. Les adverbes. Partie 2

| Pourquoi? | Pse? | [psɛ?] |
|---|---|---|
| pour une certaine raison | për një arsye | [pər ɲə arsýɛ] |
| parce que ... | sepse ... | [sɛpsé ...] |
| pour une raison quelconque | për ndonjë shkak | [pər ndóɲə ʃkak] |

| et (conj) | dhe | [ðɛ] |
|---|---|---|
| ou (conj) | ose | [ósɛ] |
| mais (conj) | por | [por] |
| pour ... (prep) | për | [pər] |

| trop (adv) | tepër | [tépər] |
|---|---|---|
| seulement (adv) | vetëm | [vétəm] |
| précisément (adv) | pikërisht | [pikəríʃt] |
| près de ... (prep) | rreth | [rɛθ] |

| approximativement | përafërsisht | [pərafərsíʃt] |
|---|---|---|
| approximatif (adj) | përafërt | [pəráfərt] |
| presque (adv) | pothuajse | [poθúajsɛ] |
| reste (m) | mbetje (f) | [mbétjɛ] |

| l'autre (adj) | tjetri | [tjétri] |
| autre (adj) | tjetër | [tjétər] |
| chaque (adj) | çdo | [tʃdo] |
| n'importe quel (adj) | çfarëdo | [tʃfarədó] |
| beaucoup de (indénombr.) | shumë | [ʃúmə] |
| beaucoup de (dénombr.) | disa | [disá] |
| plusieurs (pron) | shumë njerëz | [ʃúmə ɲérəz] |
| tous | të gjithë | [tə ɟíθə] |

| en échange de ... | në vend të ... | [nə vénd tə ...] |
| en échange (adv) | në shkëmbim të ... | [nə ʃkəmbím tə ...] |
| à la main (adv) | me dorë | [mɛ dórə] |
| peu probable (adj) | vështirë se ... | [vəʃtírə sɛ ...] |

| probablement (adv) | mundësisht | [mundəsíʃt] |
| exprès (adv) | me qëllim | [mɛ cəɫím] |
| par accident (adv) | aksidentalisht | [aksidɛntalíʃt] |

| très (adv) | shumë | [ʃúmə] |
| par exemple (adv) | për shembull | [pər ʃémbuɫ] |
| entre (prep) | midis | [midís] |
| parmi (prep) | rreth | [rɛθ] |
| autant (adv) | kaq shumë | [kác ʃúmə] |
| surtout (adv) | veçanërisht | [vɛtʃanəríʃt] |

# Concepts de base. Partie 2

## 19. Les jours de la semaine

| | | |
|---|---|---|
| lundi (m) | E hënë (f) | [ɛ hénə] |
| mardi (m) | E martë (f) | [ɛ mártə] |
| mercredi (m) | E mërkurë (f) | [ɛ mərkúrə] |
| jeudi (m) | E enjte (f) | [ɛ éɲtɛ] |
| vendredi (m) | E premte (f) | [ɛ prémtɛ] |
| samedi (m) | E shtunë (f) | [ɛ ʃtúnə] |
| dimanche (m) | E dielë (f) | [ɛ díɛlə] |

| | | |
|---|---|---|
| aujourd'hui (adv) | sot | [sot] |
| demain (adv) | nesër | [nésər] |
| après-demain (adv) | pasnesër | [pasnésər] |
| hier (adv) | dje | [djé] |
| avant-hier (adv) | pardje | [pardjé] |

| | | |
|---|---|---|
| jour (m) | ditë (f) | [dítə] |
| jour (m) ouvrable | ditë pune (f) | [dítə púnɛ] |
| jour (m) férié | festë kombëtare (f) | [féstə kombətárɛ] |
| jour (m) de repos | ditë pushim (m) | [dítə puʃím] |
| week-end (m) | fundjavë (f) | [fundjávə] |

| | | |
|---|---|---|
| toute la journée | gjithë ditën | [ɟíθə dítən] |
| le lendemain | ditën pasardhëse | [dítən pasárðəsɛ] |
| il y a 2 jours | dy ditë më parë | [dy dítə mə párə] |
| la veille | një ditë më parë | [ɲə dítə mə párə] |
| quotidien (adj) | ditor | [ditór] |
| tous les jours | çdo ditë | [tʃdo dítə] |

| | | |
|---|---|---|
| semaine (f) | javë (f) | [jávə] |
| la semaine dernière | javën e kaluar | [jávən ɛ kalúar] |
| la semaine prochaine | javën e ardhshme | [jávən ɛ árðʃmɛ] |
| hebdomadaire (adj) | javor | [javór] |
| chaque semaine | çdo javë | [tʃdo jávə] |
| 2 fois par semaine | dy herë në javë | [dy hérə nə jávə] |
| tous les mardis | çdo të martë | [tʃdo tə mártə] |

## 20. Les heures. Le jour et la nuit

| | | |
|---|---|---|
| matin (m) | mëngjes (m) | [mənɟés] |
| le matin | në mëngjes | [nə mənɟés] |
| midi (m) | mesditë (f) | [mɛsdítə] |
| dans l'après-midi | pasdite | [pasdítɛ] |

| | | |
|---|---|---|
| soir (m) | mbrëmje (f) | [mbrémjɛ] |
| le soir | në mbrëmje | [nə mbrémjɛ] |

| nuit (f) | natë (f) | [nátə] |
|---|---|---|
| la nuit | natën | [nátən] |
| minuit (f) | mesnatë (f) | [mɛsnátə] |

| seconde (f) | sekondë (f) | [sɛkóndə] |
|---|---|---|
| minute (f) | minutë (f) | [minútə] |
| heure (f) | orë (f) | [órə] |
| demi-heure (f) | gjysmë ore (f) | [ɟýsmə órɛ] |
| un quart d'heure | çerek ore (m) | [tʃɛrék órɛ] |
| quinze minutes | pesëmbëdhjetë minuta | [pɛsəmbəðjétə minúta] |
| vingt-quatre heures | 24 orë | [ɲəzét ɛ kátər órə] |

| lever (m) du soleil | agim (m) | [agím] |
|---|---|---|
| aube (f) | agim (m) | [agím] |
| point (m) du jour | mëngjes herët (m) | [mənɟés hérət] |
| coucher (m) du soleil | perëndim dielli (m) | [pɛrəndím diéti] |

| tôt le matin | herët në mëngjes | [hérət nə mənɟés] |
|---|---|---|
| ce matin | sot në mëngjes | [sot nə mənɟés] |
| demain matin | nesër në mëngjes | [nésər nə mənɟés] |
| cet après-midi | sot pasdite | [sot pasdítɛ] |
| dans l'après-midi | pasdite | [pasdítɛ] |
| demain après-midi | nesër pasdite | [nésər pasdítɛ] |
| ce soir | sonte në mbrëmje | [sóntɛ nə mbrəmjɛ] |
| demain soir | nesër në mbrëmje | [nésər nə mbrémjɛ] |

| à 3 heures précises | në orën 3 fiks | [nə órən trɛ fiks] |
|---|---|---|
| autour de 4 heures | rreth orës 4 | [rɛθ órəs kátər] |
| vers midi | deri në orën 12 | [déri nə órən dymbəðjétə] |

| dans 20 minutes | për 20 minuta | [pər ɲəzét minúta] |
|---|---|---|
| dans une heure | për një orë | [pər ɲə órə] |
| à temps | në orar | [nə orár] |

| ... moins le quart | çerek ... | [tʃɛrék ...] |
|---|---|---|
| en une heure | brenda një ore | [brénda ɲə órɛ] |
| tous les quarts d'heure | çdo 15 minuta | [tʃdo pɛsəmbəðjétə minúta] |
| 24 heures sur 24 | gjithë ditën | [ɟíθə dítən] |

## 21. Les mois. Les saisons

| janvier (m) | Janar (m) | [janár] |
|---|---|---|
| février (m) | Shkurt (m) | [ʃkurt] |
| mars (m) | Mars (m) | [mars] |
| avril (m) | Prill (m) | [pritɬ] |
| mai (m) | Maj (m) | [maj] |
| juin (m) | Qershor (m) | [cɛrʃór] |

| juillet (m) | Korrik (m) | [korík] |
|---|---|---|
| août (m) | Gusht (m) | [guʃt] |
| septembre (m) | Shtator (m) | [ʃtatór] |
| octobre (m) | Tetor (m) | [tɛtór] |
| novembre (m) | Nëntor (m) | [nəntór] |
| décembre (m) | Dhjetor (m) | [ðjɛtór] |

| printemps (m) | pranverë (f) | [pranvérə] |
| au printemps | në pranverë | [nə pranvérə] |
| de printemps (adj) | pranveror | [pranvɛrór] |

| été (m) | verë (f) | [vérə] |
| en été | në verë | [nə vérə] |
| d'été (adj) | veror | [vɛrór] |

| automne (m) | vjeshtë (f) | [vjéʃtə] |
| en automne | në vjeshtë | [nə vjéʃtə] |
| d'automne (adj) | vjeshtor | [vjéʃtor] |

| hiver (m) | dimër (m) | [dímər] |
| en hiver | në dimër | [nə dímər] |
| d'hiver (adj) | dimëror | [dimərór] |
| mois (m) | muaj (m) | [múaj] |
| ce mois | këtë muaj | [kətə múaj] |
| le mois prochain | muajin tjetër | [múajin tjétər] |
| le mois dernier | muajin e kaluar | [múajin ɛ kalúar] |

| il y a un mois | para një muaji | [pára ɲə múaji] |
| dans un mois | pas një muaji | [pas ɲə múaji] |
| dans 2 mois | pas dy muajsh | [pas dy múajʃ] |
| tout le mois | gjithë muajin | [ɟíθə múajin] |
| tout un mois | gjatë gjithë muajit | [ɟátə ɟíθə múajit] |

| mensuel (adj) | mujor | [mujór] |
| mensuellement | mujor | [mujór] |
| chaque mois | çdo muaj | [tʃdo múaj] |
| 2 fois par mois | dy herë në muaj | [dy hérə nə múaj] |

| année (f) | vit (m) | [vit] |
| cette année | këtë vit | [kətə vít] |
| l'année prochaine | vitin tjetër | [vítin tjétər] |
| l'année dernière | vitin e kaluar | [vítin ɛ kalúar] |

| il y a un an | para një viti | [pára ɲə víti] |
| dans un an | për një vit | [pər ɲə vit] |
| dans 2 ans | për dy vite | [pər dy vítɛ] |
| toute l'année | gjithë vitin | [ɟíθə vítin] |
| toute une année | gjatë gjithë vitit | [ɟátə ɟíθə vítit] |

| chaque année | çdo vit | [tʃdo vít] |
| annuel (adj) | vjetor | [vjɛtór] |
| annuellement | çdo vit | [tʃdo vít] |
| 4 fois par an | 4 herë në vit | [kátər hérə nə vit] |

| date (f) (jour du mois) | datë (f) | [dátə] |
| date (f) (~ mémorable) | data (f) | [dáta] |
| calendrier (m) | kalendar (m) | [kalɛndár] |

| six mois | gjysmë viti | [ɟýsmə víti] |
| semestre (m) | gjashtë muaj | [ɟáʃtə múaj] |
| saison (f) | stinë (f) | [stínə] |
| siècle (m) | shekull (m) | [ʃékuɫ] |

## 22. La notion de temps. Divers

| | | |
|---|---|---|
| temps (m) | kohë (f) | [kóhə] |
| moment (m) | çast, moment (m) | [tʃást], [momént] |
| instant (m) | çast (m) | [tʃást] |
| instantané (adj) | i çastit | [i tʃástit] |
| laps (m) de temps | interval (m) | [intɛrvál] |
| vie (f) | jetë (f) | [jétə] |
| éternité (f) | përjetësi (f) | [pərjɛtəsí] |

| | | |
|---|---|---|
| époque (f) | epokë (f) | [ɛpókə] |
| ère (f) | erë (f) | [érə] |
| cycle (m) | cikël (m) | [tsíkəl] |
| période (f) | periudhë (f) | [pɛriúðə] |
| délai (m) | afat (m) | [afát] |

| | | |
|---|---|---|
| avenir (m) | ardhmëria (f) | [arðməría] |
| prochain (adj) | e ardhme | [ɛ árðmɛ] |
| la fois prochaine | herën tjetër | [hérən tjétər] |
| passé (m) | e shkuara (f) | [ɛ ʃkúara] |
| passé (adj) | kaluar | [kalúar] |
| la fois passée | herën e fundit | [hérən ɛ fúndit] |

| | | |
|---|---|---|
| plus tard (adv) | më vonë | [mə vónə] |
| après (prep) | pas | [pas] |
| à présent (adv) | në këto kohë | [nə kəto kóhə] |
| maintenant (adv) | tani | [táni] |
| immédiatement | menjëherë | [mɛɲəhérə] |
| bientôt (adv) | së shpejti | [sə ʃpéjti] |
| d'avance (adv) | paraprakisht | [paraprakíʃt] |

| | | |
|---|---|---|
| il y a longtemps | para shumë kohësh | [pára ʃúmə kóhəʃ] |
| récemment (adv) | së fundmi | [sə fúndmi] |
| destin (m) | fat (m) | [fat] |
| souvenirs (m pl) | kujtime (pl) | [kujtímɛ] |
| archives (f pl) | arkiva (f) | [arkíva] |

| | | |
|---|---|---|
| pendant ... (prep) | gjatë ... | [ɟátə ...] |
| longtemps (adv) | gjatë, kohë e gjatë | [ɟátə], [kóhə ɛ ɟátə] |
| pas longtemps (adv) | jo gjatë | [jo ɟátə] |
| tôt (adv) | herët | [hérət] |
| tard (adv) | vonë | [vónə] |

| | | |
|---|---|---|
| pour toujours (adv) | përjetë | [pərjétə] |
| commencer (vt) | filloj | [fiɬój] |
| reporter (retarder) | shtyj | [ʃtyj] |

| | | |
|---|---|---|
| en même temps (adv) | njëkohësisht | [ɲəkohəsíʃt] |
| en permanence (adv) | përhershëm | [pərhérʃəm] |
| constant (bruit, etc.) | vazhdueshme | [vaʒdúɛʃmɛ] |
| temporaire (adj) | i përkohshëm | [i pərkóhʃəm] |

| | | |
|---|---|---|
| parfois (adv) | ndonjëherë | [ndoɲəhérə] |
| rarement (adv) | rrallë | [ráɬə] |
| souvent (adv) | shpesh | [ʃpɛʃ] |

## 23. Les contraires

| riche (adj) | i pasur | [i pásur] |
| pauvre (adj) | i varfër | [i várfər] |

| malade (adj) | i sëmurë | [i səmúrə] |
| en bonne santé | mirë | [mírə] |

| grand (adj) | i madh | [i máð] |
| petit (adj) | i vogël | [i vógəl] |

| vite (adv) | shpejt | [ʃpɛjt] |
| lentement (adv) | ngadalë | [ŋadálə] |

| rapide (adj) | i shpejtë | [i ʃpéjtə] |
| lent (adj) | i ngadaltë | [i ŋadáltə] |

| joyeux (adj) | i kënaqur | [i kənácur] |
| triste (adj) | i mërzitur | [i mərzítur] |

| ensemble (adv) | së bashku | [sə báʃku] |
| séparément (adv) | veç e veç | [vɛtʃ ɛ vɛtʃ] |

| à haute voix | me zë | [mɛ zə] |
| en silence | pa zë | [pa zə] |

| haut (adj) | i lartë | [i lártə] |
| bas (adj) | i ulët | [i úlət] |

| profond (adj) | i thellë | [i θéɬə] |
| peu profond (adj) | i cekët | [i tsékət] |

| oui (adv) | po | [po] |
| non (adv) | jo | [jo] |

| lointain (adj) | i largët | [i lárgət] |
| proche (adj) | afër | [áfər] |

| loin (adv) | larg | [larg] |
| près (adv) | pranë | [pránə] |

| long (adj) | i gjatë | [i ɟátə] |
| court (adj) | i shkurtër | [i ʃkúrtər] |

| bon (au bon cœur) | i mirë | [i mírə] |
| méchant (adj) | djallëzor | [djaɬəzór] |

| marié (adj) | i martuar | [i martúar] |
| célibataire (adj) | beqar | [bɛcár] |

| interdire (vt) | ndaloj | [ndalój] |
| permettre (vt) | lejoj | [lɛjój] |

| fin (f) | fund (m) | [fund] |
| début (m) | fillim (m) | [fiɬím] |

30

| gauche (adj) | majtë | [májtə] |
| droit (adj) | djathtë | [djáθtə] |

| premier (adj) | i pari | [i pári] |
| dernier (adj) | i fundit | [i fúndit] |

| crime (m) | krim (m) | [krim] |
| punition (f) | ndëshkim (m) | [ndəʃkím] |

| ordonner (vt) | urdhëroj | [urðərój] |
| obéir (vt) | bindem | [bíndɛm] |

| droit (adj) | i drejtë | [i dréjtə] |
| courbé (adj) | i harkuar | [i harkúar] |

| paradis (m) | parajsë (f) | [parájsə] |
| enfer (m) | ferr (m) | [fɛr] |

| naître (vi) | lind | [lind] |
| mourir (vi) | vdes | [vdɛs] |

| fort (adj) | i fortë | [i fórtə] |
| faible (adj) | i dobët | [i dóbət] |

| vieux (adj) | plak | [plak] |
| jeune (adj) | i ri | [i rí] |

| vieux (adj) | i vjetër | [i vjétər] |
| neuf (adj) | i ri | [i rí] |

| dur (adj) | i fortë | [i fórtə] |
| mou (adj) | i butë | [i bútə] |

| chaud (tiède) | ngrohtë | [ŋróhtə] |
| froid (adj) | i ftohtë | [i ftóhtə] |

| gros (adj) | i shëndoshë | [i ʃəndóʃə] |
| maigre (adj) | i dobët | [i dóbət] |

| étroit (adj) | i ngushtë | [i ŋúʃtə] |
| large (adj) | i gjerë | [i ɟérə] |

| bon (adj) | i mirë | [i mírə] |
| mauvais (adj) | i keq | [i kéc] |

| vaillant (adj) | guximtar | [gudzimtár] |
| peureux (adj) | frikacak | [frikatsák] |

## 24. Les lignes et les formes

| carré (m) | katror (m) | [katrór] |
| carré (adj) | katrore | [katrórɛ] |
| cercle (m) | rreth (m) | [rɛθ] |
| rond (adj) | i rrumbullakët | [i rumbuɫákət] |

| triangle (m) | trekëndësh (m) | [trékǝndǝʃ] |
| triangulaire (adj) | trekëndor | [trɛkǝndór] |

| ovale (m) | oval (f) | [ovál] |
| ovale (adj) | ovale | [oválɛ] |
| rectangle (m) | drejtkëndësh (m) | [drɛjtkǝndǝʃ] |
| rectangulaire (adj) | drejtkëndor | [drɛjtkǝndór] |

| pyramide (f) | piramidë (f) | [piramídǝ] |
| losange (m) | romb (m) | [romb] |
| trapèze (m) | trapezoid (m) | [trapɛzoíd] |
| cube (m) | kub (m) | [kub] |
| prisme (m) | prizëm (m) | [prízǝm] |

| circonférence (f) | perimetër (m) | [pɛrimétǝr] |
| sphère (f) | sferë (f) | [sférǝ] |
| globe (m) | top (m) | [top] |

| diamètre (m) | diametër (m) | [diamétǝr] |
| rayon (m) | sipërfaqe (f) | [sipǝrfácɛ] |
| périmètre (m) | perimetër (m) | [pɛrimétǝr] |
| centre (m) | qendër (f) | [céndǝr] |

| horizontal (adj) | horizontal | [horizontál] |
| vertical (adj) | vertikal | [vɛrtikál] |
| parallèle (f) | paralele (f) | [paralélɛ] |
| parallèle (adj) | paralel | [paralél] |

| ligne (f) | vijë (f) | [víjǝ] |
| trait (m) | vizë (f) | [vízǝ] |
| ligne (f) droite | vijë e drejtë (f) | [víjǝ ɛ dréjtǝ] |
| courbe (f) | kurbë (f) | [kúrbǝ] |
| fin (une ~ ligne) | e hollë | [ɛ hółǝ] |
| contour (m) | kontur (f) | [kontúr] |

| intersection (f) | kryqëzim (m) | [krycǝzím] |
| angle (m) droit | kënd i drejtë (m) | [kǝnd i dréjtǝ] |
| segment (m) | segment (m) | [sɛgmént] |
| secteur (m) | sektor (m) | [sɛktór] |
| côté (m) | anë (f) | [ánǝ] |
| angle (m) | kënd (m) | [kǝnd] |

## 25. Les unités de mesure

| poids (m) | peshë (f) | [péʃǝ] |
| longueur (f) | gjatësi (f) | [ɉatǝsí] |
| largeur (f) | gjerësi (f) | [ɟɛrǝsí] |
| hauteur (f) | lartësi (f) | [lartǝsí] |
| profondeur (f) | thellësi (f) | [θɛtǝsí] |
| volume (m) | vëllim (m) | [vǝłím] |
| aire (f) | sipërfaqe (f) | [sipǝrfácɛ] |

| gramme (m) | gram (m) | [gram] |
| milligramme (m) | miligram (m) | [miligrám] |

| kilogramme (m) | kilogram (m) | [kilográm] |
| tonne (f) | ton (m) | [ton] |
| livre (f) | paund (m) | [páund] |
| once (f) | ons (m) | [ons] |

| mètre (m) | metër (m) | [métər] |
| millimètre (m) | milimetër (m) | [milimétər] |
| centimètre (m) | centimetër (m) | [tsɛntimétər] |
| kilomètre (m) | kilometër (m) | [kilométər] |
| mille (m) | milje (f) | [míljɛ] |

| pouce (m) | inç (m) | [intʃ] |
| pied (m) | këmbë (f) | [kə́mbə] |
| yard (m) | jard (m) | [járd] |

| mètre (m) carré | metër katror (m) | [métər katrór] |
| hectare (m) | hektar (m) | [hɛktár] |

| litre (m) | litër (m) | [lítər] |
| degré (m) | gradë (f) | [grádə] |
| volt (m) | volt (m) | [volt] |
| ampère (m) | amper (m) | [ampér] |
| cheval-vapeur (m) | kuaj-fuqi (f) | [kúaj-fucí] |

| quantité (f) | sasi (f) | [sasí] |
| un peu de ... | pak ... | [pak ...] |
| moitié (f) | gjysmë (f) | [ɟýsmə] |
| douzaine (f) | dyzinë (f) | [dyzínə] |
| pièce (f) | copë (f) | [tsópə] |

| dimension (f) | madhësi (f) | [maðəsí] |
| échelle (f) (de la carte) | shkallë (f) | [ʃkáɬə] |

| minimal (adj) | minimale | [minimálɛ] |
| le plus petit (adj) | më i vogli | [mə i vógli] |
| moyen (adj) | i mesëm | [i mésəm] |
| maximal (adj) | maksimale | [maksimálɛ] |
| le plus grand (adj) | më i madhi | [mə i máði] |

## 26. Les récipients

| bocal (m) en verre | kavanoz (m) | [kavanóz] |
| boîte, canette (f) | kanoçe (f) | [kanótʃɛ] |
| seau (m) | kovë (f) | [kóvə] |
| tonneau (m) | fuçi (f) | [futʃí] |

| bassine, cuvette (f) | legen (m) | [lɛgén] |
| cuve (f) | tank (m) | [tank] |
| flasque (f) | faqore (f) | [facórɛ] |
| jerrican (m) | bidon (m) | [bidón] |
| citerne (f) | cisternë (f) | [tsistérnə] |

| tasse (f), mug (m) | tas (m) | [tas] |
| tasse (f) | filxhan (m) | [fildʒán] |

| | | |
|---|---|---|
| soucoupe (f) | pjatë filxhani (f) | [pjátə fildʒáni] |
| verre (m) (~ d'eau) | gotë (f) | [gótə] |
| verre (m) à vin | gotë vere (f) | [gótə vérɛ] |
| faitout (m) | tenxhere (f) | [tɛndʒérɛ] |

| | | |
|---|---|---|
| bouteille (f) | shishe (f) | [ʃíʃɛ] |
| goulot (m) | grykë | [grýkə] |

| | | |
|---|---|---|
| carafe (f) | brokë (f) | [brókə] |
| pichet (m) | shtambë (f) | [ʃtámbə] |
| récipient (m) | enë (f) | [énə] |
| pot (m) | enë (f) | [énə] |
| vase (m) | vazo (f) | [vázo] |

| | | |
|---|---|---|
| flacon (m) | shishe (f) | [ʃíʃɛ] |
| fiole (f) | shishkë (f) | [ʃíʃkə] |
| tube (m) | tubet (f) | [tubét] |

| | | |
|---|---|---|
| sac (m) (grand ~) | thes (m) | [θɛs] |
| sac (m) (~ en plastique) | qese (f) | [césɛ] |
| paquet (m) (~ de cigarettes) | paketë (f) | [pakétə] |

| | | |
|---|---|---|
| boîte (f) | kuti (f) | [kutí] |
| caisse (f) | arkë (f) | [árkə] |
| panier (m) | shportë (f) | [ʃpórtə] |

## 27. Les matériaux

| | | |
|---|---|---|
| matériau (m) | material (m) | [matɛriál] |
| bois (m) | dru (m) | [dru] |
| en bois (adj) | prej druri | [prɛj drúri] |

| | | |
|---|---|---|
| verre (m) | qelq (m) | [cɛlc] |
| en verre (adj) | prej qelqi | [prɛj célci] |

| | | |
|---|---|---|
| pierre (f) | gur (m) | [gur] |
| en pierre (adj) | guror | [gurór] |

| | | |
|---|---|---|
| plastique (m) | plastikë (f) | [plastíkə] |
| en plastique (adj) | plastike | [plastíkɛ] |

| | | |
|---|---|---|
| caoutchouc (m) | gomë (f) | [gómə] |
| en caoutchouc (adj) | prej gome | [prɛj gómɛ] |

| | | |
|---|---|---|
| tissu (m) | pëlhurë (f) | [pəlhúrə] |
| en tissu (adj) | nga pëlhura | [ŋa pəlhúra] |

| | | |
|---|---|---|
| papier (m) | letër (f) | [létər] |
| de papier (adj) | prej letre | [prɛj létrɛ] |

| | | |
|---|---|---|
| carton (m) | karton (m) | [kartón] |
| en carton (adj) | prej kartoni | [prɛj kartóni] |
| polyéthylène (m) | polietilen (m) | [poliétilɛn] |
| cellophane (f) | celofan (m) | [tsɛlofán] |

| linoléum (m) | linoleum (m) | [linolɛúm] |
| contreplaqué (m) | kompensatë (f) | [kompɛnsátə] |

| porcelaine (f) | porcelan (m) | [portsɛlán] |
| de porcelaine (adj) | prej porcelani | [prɛj portsɛláni] |
| argile (f) | argjilë (f) | [aɲílə] |
| de terre cuite (adj) | prej argjile | [prɛj aɲílɛ] |
| céramique (f) | qeramikë (f) | [cɛramíkə] |
| en céramique (adj) | prej qeramike | [prɛj cɛramíkɛ] |

## 28. Les métaux

| métal (m) | metal (m) | [mɛtál] |
| métallique (adj) | prej metali | [prɛj mɛtáli] |
| alliage (m) | aliazh (m) | [aliáʒ] |

| or (m) | ar (m) | [áɾ] |
| en or (adj) | prej ari | [prɛj ári] |
| argent (m) | argjend (m) | [aɲénd] |
| en argent (adj) | prej argjendi | [prɛj aɲéndi] |

| fer (m) | hekur (m) | [hékuɾ] |
| en fer (adj) | prej hekuri | [prɛj hékuri] |
| acier (m) | çelik (m) | [tʃɛlík] |
| en acier (adj) | prej çeliku | [prɛj tʃɛlíku] |
| cuivre (m) | bakër (m) | [bákəɾ] |
| en cuivre (adj) | prej bakri | [prɛj bákri] |

| aluminium (m) | alumin (m) | [alumín] |
| en aluminium (adj) | prej alumini | [prɛj alumíni] |
| bronze (m) | bronz (m) | [bronz] |
| en bronze (adj) | prej bronzi | [prɛj brónzi] |

| laiton (m) | tunxh (m) | [tundʒ] |
| nickel (m) | nikel (m) | [nikél] |
| platine (f) | platin (m) | [platín] |
| mercure (m) | merkur (m) | [mɛrkúɾ] |
| étain (m) | kallaj (m) | [kaɫáj] |
| plomb (m) | plumb (m) | [plúmb] |
| zinc (m) | zink (m) | [zink] |

# L'HOMME

## L'homme. Le corps humain

### 29. L'homme. Notions fondamentales

| | | |
|---|---|---|
| être (m) humain | qenie njerëzore (f) | [cɛníɛ ɲɛrəzórɛ] |
| homme (m) | burrë (m) | [búrə] |
| femme (f) | grua (f) | [grúa] |
| enfant (m, f) | fëmijë (f) | [fəmíjə] |
| | | |
| fille (f) | vajzë (f) | [vájzə] |
| garçon (m) | djalë (f) | [djálə] |
| adolescent (m) | adoleshent (m) | [adolɛʃént] |
| vieillard (m) | plak (m) | [plak] |
| vieille femme (f) | plakë (f) | [plákə] |

### 30. L'anatomie humaine

| | | |
|---|---|---|
| organisme (m) | organizëm (m) | [organízəm] |
| cœur (m) | zemër (f) | [zémər] |
| sang (m) | gjak (m) | [ɟak] |
| artère (f) | arterie (f) | [artériɛ] |
| veine (f) | venë (f) | [vénə] |
| | | |
| cerveau (m) | tru (m) | [tru] |
| nerf (m) | nerv (m) | [nɛrv] |
| nerfs (m pl) | nerva (f) | [nérva] |
| vertèbre (f) | vertebër (f) | [vɛrtébər] |
| colonne (f) vertébrale | shtyllë kurrizore (f) | [ʃtýɫə kurizórɛ] |
| | | |
| estomac (m) | stomak (m) | [stomák] |
| intestins (m pl) | zorrët (f) | [zórət] |
| intestin (m) | zorrë (f) | [zórə] |
| foie (m) | mëlçi (f) | [məltʃí] |
| rein (m) | veshkë (f) | [véʃkə] |
| | | |
| os (m) | kockë (f) | [kótskə] |
| squelette (f) | skelet (m) | [skɛlét] |
| côte (f) | brinjë (f) | [bríɲə] |
| crâne (m) | kafkë (f) | [káfkə] |
| | | |
| muscle (m) | muskul (m) | [múskul] |
| biceps (m) | biceps (m) | [bitséps] |
| triceps (m) | triceps (m) | [tritséps] |
| tendon (m) | tendon (f) | [tɛndón] |
| articulation (f) | nyje (f) | [nýjɛ] |

| poumons (m pl) | mushkëri (m) | [muʃkərí] |
| organes (m pl) génitaux | organe gjenitale (f) | [orgánɛ ɟɛnitálɛ] |
| peau (f) | lëkurë (f) | [ləkúrə] |

## 31. La tête

| tête (f) | kokë (f) | [kókə] |
| visage (m) | fytyrë (f) | [fytýrə] |
| nez (m) | hundë (f) | [húndə] |
| bouche (f) | gojë (f) | [gójə] |

| œil (m) | sy (m) | [sy] |
| les yeux | sytë | [sýtə] |
| pupille (f) | bebëz (f) | [bébəz] |
| sourcil (m) | vetull (f) | [vétuɫ] |
| cil (m) | qerpik (m) | [cɛrpík] |
| paupière (f) | qepallë (f) | [cɛpáɫə] |

| langue (f) | gjuhë (f) | [ɟúhə] |
| dent (f) | dhëmb (m) | [ðəmb] |
| lèvres (f pl) | buzë (f) | [búzə] |
| pommettes (f pl) | mollëza (f) | [móɫəza] |
| gencive (f) | mishrat e dhëmbëve | [míʃrat ɛ ðəmbəvɛ] |
| palais (m) | qiellzë (f) | [ciéɫzə] |

| narines (f pl) | vrimat e hundës (pl) | [vrímat ɛ húndəs] |
| menton (m) | mjekër (f) | [mjékər] |
| mâchoire (f) | nofull (f) | [nófuɫ] |
| joue (f) | faqe (f) | [fácɛ] |

| front (m) | ball (m) | [báɫ] |
| tempe (f) | tëmth (m) | [təmθ] |
| oreille (f) | vesh (m) | [vɛʃ] |
| nuque (f) | zverk (m) | [zvɛrk] |
| cou (m) | qafë (f) | [cáfə] |
| gorge (f) | fyt (m) | [fyt] |

| cheveux (m pl) | flokë (pl) | [flókə] |
| coiffure (f) | model flokësh (m) | [modél flókəʃ] |
| coupe (f) | prerje flokësh (f) | [prérjɛ flókəʃ] |
| perruque (f) | paruke (f) | [parúkɛ] |

| moustache (f) | mustaqe (f) | [mustácɛ] |
| barbe (f) | mjekër (f) | [mjékər] |
| porter (~ la barbe) | lë mjekër | [lə mjékər] |
| tresse (f) | gërshet (m) | [gərʃét] |
| favoris (m pl) | baseta (f) | [baséta] |

| roux (adj) | flokëkuqe | [flokəkúcɛ] |
| gris, grisonnant (adj) | thinja | [θíɲa] |
| chauve (adj) | qeros | [cɛrós] |
| calvitie (f) | tullë (f) | [túɫə] |
| queue (f) de cheval | bishtalec (m) | [biʃtaléts] |
| frange (f) | balluke (f) | [baɫúkɛ] |

## 32. Le corps humain

| main (f) | dorë (f) | [dórə] |
|---|---|---|
| bras (m) | krah (m) | [krah] |

| doigt (m) | gisht i dorës (m) | [gíʃt i dórəs] |
|---|---|---|
| orteil (m) | gisht i këmbës (m) | [gíʃt i kémbəs] |
| pouce (m) | gishti i madh (m) | [gíʃti i máð] |
| petit doigt (m) | gishti i vogël (m) | [gíʃti i vógəl] |
| ongle (m) | thua (f) | [θúa] |

| poing (m) | grusht (m) | [grúʃt] |
|---|---|---|
| paume (f) | pëllëmbë dore (f) | [pətémbə dórɛ] |
| poignet (m) | kyç (m) | [kytʃ] |
| avant-bras (m) | parakrah (m) | [parakráh] |
| coude (m) | bërryl (m) | [bərýl] |
| épaule (f) | shpatull (f) | [ʃpátuɫ] |

| jambe (f) | këmbë (f) | [kémbə] |
|---|---|---|
| pied (m) | shputë (f) | [ʃpútə] |
| genou (m) | gju (m) | [ɟú] |
| mollet (m) | pulpë (f) | [púlpə] |
| hanche (f) | ijë (f) | [íjə] |
| talon (m) | thembër (f) | [θémbər] |

| corps (m) | trup (m) | [trup] |
|---|---|---|
| ventre (m) | stomak (m) | [stomák] |
| poitrine (f) | kraharor (m) | [kraharór] |
| sein (m) | gjoks (m) | [ɟóks] |
| côté (m) | krah (m) | [krah] |
| dos (m) | kurriz (m) | [kuríz] |
| reins (région lombaire) | fundshpina (f) | [fundʃpína] |
| taille (f) (~ de guêpe) | beli (m) | [béli] |

| nombril (m) | kërthizë (f) | [kərθízə] |
|---|---|---|
| fesses (f pl) | vithe (f) | [víθɛ] |
| derrière (m) | prapanica (f) | [prapanítsa] |

| grain (m) de beauté | nishan (m) | [niʃán] |
|---|---|---|
| tache (f) de vin | shenjë lindjeje (f) | [ʃéɲə líndjɛjɛ] |
| tatouage (m) | tatuazh (m) | [tatuáʒ] |
| cicatrice (f) | shenjë (f) | [ʃéɲə] |

# Les vêtements & les accessoires

## 33. Les vêtements d'extérieur

| | | |
|---|---|---|
| vêtement (m) | rroba (f) | [róba] |
| survêtement (m) | veshje e sipërme (f) | [véʃjɛ ɛ sípərmɛ] |
| vêtement (m) d'hiver | veshje dimri (f) | [véʃjɛ dímri] |
| | | |
| manteau (m) | pallto (f) | [páɫto] |
| manteau (m) de fourrure | gëzof (m) | [gəzóf] |
| veste (f) de fourrure | xhaketë lëkure (f) | [dʒakétə ləkúrɛ] |
| manteau (m) de duvet | xhup (m) | [dʒup] |
| | | |
| veste (f) (~ en cuir) | xhaketë (f) | [dʒakétə] |
| imperméable (m) | pardesy (f) | [pardɛsý] |
| imperméable (adj) | kundër shiut | [kúndər ʃíut] |

## 34. Les vêtements

| | | |
|---|---|---|
| chemise (f) | këmishë (f) | [kəmíʃə] |
| pantalon (m) | pantallona (f) | [pantaɫóna] |
| jean (m) | xhinse (f) | [dʒínsɛ] |
| veston (m) | xhaketë kostumi (f) | [dʒakétə kostúmi] |
| complet (m) | kostum (m) | [kostúm] |
| | | |
| robe (f) | fustan (m) | [fustán] |
| jupe (f) | fund (m) | [fund] |
| chemisette (f) | bluzë (f) | [blúzə] |
| veste (f) en laine | xhaketë me thurje (f) | [dʒakétə mɛ θúrjɛ] |
| jaquette (f), blazer (m) | xhaketë femrash (f) | [dʒakétə fémraʃ] |
| | | |
| tee-shirt (m) | bluzë (f) | [blúzə] |
| short (m) | pantallona të shkurtra (f) | [pantaɫóna tə ʃkúrtra] |
| costume (m) de sport | tuta sportive (f) | [túta sportívɛ] |
| peignoir (m) de bain | peshqir trupi (m) | [pɛʃcír trúpi] |
| pyjama (m) | pizhame (f) | [piʒámɛ] |
| | | |
| chandail (m) | triko (f) | [tríko] |
| pull-over (m) | pulovër (m) | [pulóvər] |
| | | |
| gilet (m) | jelek (m) | [jɛlék] |
| queue-de-pie (f) | frak (m) | [frak] |
| smoking (m) | smoking (m) | [smokíŋ] |
| | | |
| uniforme (m) | uniformë (f) | [unifórmə] |
| tenue (f) de travail | rroba pune (f) | [róba púnɛ] |
| salopette (f) | kominoshe (f) | [kominóʃɛ] |
| blouse (f) (d'un médecin) | uniformë (f) | [unifórmə] |

## 35. Les sous-vêtements

| | | |
|---|---|---|
| sous-vêtements (m pl) | të brendshme (f) | [tə bréndʃmɛ] |
| boxer (m) | boksera (f) | [bokséra] |
| slip (m) de femme | brekë (f) | [brékə] |
| maillot (m) de corps | fanellë (f) | [fanétə] |
| chaussettes (f pl) | çorape (pl) | [tʃorápɛ] |

| | | |
|---|---|---|
| chemise (f) de nuit | këmishë nate (f) | [kəmíʃə nátɛ] |
| soutien-gorge (m) | sytjena (f) | [sytjéna] |
| chaussettes (f pl) hautes | çorape déri tek gjuri (pl) | [tʃorápɛ déri ték ɟúri] |
| collants (m pl) | geta (f) | [géta] |
| bas (m pl) | çorape të holla (pl) | [tʃorápɛ tə hóɬa] |
| maillot (m) de bain | rrobë banje (f) | [róbə báɲɛ] |

## 36. Les chapeaux

| | | |
|---|---|---|
| chapeau (m) | kapelë (f) | [kapélə] |
| chapeau (m) feutre | kapelë republike (f) | [kapélə rɛpublíkɛ] |
| casquette (f) de base-ball | kapelë bejsbolli (f) | [kapélə bɛjsbóɬi] |
| casquette (f) | kapelë e sheshtë (f) | [kapélə ɛ ʃéʃtə] |

| | | |
|---|---|---|
| béret (m) | beretë (f) | [bɛrétə] |
| capuche (f) | kapuç (m) | [kapútʃ] |
| panama (m) | kapelë panama (f) | [kapélə panamá] |
| bonnet (m) de laine | kapuç leshi (m) | [kapútʃ léʃi] |

| | | |
|---|---|---|
| foulard (m) | shami (f) | [ʃamí] |
| chapeau (m) de femme | kapelë femrash (f) | [kapélə fémraʃ] |

| | | |
|---|---|---|
| casque (m) (d'ouvriers) | helmetë (f) | [hɛlmétə] |
| calot (m) | kapelë ushtrie (f) | [kapélə uʃtríɛ] |
| casque (m) (~ de moto) | helmetë (f) | [hɛlmétə] |

| | | |
|---|---|---|
| melon (m) | kapelë derby (f) | [kapélə dérby] |
| haut-de-forme (m) | kapelë cilindër (f) | [kapélə tsilíndər] |

## 37. Les chaussures

| | | |
|---|---|---|
| chaussures (f pl) | këpucë (pl) | [kəpútsə] |
| bottines (f pl) | këpucë burrash (pl) | [kəpútsə búraʃ] |
| souliers (m pl) (~ plats) | këpucë grash (pl) | [kəpútsə gráʃ] |
| bottes (f pl) | çizme (pl) | [tʃízmɛ] |
| chaussons (m pl) | pantofla (pl) | [pantófla] |

| | | |
|---|---|---|
| tennis (m pl) | atlete tenisi (pl) | [atlétɛ tɛnísi] |
| baskets (f pl) | atlete (pl) | [atlétɛ] |
| sandales (f pl) | sandale (pl) | [sandálɛ] |

| | | |
|---|---|---|
| cordonnier (m) | këpucëtar (m) | [kəputsətár] |
| talon (m) | takë (f) | [tákə] |

| | | |
|---|---|---|
| paire (f) | palë (f) | [pálǝ] |
| lacet (m) | lidhëse këpucësh (f) | [líðǝsɛ kǝpútsǝʃ] |
| lacer (vt) | lidh këpucët | [lið kǝpútsǝt] |
| chausse-pied (m) | lugë këpucësh (f) | [lúgǝ kǝpútsǝʃ] |
| cirage (m) | bojë këpucësh (f) | [bójǝ kǝpútsǝʃ] |

## 38. Le textile. Les tissus

| | | |
|---|---|---|
| coton (m) | pambuk (m) | [pambúk] |
| de coton (adj) | i pambuktë | [i pambúktǝ] |
| lin (m) | li (m) | [li] |
| de lin (adj) | prej liri | [prɛj líri] |

| | | |
|---|---|---|
| soie (f) | mëndafsh (m) | [mǝndáfʃ] |
| de soie (adj) | i mëndafshtë | [i mǝndáfʃtǝ] |
| laine (f) | lesh (m) | [lɛʃ] |
| en laine (adj) | i leshtë | [i léʃtǝ] |

| | | |
|---|---|---|
| velours (m) | kadife (f) | [kadífɛ] |
| chamois (m) | kamosh (m) | [kamóʃ] |
| velours (m) côtelé | kadife me riga (f) | [kadífɛ mɛ ríga] |

| | | |
|---|---|---|
| nylon (m) | najlon (m) | [najlón] |
| en nylon (adj) | prej najloni | [prɛj najlóni] |
| polyester (m) | poliestër (m) | [poliéstǝr] |
| en polyester (adj) | prej poliestri | [prɛj poliéstri] |

| | | |
|---|---|---|
| cuir (m) | lëkurë (f) | [lǝkúrǝ] |
| en cuir (adj) | prej lëkure | [prɛj lǝkúrɛ] |
| fourrure (f) | gëzof (m) | [gǝzóf] |
| en fourrure (adj) | prej gëzofi | [prɛj gǝzófi] |

## 39. Les accessoires personnels

| | | |
|---|---|---|
| gants (m pl) | dorëza (pl) | [dórǝza] |
| moufles (f pl) | doreza (f) | [doréza] |
| écharpe (f) | shall (m) | [ʃaɫ] |

| | | |
|---|---|---|
| lunettes (f pl) | syze (f) | [sýzɛ] |
| monture (f) | skelet syzesh (m) | [skɛlét sýzɛʃ] |
| parapluie (m) | çadër (f) | [tʃádǝr] |
| canne (f) | bastun (m) | [bastún] |
| brosse (f) â cheveux | furçë flokësh (f) | [fúrtʃǝ flókǝʃ] |
| éventail (m) | erashkë (f) | [ɛráʃkǝ] |

| | | |
|---|---|---|
| cravate (f) | kravatë (f) | [kravátǝ] |
| nœud papillon (m) | papion (m) | [papión] |
| bretelles (f pl) | aski (pl) | [askí] |
| mouchoir (m) | shami (f) | [ʃamí] |

| | | |
|---|---|---|
| peigne (m) | krehër (m) | [kréhǝr] |
| barrette (f) | kapëse flokësh (f) | [kápǝsɛ flókǝʃ] |

| épingle (f) â cheveux | karficë (f) | [karfítsə] |
| boucle (f) | tokëz (f) | [tókəz] |

| ceinture (f) | rrip (m) | [rip] |
| bandoulière (f) | rrip supi (m) | [rip súpi] |

| sac (m) | çantë dore (f) | [tʃántə dórɛ] |
| sac (m) â main | çantë (f) | [tʃántə] |
| sac (m) â dos | çantë shpine (f) | [tʃántə ʃpínɛ] |

## 40. Les vêtements. Divers

| mode (f) | modë (f) | [módə] |
| â la mode (adj) | në modë | [nə módə] |
| couturier, créateur de mode | stilist (m) | [stilíst] |

| col (m) | jakë (f) | [jákə] |
| poche (f) | xhep (m) | [dʒɛp] |
| de poche (adj) | i xhepit | [i dʒépit] |
| manche (f) | mëngë (f) | [məɲə] |
| bride (f) | hallkë për varje (f) | [háɫkə pər várjɛ] |
| braguette (f) | zinxhir (m) | [zindʒír] |

| fermeture (f) â glissière | zinxhir (m) | [zindʒír] |
| agrafe (f) | kapëse (f) | [kápəsɛ] |
| bouton (m) | kopsë (f) | [kópsə] |
| boutonnière (f) | vrimë kopse (f) | [vrímə kópsɛ] |
| s'arracher (bouton) | këputet | [kəpútɛt] |

| coudre (vi, vt) | qep | [cɛp] |
| broder (vt) | qëndis | [cəndís] |
| broderie (f) | qëndisje (f) | [cəndísjɛ] |
| aiguille (f) | gjilpërë për qepje (f) | [ɟilpérə pər cépjɛ] |
| fil (m) | pe (m) | [pɛ] |
| couture (f) | tegel (m) | [tɛgél] |

| se salir (vp) | bëhem pis | [bə́hɛm pis] |
| tache (f) | njollë (f) | [ɲóɫə] |
| se froisser (vp) | zhubros | [ʒubrós] |
| déchirer (vt) | gris | [gris] |
| mite (f) | molë rrobash (f) | [mólə róbaʃ] |

## 41. L'hygiène corporelle. Les cosmétiques

| dentifrice (m) | pastë dhëmbësh (f) | [pástə ðə́mbəʃ] |
| brosse (f) â dents | furçë dhëmbësh (f) | [fúrtʃə ðə́mbəʃ] |
| se brosser les dents | laj dhëmbët | [laj ðə́mbət] |

| rasoir (m) | brisk (m) | [brísk] |
| crème (f) â raser | pastë rroje (f) | [pástə rójɛ] |
| se raser (vp) | rruhem | [rúhɛm] |
| savon (m) | sapun (m) | [sapún] |

| | | |
|---|---|---|
| shampooing (m) | shampo (f) | [ʃampó] |
| ciseaux (m pl) | gërshërë (f) | [gərʃérə] |
| lime (f) à ongles | limë thonjsh (f) | [límə θóɲʃ] |
| pinces (f pl) à ongles | prerëse thonjsh (f) | [prérəsɛ θóɲʃ] |
| pince (f) à épiler | piskatore vetullash (f) | [piskatórɛ vétuɫaʃ] |
| | | |
| produits (m pl) de beauté | kozmetikë (f) | [kozmɛtíkə] |
| masque (m) de beauté | maskë fytyre (f) | [máskə fytýrɛ] |
| manucure (f) | manikyr (m) | [manikýr] |
| se faire les ongles | bëj manikyr | [bəj manikýr] |
| pédicurie (f) | pedikyr (m) | [pɛdikýr] |
| | | |
| trousse (f) de toilette | çantë kozmetike (f) | [tʃántə kozmɛtíkɛ] |
| poudre (f) | pudër fytyre (f) | [púdər fytýrɛ] |
| poudrier (m) | pudër kompakte (f) | [púdər kompáktɛ] |
| fard (m) à joues | ruzh (m) | [ruʒ] |
| | | |
| parfum (m) | parfum (m) | [parfúm] |
| eau (f) de toilette | parfum (m) | [parfúm] |
| lotion (f) | krem (m) | [krɛm] |
| eau de Cologne (f) | kolonjë (f) | [kolóɲə] |
| | | |
| fard (m) à paupières | rimel (m) | [rimél] |
| crayon (m) à paupières | laps për sy (m) | [láps pər sy] |
| mascara (m) | rimel (m) | [rimél] |
| | | |
| rouge (m) à lèvres | buzëkuq (m) | [buzəkúc] |
| vernis (m) à ongles | llak për thonj (m) | [ɫak pər θóɲ] |
| laque (f) pour les cheveux | llak flokësh (m) | [ɫak flókəʃ] |
| déodorant (m) | deodorant (m) | [dɛodoránt] |
| | | |
| crème (f) | krem (m) | [krɛm] |
| crème (f) pour le visage | krem për fytyrë (m) | [krɛm pər fytýrə] |
| crème (f) pour les mains | krem për duar (m) | [krɛm pər dúar] |
| crème (f) anti-rides | krem kundër rrudhave (m) | [krɛm kúndər rúðavɛ] |
| crème (f) de jour | krem dite (m) | [krɛm dítɛ] |
| crème (f) de nuit | krem nate (m) | [krɛm nátɛ] |
| de jour (adj) | dite | [dítɛ] |
| de nuit (adj) | nate | [nátɛ] |
| | | |
| tampon (m) | tampon (m) | [tampón] |
| papier (m) de toilette | letër higjienike (f) | [létər hiɟiɛníkɛ] |
| sèche-cheveux (m) | tharëse flokësh (f) | [θárəsɛ flókəʃ] |

## 42. Les bijoux. La bijouterie

| | | |
|---|---|---|
| bijoux (m pl) | bizhuteri (f) | [biʒutɛrí] |
| précieux (adj) | i çmuar | [i tʃmúar] |
| poinçon (m) | vulë dalluese (f) | [vúlə daɫúɛsɛ] |
| | | |
| bague (f) | unazë (f) | [unázə] |
| alliance (f) | unazë martese (f) | [unázə martésɛ] |
| bracelet (m) | byzylyk (m) | [byzylýk] |
| boucles (f pl) d'oreille | vathë (pl) | [váθə] |

| | | |
|---|---|---|
| collier (m) (de perles) | gjerdan (m) | [ɟɛrdán] |
| couronne (f) | kurorë (f) | [kurórə] |
| collier (m) (en verre, etc.) | qafore me rruaza (f) | [cafórɛ mɛ ruáza] |

| | | |
|---|---|---|
| diamant (m) | diamant (m) | [diamánt] |
| émeraude (f) | smerald (m) | [smɛráld] |
| rubis (m) | rubin (m) | [rubín] |
| saphir (m) | safir (m) | [safír] |
| perle (f) | perlë (f) | [pérlə] |
| ambre (m) | qelibar (m) | [cɛlibár] |

## 43. Les montres. Les horloges

| | | |
|---|---|---|
| montre (f) | orë dore (f) | [órə dórɛ] |
| cadran (m) | faqe e orës (f) | [fácɛ ɛ órəs] |
| aiguille (f) | akrep (m) | [akrép] |
| bracelet (m) | rrip metalik ore (m) | [rip mɛtalík órɛ] |
| bracelet (m) (en cuir) | rrip ore (m) | [rip órɛ] |

| | | |
|---|---|---|
| pile (f) | bateri (f) | [batɛrí] |
| être déchargé | e shkarkuar | [ɛ ʃkarkúar] |
| changer de pile | ndërroj baterinë | [ndərój batɛrínə] |
| avancer (vi) | kalon shpejt | [kalón ʃpéjt] |
| retarder (vi) | ngel prapa | [ŋɛl prápa] |

| | | |
|---|---|---|
| pendule (f) | orë muri (f) | [órə múri] |
| sablier (m) | orë rëre (f) | [órə rərɛ] |
| cadran (m) solaire | orë diellore (f) | [órə diɛtórɛ] |
| réveil (m) | orë me zile (f) | [órə mɛ zílɛ] |
| horloger (m) | orëndreqës (m) | [orəndrécəs] |
| réparer (vt) | ndreq | [ndréc] |

# Les aliments. L'alimentation

## 44. Les aliments

| | | |
|---|---|---|
| viande (f) | mish (m) | [miʃ] |
| poulet (m) | pulë (f) | [púlə] |
| poulet (m) (poussin) | mish pule (m) | [miʃ púlɛ] |
| canard (m) | rosë (f) | [rósə] |
| oie (f) | patë (f) | [pátə] |
| gibier (m) | gjah (m) | [ɟáh] |
| dinde (f) | mish gjel deti (m) | [miʃ ɟɛl déti] |

| | | |
|---|---|---|
| du porc | mish derri (m) | [miʃ déri] |
| du veau | mish viçi (m) | [miʃ vítʃi] |
| du mouton | mish qengji (m) | [miʃ cénɟi] |
| du bœuf | mish lope (m) | [miʃ lópɛ] |
| lapin (m) | mish lepuri (m) | [miʃ lépuri] |

| | | |
|---|---|---|
| saucisson (m) | salsiçe (f) | [salsítʃɛ] |
| saucisse (f) | salsiçe vjeneze (f) | [salsítʃɛ vjɛnézɛ] |
| bacon (m) | proshutë (f) | [proʃútə] |
| jambon (m) | sallam (m) | [saɫám] |
| cuisse (f) | kofshë derri (f) | [kófʃə déri] |

| | | |
|---|---|---|
| pâté (m) | pate (f) | [paté] |
| foie (m) | mëlçi (f) | [məltʃí] |
| farce (f) | hamburger (m) | [hamburgér] |
| langue (f) | gjuhë (f) | [ɟúhə] |

| | | |
|---|---|---|
| œuf (m) | ve (f) | [vɛ] |
| les œufs | vezë (pl) | [vézə] |
| blanc (m) d'œuf | e bardhë veze (f) | [ɛ bárðə vézɛ] |
| jaune (m) d'œuf | e verdhë veze (f) | [ɛ vérðə vézɛ] |

| | | |
|---|---|---|
| poisson (m) | peshk (m) | [pɛʃk] |
| fruits (m pl) de mer | fruta deti (pl) | [frúta déti] |
| crustacés (m pl) | krustace (pl) | [krustátsɛ] |
| caviar (m) | havjar (m) | [havjár] |

| | | |
|---|---|---|
| crabe (m) | gaforre (f) | [gafórɛ] |
| crevette (f) | karkalec (m) | [karkaléts] |
| huître (f) | midhje (f) | [míðjɛ] |
| langoustine (f) | karavidhe (f) | [karavíðɛ] |
| poulpe (m) | oktapod (m) | [oktapód] |
| calamar (m) | kallamarë (f) | [kaɫamárə] |

| | | |
|---|---|---|
| esturgeon (m) | bli (m) | [blí] |
| saumon (m) | salmon (m) | [salmón] |
| flétan (m) | shojzë e Atlantikut Verior (f) | [ʃójzə ɛ atlantíkut vɛriór] |
| morue (f) | merluc (m) | [mɛrlúts] |

| maquereau (m) | skumbri (m) | [skúmbri] |
| thon (m) | tunë (f) | [túnə] |
| anguille (f) | ngjalë (f) | [ɲálə] |

| truite (f) | troftë (f) | [tróftə] |
| sardine (f) | sardele (f) | [sardélɛ] |
| brochet (m) | mlysh (m) | [mlýʃ] |
| hareng (m) | harengë (f) | [haréŋə] |

| pain (m) | bukë (f) | [búkə] |
| fromage (m) | djath (m) | [djáθ] |
| sucre (m) | sheqer (m) | [ʃɛcér] |
| sel (m) | kripë (f) | [krípə] |

| riz (m) | oriz (m) | [oríz] |
| pâtes (m pl) | makarona (f) | [makaróna] |
| nouilles (f pl) | makarona petë (f) | [makaróna pétə] |

| beurre (m) | gjalp (m) | [ɟalp] |
| huile (f) végétale | vaj vegjetal (m) | [vaj vɛɟɛtál] |
| huile (f) de tournesol | vaj luledielli (m) | [vaj lulɛdiéɬi] |
| margarine (f) | margarinë (f) | [margarínə] |

| olives (f pl) | ullinj (pl) | [uɬíɲ] |
| huile (f) d'olive | vaj ulliri (m) | [vaj uɬíri] |

| lait (m) | qumësht (m) | [cúməʃt] |
| lait (m) condensé | qumësht i kondensuar (m) | [cúməʃt i kondɛnsúar] |
| yogourt (m) | kos (m) | [kos] |
| crème (f) aigre | salcë kosi (f) | [sáltsə kosi] |
| crème (f) (de lait) | krem qumështi (m) | [krɛm cúməʃti] |

| sauce (f) mayonnaise | majonezë (f) | [majonézə] |
| crème (f) au beurre | krem gjalpi (m) | [krɛm ɟálpi] |

| gruau (m) | drithëra (pl) | [dríθəra] |
| farine (f) | miell (m) | [míɛɬ] |
| conserves (f pl) | konserva (f) | [konsérva] |

| pétales (m pl) de maïs | kornfleiks (m) | [kornfléiks] |
| miel (m) | mjaltë (f) | [mjáltə] |
| confiture (f) | reçel (m) | [rɛtʃél] |
| gomme (f) à mâcher | çamçakëz (m) | [tʃamtʃakéz] |

## 45. Les boissons

| eau (f) | ujë (m) | [újə] |
| eau (f) potable | ujë i pijshëm (m) | [újə i píjʃəm] |
| eau (f) minérale | ujë mineral (m) | [újə minɛrál] |

| plate (adj) | ujë natyral | [újə natyrál] |
| gazeuse (l'eau ~) | ujë i karbonuar | [újə i karbonúar] |
| pétillante (adj) | ujë i gazuar | [újə i gazúar] |
| glace (f) | akull (m) | [ákuɬ] |

| avec de la glace | me akull | [mɛ ákuɬ] |
| sans alcool | jo alkoolik | [jo alkoolík] |
| boisson (f) non alcoolisée | pije e lehtë (f) | [píjɛ ɛ léhtə] |
| rafraîchissement (m) | pije freskuese (f) | [píjɛ frɛskúɛsɛ] |
| limonade (f) | limonadë (f) | [limonádə] |

| boissons (f pl) alcoolisées | likere (pl) | [likérɛ] |
| vin (m) | verë (f) | [vérə] |
| vin (m) blanc | verë e bardhë (f) | [vérə ɛ bárðə] |
| vin (m) rouge | verë e kuqe (f) | [vérə ɛ kúcɛ] |

| liqueur (f) | liker (m) | [likér] |
| champagne (m) | shampanjë (f) | [ʃampáɲə] |
| vermouth (m) | vermut (m) | [vɛrmút] |

| whisky (m) | uiski (m) | [víski] |
| vodka (f) | vodkë (f) | [vódkə] |
| gin (m) | xhin (m) | [dʒin] |
| cognac (m) | konjak (m) | [koɲák] |
| rhum (m) | rum (m) | [rum] |

| café (m) | kafe (f) | [káfɛ] |
| café (m) noir | kafe e zezë (f) | [káfɛ ɛ zézə] |
| café (m) au lait | kafe me qumësht (m) | [káfɛ mɛ cúməʃt] |
| cappuccino (m) | kapuçino (m) | [kaputʃíno] |
| café (m) soluble | neskafe (f) | [nɛskáfɛ] |

| lait (m) | qumësht (m) | [cúməʃt] |
| cocktail (m) | koktej (m) | [koktéj] |
| cocktail (m) au lait | milkshake (f) | [milkʃákɛ] |

| jus (m) | lëng frutash (m) | [ləŋ frútaʃ] |
| jus (m) de tomate | lëng domatesh (m) | [ləŋ domátɛʃ] |
| jus (m) d'orange | lëng portokalli (m) | [ləŋ portokáɬi] |
| jus (m) pressé | lëng frutash i freskët (m) | [ləŋ frútaʃ i fréskət] |

| bière (f) | birrë (f) | [bírə] |
| bière (f) blonde | birrë e lehtë (f) | [bírə ɛ léhtə] |
| bière (f) brune | birrë e zezë (f) | [bírə ɛ zézə] |

| thé (m) | çaj (m) | [tʃáj] |
| thé (m) noir | çaj i zi (m) | [tʃáj i zí] |
| thé (m) vert | çaj jeshil (m) | [tʃáj jɛʃíl] |

## 46. Les légumes

| légumes (m pl) | perime (pl) | [pɛrímɛ] |
| verdure (f) | zarzavate (pl) | [zarzaváтɛ] |

| tomate (f) | domate (f) | [domátɛ] |
| concombre (m) | kastravec (m) | [kastravéts] |
| carotte (f) | karotë (f) | [karótə] |
| pomme (f) de terre | patate (f) | [patátɛ] |
| oignon (m) | qepë (f) | [cépə] |

| ail (m) | hudhër (f) | [húðər] |
| chou (m) | lakër (f) | [lákər] |
| chou-fleur (m) | lulelakër (f) | [lulɛlákər] |
| chou (m) de Bruxelles | lakër Brukseli (f) | [lákər brukséli] |
| brocoli (m) | brokoli (m) | [brókoli] |

| betterave (f) | panxhar (m) | [pandʒár] |
| aubergine (f) | patëllxhan (m) | [patəɫdʒán] |
| courgette (f) | kungulleshë (m) | [kuŋuɫéʃə] |
| potiron (m) | kungull (m) | [kúŋuɫ] |
| navet (m) | rrepë (f) | [répə] |

| persil (m) | majdanoz (m) | [majdanóz] |
| fenouil (m) | kopër (f) | [kópər] |
| laitue (f) (salade) | sallatë jeshile (f) | [saɫátə jɛʃílɛ] |
| céleri (m) | selino (f) | [sɛlíno] |
| asperge (f) | asparagus (m) | [asparágus] |
| épinard (m) | spinaq (m) | [spinác] |

| pois (m) | bizele (f) | [bizélɛ] |
| fèves (f pl) | fasule (f) | [fasúlɛ] |
| maïs (m) | misër (m) | [mísər] |
| haricot (m) | groshë (f) | [gróʃə] |

| poivron (m) | spec (m) | [spɛts] |
| radis (m) | rrepkë (f) | [répkə] |
| artichaut (m) | angjinare (f) | [aɲinárɛ] |

## 47. Les fruits. Les noix

| fruit (m) | frut (m) | [frut] |
| pomme (f) | mollë (f) | [móɫə] |
| poire (f) | dardhë (f) | [dárðə] |
| citron (m) | limon (m) | [limón] |
| orange (f) | portokall (m) | [portokáɫ] |
| fraise (f) | luleshtrydhe (f) | [lulɛʃtrýðɛ] |

| mandarine (f) | mandarinë (f) | [mandarínə] |
| prune (f) | kumbull (f) | [kúmbuɫ] |
| pêche (f) | pjeshkë (f) | [pjéʃkə] |
| abricot (m) | kajsi (f) | [kajsí] |
| framboise (f) | mjedër (f) | [mjédər] |
| ananas (m) | ananas (m) | [ananás] |

| banane (f) | banane (f) | [banánɛ] |
| pastèque (f) | shalqi (m) | [ʃalcí] |
| raisin (m) | rrush (m) | [ruʃ] |
| cerise (f) | qershi vishnje (f) | [cɛrʃí víʃɲɛ] |
| merise (f) | qershi (f) | [cɛrʃí] |
| melon (m) | pjepër (m) | [pjépər] |

| pamplemousse (m) | grejpfrut (m) | [grɛjpfrút] |
| avocat (m) | avokado (f) | [avokádo] |
| papaye (f) | papaja (f) | [papája] |

| mangue (f) | mango (f) | [máŋo] |
| grenade (f) | shegë (f) | [ʃégə] |

| groseille (f) rouge | kaliboba e kuqe (f) | [kalibóba ɛ kúcɛ] |
| cassis (m) | kaliboba e zezë (f) | [kalibóba ɛ zézə] |
| groseille (f) verte | kulumbri (f) | [kulumbrí] |
| myrtille (f) | boronicë (f) | [boronítsə] |
| mûre (f) | manaferra (f) | [manaféra] |

| raisin (m) sec | rrush i thatë (m) | [ruʃ i θátə] |
| figue (f) | fik (m) | [fik] |
| datte (f) | hurmë (f) | [húrmə] |

| cacahuète (f) | kikirik (m) | [kikirík] |
| amande (f) | bajame (f) | [bajámɛ] |
| noix (f) | arrë (f) | [árə] |
| noisette (f) | lajthi (f) | [lajθí] |
| noix (f) de coco | arrë kokosi (f) | [árə kokósi] |
| pistaches (f pl) | fëstëk (m) | [fəsték] |

## 48. Le pain. Les confiseries

| confiserie (f) | ëmbëlsira (pl) | [əmbəlsíra] |
| pain (m) | bukë (f) | [búkə] |
| biscuit (m) | biskota (pl) | [biskóta] |

| chocolat (m) | çokollatë (f) | [tʃokołátə] |
| en chocolat (adj) | prej çokollate | [prɛj tʃokołátɛ] |
| bonbon (m) | karamele (f) | [karamélɛ] |
| gâteau (m), pâtisserie (f) | kek (m) | [kék] |
| tarte (f) | tortë (f) | [tórtə] |

| gâteau (m) | tortë (f) | [tórtə] |
| garniture (f) | mbushje (f) | [mbúʃjɛ] |

| confiture (f) | reçel (m) | [rɛtʃél] |
| marmelade (f) | marmelatë (f) | [marmɛlátə] |
| gaufre (f) | vafera (pl) | [vaféra] |
| glace (f) | akullore (f) | [akułórɛ] |
| pudding (m) | puding (m) | [pudíŋ] |

## 49. Les plats cuisinês

| plat (m) | pjatë (f) | [pjátə] |
| cuisine (f) | kuzhinë (f) | [kuʒínə] |
| recette (f) | recetë (f) | [rɛtsétə] |
| portion (f) | racion (m) | [ratsión] |

| salade (f) | sallatë (f) | [sałátə] |
| soupe (f) | supë (f) | [súpə] |
| bouillon (m) | lëng mishi (m) | [ləŋ míʃi] |
| sandwich (m) | sandviç (m) | [sandvítʃ] |

| les œufs brouillés | vezë të skuqura (pl) | [vézə tə skúcura] |
| hamburger (m) | hamburger | [hamburgér] |
| steak (m) | biftek (m) | [bifték] |

| garniture (f) | garniturë (f) | [garnitúrə] |
| spaghettis (m pl) | shpageti (pl) | [ʃpagéti] |
| purée (f) | pure patatesh (f) | [puré patátɛʃ] |
| pizza (f) | pica (f) | [pítsa] |
| bouillie (f) | qull (m) | [cuɬ] |
| omelette (f) | omëletë (f) | [oməlétə] |

| cuit à l'eau (adj) | i zier | [i zíɛr] |
| fumé (adj) | i tymosur | [i tymósur] |
| frit (adj) | i skuqur | [i skúcur] |
| sec (adj) | i tharë | [i θárə] |
| congelé (adj) | i ngrirë | [i ŋrírə] |
| mariné (adj) | i marinuar | [i marinúar] |

| sucré (adj) | i ëmbël | [i émbəl] |
| salé (adj) | i kripur | [i krípur] |
| froid (adj) | i ftohtë | [i ftóhtə] |
| chaud (adj) | i nxehtë | [i ndzéhtə] |
| amer (adj) | i hidhur | [i híður] |
| bon (savoureux) | i shijshëm | [i ʃíjʃəm] |

| cuire à l'eau | ziej | [zíɛj] |
| préparer (le dîner) | gatuaj | [gatúaj] |
| faire frire | skuq | [skuc] |
| réchauffer (vt) | ngroh | [ŋróh] |

| saler (vt) | hedh kripë | [hɛð krípə] |
| poivrer (vt) | hedh piper | [hɛð pipér] |
| râper (vt) | rendoj | [rɛndój] |
| peau (f) | lëkurë (f) | [ləkúrə] |
| éplucher (vt) | qëroj | [cərój] |

## 50. Les épices

| sel (m) | kripë (f) | [krípə] |
| salé (adj) | i kripur | [i krípur] |
| saler (vt) | hedh kripë | [hɛð krípə] |

| poivre (m) noir | piper i zi (m) | [pipér i zi] |
| poivre (m) rouge | piper i kuq (m) | [pipér i kuc] |
| moutarde (f) | mustardë (f) | [mustárdə] |
| raifort (m) | rrepë djegëse (f) | [répə djégəsɛ] |

| condiment (m) | salcë (f) | [sáltsə] |
| épice (f) | erëz (f) | [érəz] |
| sauce (f) | salcë (f) | [sáltsə] |
| vinaigre (m) | uthull (f) | [úθuɬ] |

| anis (m) | anisetë (f) | [anisétə] |
| basilic (m) | borzilok (m) | [borzilók] |

| | | |
|---|---|---|
| clou (m) de girofle | karafil (m) | [karafíl] |
| gingembre (m) | xhenxhefil (m) | [dʒɛndʒɛfíl] |
| coriandre (m) | koriandër (m) | [koriándər] |
| cannelle (f) | kanellë (f) | [kanétə] |

| | | |
|---|---|---|
| sésame (m) | susam (m) | [susám] |
| feuille (f) de laurier | gjeth dafine (m) | [ɟɛθ dafínɛ] |
| paprika (m) | spec (m) | [spɛts] |
| cumin (m) | kumin (m) | [kumín] |
| safran (m) | shafran (m) | [ʃafrán] |

## 51. Les repas

| | | |
|---|---|---|
| nourriture (f) | ushqim (m) | [uʃcím] |
| manger (vi, vt) | ha | [ha] |

| | | |
|---|---|---|
| petit déjeuner (m) | mëngjes (m) | [mənɟés] |
| prendre le petit déjeuner | ha mëngjes | [ha mənɟés] |
| déjeuner (m) | drekë (f) | [drékə] |
| déjeuner (vi) | ha drekë | [ha drékə] |
| dîner (m) | darkë (f) | [dárkə] |
| dîner (vi) | ha darkë | [ha dárkə] |

| | | |
|---|---|---|
| appétit (m) | oreks (m) | [oréks] |
| Bon appétit! | Të bëftë mirë! | [tə bəftə mírə!] |

| | | |
|---|---|---|
| ouvrir (vt) | hap | [hap] |
| renverser (liquide) | derdh | [dérð] |
| se renverser (liquide) | derdhje | [dérðjɛ] |

| | | |
|---|---|---|
| bouillir (vi) | ziej | [zíɛj] |
| faire bouillir | ziej | [zíɛj] |
| bouilli (l'eau ~e) | i zier | [i zíɛr] |
| refroidir (vt) | ftoh | [ftoh] |
| se refroidir (vp) | ftohje | [ftóhjɛ] |

| | | |
|---|---|---|
| goût (m) | shije (f) | [ʃíjɛ] |
| arrière-goût (m) | shije (f) | [ʃíjɛ] |

| | | |
|---|---|---|
| suivre un régime | dobësohem | [dobəsóhɛm] |
| régime (m) | dietë (f) | [diétə] |
| vitamine (f) | vitaminë (f) | [vitamínə] |
| calorie (f) | kalori (f) | [kalorí] |

| | | |
|---|---|---|
| végétarien (m) | vegjetarian (m) | [vɛɟɛtarián] |
| végétarien (adj) | vegjetarian | [vɛɟɛtarián] |

| | | |
|---|---|---|
| lipides (m pl) | yndyrë (f) | [yndýrə] |
| protéines (f pl) | proteinë (f) | [protɛínə] |
| glucides (m pl) | karbohidrat (m) | [karbohidrát] |

| | | |
|---|---|---|
| tranche (f) | fetë (f) | [fétə] |
| morceau (m) | copë (f) | [tsópə] |
| miette (f) | dromcë (f) | [drómtsə] |

## 52. Le dressage de la table

| | | |
|---|---|---|
| cuillère (f) | lugë (f) | [lúgə] |
| couteau (m) | thikë (f) | [θíkə] |
| fourchette (f) | pirun (m) | [pirún] |

| | | |
|---|---|---|
| tasse (f) | filxhan (m) | [fildʒán] |
| assiette (f) | pjatë (f) | [pjátə] |
| soucoupe (f) | pjatë filxhani (f) | [pjátə fildʒáni] |
| serviette (f) | pecetë (f) | [pɛtsétə] |
| cure-dent (m) | kruajtëse dhëmbësh (f) | [krúajtəsɛ ðə́mbəʃ] |

## 53. Le restaurant

| | | |
|---|---|---|
| restaurant (m) | restorant (m) | [rɛstoránt] |
| salon (m) de café | kafene (f) | [kafɛné] |
| bar (m) | pab (m), pijetore (f) | [pab], [pijɛtórɛ] |
| salon (m) de thé | çajtore (f) | [tʃajtórɛ] |

| | | |
|---|---|---|
| serveur (m) | kamerier (m) | [kamɛriér] |
| serveuse (f) | kameriere (f) | [kamɛriérɛ] |
| barman (m) | banakier (m) | [banakiér] |

| | | |
|---|---|---|
| carte (f) | menu (f) | [mɛnú] |
| carte (f) des vins | menu verërash (f) | [mɛnú vérəraʃ] |
| réserver une table | rezervoj një tavolinë | [rɛzɛrvój ɲə tavolínə] |

| | | |
|---|---|---|
| plat (m) | pjatë (f) | [pjátə] |
| commander (vt) | porosis | [porosís] |
| faire la commande | bëj porosinë | [bəj porosínə] |

| | | |
|---|---|---|
| apéritif (m) | aperitiv (m) | [apɛritív] |
| hors-d'œuvre (m) | antipastë (f) | [antipástə] |
| dessert (m) | ëmbëlsirë (f) | [əmbəlsírə] |

| | | |
|---|---|---|
| addition (f) | faturë (f) | [fatúrə] |
| régler l'addition | paguaj faturën | [pagúaj fatúrən] |
| rendre la monnaie | jap kusur | [jap kusúr] |
| pourboire (m) | bakshish (m) | [bakʃíʃ] |

# La famille. Les parents. Les amis

## 54. Les données personnelles. Les formulaires

| | | |
|---|---|---|
| prénom (m) | emër (m) | [émər] |
| nom (m) de famille | mbiemër (m) | [mbiémər] |
| date (f) de naissance | datëlindje (f) | [datəlíndjɛ] |
| lieu (m) de naissance | vendlindje (f) | [vɛndlíndjɛ] |
| | | |
| nationalité (f) | kombësi (f) | [kombəsí] |
| domicile (m) | vendbanim (m) | [vɛndbaním] |
| pays (m) | shtet (m) | [ʃtɛt] |
| profession (f) | profesion (m) | [profɛsión] |
| | | |
| sexe (m) | gjinia (f) | [ɟinía] |
| taille (f) | gjatësia (f) | [ɟatəsía] |
| poids (m) | peshë (f) | [péʃə] |

## 55. La famille. Les liens de parenté

| | | |
|---|---|---|
| mère (f) | nënë (f) | [nénə] |
| père (m) | baba (f) | [babá] |
| fils (m) | bir (m) | [bir] |
| fille (f) | bijë (f) | [bíjə] |
| | | |
| fille (f) cadette | vajza e vogël (f) | [vájza ɛ vógəl] |
| fils (m) cadet | djali i vogël (m) | [djáli i vógəl] |
| fille (f) aînée | vajza e madhe (f) | [vájza ɛ máðɛ] |
| fils (m) aîné | djali i vogël (m) | [djáli i vógəl] |
| | | |
| frère (m) | vëlla (m) | [vəɫá] |
| frère (m) aîné | vëllai i madh (m) | [vəɫái i mað] |
| frère (m) cadet | vëllai i vogël (m) | [vəɫai i vógəl] |
| sœur (f) | motër (f) | [mótər] |
| sœur (f) aînée | motra e madhe (f) | [mótra ɛ máðɛ] |
| sœur (f) cadette | motra e vogël (f) | [mótra ɛ vógəl] |
| | | |
| cousin (m) | kushëri (m) | [kuʃərí] |
| cousine (f) | kushërirë (f) | [kuʃərírə] |
| | | |
| maman (f) | mami (f) | [mámi] |
| papa (m) | babi (m) | [bábi] |
| parents (m pl) | prindër (pl) | [príndər] |
| enfant (m, f) | fëmijë (f) | [fəmíjə] |
| enfants (pl) | fëmijë (pl) | [fəmíjə] |
| | | |
| grand-mère (f) | gjyshe (f) | [ɟýʃɛ] |
| grand-père (m) | gjysh (m) | [ɟyʃ] |

| petit-fils (m) | nip (m) | [nip] |
| petite-fille (f) | mbesë (f) | [mbésə] |
| petits-enfants (pl) | nipër e mbesa (pl) | [nípər ɛ mbésa] |

| oncle (m) | dajë (f) | [dájə] |
| tante (f) | teze (f) | [tézɛ] |
| neveu (m) | nip (m) | [nip] |
| nièce (f) | mbesë (f) | [mbésə] |

| belle-mère (f) | vjehrrë (f) | [vjéhrə] |
| beau-père (m) | vjehrri (m) | [vjéhri] |
| gendre (m) | dhëndër (m) | [ðéndər] |
| belle-mère (f) | njerkë (f) | [ɲérkə] |
| beau-père (m) | njerk (m) | [ɲérk] |

| nourrisson (m) | foshnjë (f) | [fóʃnə] |
| bébé (m) | fëmijë (f) | [fəmíjə] |
| petit (m) | djalosh (m) | [djalóʃ] |

| femme (f) | bashkëshorte (f) | [baʃkəʃórtɛ] |
| mari (m) | bashkëshort (m) | [baʃkəʃórt] |
| époux (m) | bashkëshort (m) | [baʃkəʃórt] |
| épouse (f) | bashkëshorte (f) | [baʃkəʃórtɛ] |

| marié (adj) | i martuar | [i martúar] |
| mariée (adj) | e martuar | [ɛ martúar] |
| célibataire (adj) | beqar | [bɛcár] |
| célibataire (m) | beqar (m) | [bɛcár] |
| divorcé (adj) | i divorcuar | [i divortsúar] |
| veuve (f) | vejushë (f) | [vɛjúʃə] |
| veuf (m) | vejan (m) | [vɛján] |

| parent (m) | kushëri (m) | [kuʃərí] |
| parent (m) proche | kushëri i afërt (m) | [kuʃərí i áfərt] |
| parent (m) éloigné | kushëri i largët (m) | [kuʃərí i lárgət] |
| parents (m pl) | kushërinj (pl) | [kuʃərínj] |

| orphelin (m) | jetim (m) | [jɛtím] |
| orpheline (f) | jetime (f) | [jɛtímɛ] |
| tuteur (m) | kujdestar (m) | [kujdɛstár] |
| adopter (un garçon) | adoptoj | [adoptój] |
| adopter (une fille) | adoptoj | [adoptój] |

## 56. Les amis. Les collègues

| ami (m) | mik (m) | [mik] |
| amie (f) | mike (f) | [míkɛ] |
| amitié (f) | miqësi (f) | [micəsí] |
| être ami | të miqësohem | [tə micəsóhɛm] |

| copain (m) | shok (m) | [ʃok] |
| copine (f) | shoqe (f) | [ʃócɛ] |
| partenaire (m) | partner (m) | [partnér] |
| chef (m) | shef (m) | [ʃɛf] |

| supérieur (m) | epror (m) | [ɛprór] |
| propriétaire (m) | pronar (m) | [pronár] |
| subordonné (m) | vartës (m) | [vártəs] |
| collègue (m, f) | koleg (m) | [kolég] |

| connaissance (f) | i njohur (m) | [i ɲóhur] |
| compagnon (m) de route | bashkudhëtar (m) | [baʃkuðətár] |
| copain (m) de classe | shok klase (m) | [ʃok klásɛ] |

| voisin (m) | komshi (m) | [komʃí] |
| voisine (f) | komshike (f) | [komʃíkɛ] |
| voisins (m pl) | komshinj (pl) | [komʃíɲ] |

## 57. L'homme. La femme

| femme (f) | grua (f) | [grúa] |
| jeune fille (f) | vajzë (f) | [vájzə] |
| fiancée (f) | nuse (f) | [núsɛ] |

| belle (adj) | i bukur | [i búkur] |
| de grande taille | i gjatë | [i ɟátə] |
| svelte (adj) | i hollë | [i hóɬə] |
| de petite taille | i shkurtër | [i ʃkúrtər] |

| blonde (f) | bionde (f) | [bióndɛ] |
| brune (f) | zeshkane (f) | [zɛʃkánɛ] |

| de femme (adj) | për femra | [pər fémra] |
| vierge (f) | virgjëreshë (f) | [virɟəréʃə] |
| enceinte (adj) | shtatzënë | [ʃtatzénə] |

| homme (m) | burrë (m) | [búrə] |
| blond (m) | biond (m) | [biónd] |
| brun (m) | zeshkan (m) | [zɛʃkán] |
| de grande taille | i gjatë | [i ɟátə] |
| de petite taille | i shkurtër | [i ʃkúrtər] |

| rude (adj) | i vrazhdë | [i vráʒdə] |
| trapu (adj) | trupngjeshur | [trupnɟéʃur] |
| robuste (adj) | i fuqishëm | [i fucíʃəm] |
| fort (adj) | i fortë | [i fórtə] |
| force (f) | forcë (f) | [fórtsə] |

| gros (adj) | bullafiq | [buɬafíc] |
| basané (adj) | zeshkan | [zɛʃkán] |
| svelte (adj) | i hollë | [i hóɬə] |
| élégant (adj) | elegant | [ɛlɛgánt] |

## 58. L'age

| âge (m) | moshë (f) | [móʃə] |
| jeunesse (f) | rini (f) | [riní] |

| jeune (adj) | i ri | [i rí] |
| plus jeune (adj) | më i ri | [mǝ i rí] |
| plus âgé (adj) | më i vjetër | [mǝ i vjétǝr] |

| jeune homme (m) | djalë i ri (m) | [djálǝ i rí] |
| adolescent (m) | adoleshent (m) | [adolɛʃént] |
| gars (m) | djalë (f) | [djálǝ] |

| vieillard (m) | plak (m) | [plak] |
| vieille femme (f) | plakë (f) | [plákǝ] |

| adulte (m) | i rritur | [i rítur] |
| d'âge moyen (adj) | mesoburrë | [mɛsobúrǝ] |
| âgé (adj) | i moshuar | [i moʃúar] |
| vieux (adj) | i vjetër | [i vjétǝr] |

| retraite (f) | pension (m) | [pɛnsión] |
| prendre sa retraite | dal në pension | [dál nǝ pɛnsión] |
| retraité (m) | pensionist (m) | [pɛnsioníst] |

## 59. Les enfants. Les adolescents

| enfant (m, f) | fëmijë (f) | [fǝmíjǝ] |
| enfants (pl) | fëmijë (pl) | [fǝmíjǝ] |
| jumeaux (m pl) | binjakë (pl) | [biɲákǝ] |

| berceau (m) | djep (m) | [djép] |
| hochet (m) | rraketake (f) | [rakɛtákɛ] |
| couche (f) | pelenë (f) | [pɛlénǝ] |

| tétine (f) | biberon (m) | [bibɛrón] |
| poussette (m) | karrocë për bebe (f) | [karótsǝ pǝr bébɛ] |
| école (f) maternelle | kopsht fëmijësh (m) | [kópʃt fǝmíjǝʃ] |
| baby-sitter (m, f) | dado (f) | [dádo] |

| enfance (f) | fëmijëri (f) | [fǝmijǝrí] |
| poupée (f) | kukull (f) | [kúkuɫ] |
| jouet (m) | lodër (f) | [lódǝr] |
| jeu (m) de construction | lodër për ndërtim (m) | [lódǝr pǝr ndǝrtím] |
| bien élevé (adj) | i edukuar | [i ɛdukúar] |
| mal élevé (adj) | i paedukuar | [i paɛdukúar] |
| gâté (adj) | i llastuar | [i ɫastúar] |

| faire le vilain | trazovaç | [trazovátʃ] |
| vilain (adj) | mistrec | [mistréts] |
| espièglerie (f) | shpirtligësi (f) | [ʃʃpirtligǝsí] |
| vilain (m) | fëmijë mistrec (m) | [fǝmíjǝ mistréts] |

| obéissant (adj) | i bindur | [i bíndur] |
| désobéissant (adj) | i pabindur | [i pabíndur] |

| sage (adj) | i butë | [i bútǝ] |
| intelligent (adj) | i zgjuar | [i zɟúar] |
| l'enfant prodige | fëmijë gjeni (m) | [fǝmíjǝ ɟɛní] |

## 60. Les couples mariés. La vie de famille

| | | |
|---|---|---|
| embrasser (sur les lèvres) | puth | [puθ] |
| s'embrasser (vp) | puthem | [púθɛm] |
| famille (f) | familje (f) | [famíljɛ] |
| familial (adj) | familjare | [familjárɛ] |
| couple (m) | çift (m) | [tʃíft] |
| mariage (m) (~ civil) | martesë (f) | [martésə] |
| foyer (m) familial | vatra (f) | [vátra] |
| dynastie (f) | dinasti (f) | [dinastí] |

| | | |
|---|---|---|
| rendez-vous (m) | takim (m) | [takím] |
| baiser (m) | puthje (f) | [púθjɛ] |

| | | |
|---|---|---|
| amour (m) | dashuri (f) | [daʃurí] |
| aimer (qn) | dashuroj | [daʃurój] |
| aimé (adj) | i dashur | [i dáʃur] |

| | | |
|---|---|---|
| tendresse (f) | ndjeshmëri (f) | [ndjɛʃmərí] |
| tendre (affectueux) | i ndjeshëm | [i ndjéʃəm] |
| fidélité (f) | besnikëri (f) | [bɛsnikərí] |
| fidèle (adj) | besnik | [bɛsník] |
| soin (m) (~ de qn) | kujdes (m) | [kujdés] |
| attentionné (adj) | i dashur | [i dáʃur] |

| | | |
|---|---|---|
| jeunes mariés (pl) | të porsamartuar (pl) | [tə porsamartúar] |
| lune (f) de miel | muaj mjalti (m) | [múaj mjálti] |
| se marier | martohem | [martóhɛm] |
| (prendre pour époux) | | |
| se marier | martohem | [martóhɛm] |
| (prendre pour épouse) | | |

| | | |
|---|---|---|
| mariage (m) | dasmë (f) | [dásmə] |
| les noces d'or | martesë e artë (f) | [martésə ɛ ártə] |
| anniversaire (m) | përvjetor (m) | [pərvjɛtór] |

| | | |
|---|---|---|
| amant (m) | dashnor (m) | [daʃnór] |
| maîtresse (f) | dashnore (f) | [daʃnórɛ] |

| | | |
|---|---|---|
| adultère (m) | tradhti bashkëshortore (f) | [traðtí baʃkəʃortórɛ] |
| commettre l'adultère | tradhtoj ... | [traðtój ...] |
| jaloux (adj) | xheloz | [dʒɛlóz] |
| être jaloux | jam xheloz | [jam dʒɛlóz] |
| divorce (m) | divorc (m) | [divórts] |
| divorcer (vi) | divorcoj | [divortsój] |

| | | |
|---|---|---|
| se disputer (vp) | grindem | [gríndɛm] |
| se réconcilier (vp) | pajtohem | [pajtóhɛm] |
| ensemble (adv) | së bashku | [sə báʃku] |
| sexe (m) | seks (m) | [sɛks] |

| | | |
|---|---|---|
| bonheur (m) | lumturi (f) | [lumturí] |
| heureux (adj) | i lumtur | [i lúmtur] |
| malheur (m) | fatkeqësi (f) | [fatkɛcəsí] |
| malheureux (adj) | i trishtuar | [i triʃtúar] |

# Le caractère. Les émotions

## 61. Les sentiments. Les émotions

| | | |
|---|---|---|
| sentiment (m) | ndjenjë (f) | [ndjéɲə] |
| sentiments (m pl) | ndjenja (pl) | [ndjéɲa] |
| sentir (vt) | ndjej | [ndjéj] |
| | | |
| faim (f) | uri (f) | [urí] |
| avoir faim | kam uri | [kam urí] |
| soif (f) | etje (f) | [étjɛ] |
| avoir soif | kam etje | [kam étjɛ] |
| somnolence (f) | përgjumësi (f) | [pəɽuməsí] |
| avoir sommeil | përgjumje | [pəɽúmjɛ] |
| | | |
| fatigue (f) | lodhje (f) | [lóðjɛ] |
| fatigué (adj) | i lodhur | [i lóður] |
| être fatigué | lodhem | [lóðɛm] |
| | | |
| humeur (f) (de bonne ~) | humor (m) | [humór] |
| ennui (m) | mërzitje (f) | [mərzítjɛ] |
| s'ennuyer (vp) | mërzitem | [mərzítɛm] |
| solitude (f) | izolim (m) | [izolím] |
| s'isoler (vp) | izolohem | [izolóhɛm] |
| | | |
| inquiéter (vt) | shqetësoj | [ʃcɛtəsój] |
| s'inquiéter (vp) | shqetësohem | [ʃcɛtəsóhɛm] |
| inquiétude (f) | shqetësim (m) | [ʃcɛtəsím] |
| préoccupation (f) | ankth (m) | [ankθ] |
| soucieux (adj) | i merakosur | [i mɛrakósur] |
| s'énerver (vp) | nervozohem | [nɛrvozóhɛm] |
| paniquer (vi) | më zë paniku | [mə zə paníku] |
| | | |
| espoir (m) | shpresë (f) | [ʃprésə] |
| espérer (vi) | shpresoj | [ʃprɛsój] |
| | | |
| certitude (f) | siguri (f) | [sigurí] |
| certain (adj) | i sigurt | [i sígurt] |
| incertitude (f) | pasiguri (f) | [pasigurí] |
| incertain (adj) | i pasigurt | [i pasígurt] |
| | | |
| ivre (adj) | i dehur | [i déhur] |
| sobre (adj) | i kthjellët | [i kθjéɫət] |
| faible (adj) | i dobët | [i dóbət] |
| heureux (adj) | i lumtur | [i lúmtur] |
| faire peur | tremb | [trɛmb] |
| fureur (f) | tërbim (m) | [tərbím] |
| rage (f), colère (f) | inat (m) | [inát] |
| dépression (f) | depresion (m) | [dɛprɛsión] |
| inconfort (m) | parehati (f) | [parɛhatí] |

| confort (m) | rehati (f) | [rɛhatí] |
| regretter (vt) | pendohem | [pɛndóhɛm] |
| regret (m) | pendim (m) | [pɛndím] |
| malchance (f) | ters (m) | [tɛrs] |
| tristesse (f) | trishtim (m) | [triʃtím] |

| honte (f) | turp (m) | [turp] |
| joie, allégresse (f) | gëzim (m) | [gəzím] |
| enthousiasme (m) | entuziazëm (m) | [ɛntuziázəm] |
| enthousiaste (m) | entuziast (m) | [ɛntuziást] |
| avoir de l'enthousiasme | tregoj entuziazëm | [trɛgój ɛntuziázəm] |

## 62. Le caractère. La personnalité

| caractère (m) | karakter (m) | [karaktér] |
| défaut (m) | dobësi karakteri (f) | [dobəsí karaktéri] |
| esprit (m) | mendje (f) | [méndjɛ] |
| raison (f) | arsye (f) | [arsýɛ] |

| conscience (f) | ndërgjegje (f) | [ndərɟéɟɛ] |
| habitude (f) | zakon (m) | [zakón] |
| capacité (f) | aftësi (f) | [aftəsí] |
| savoir (faire qch) | mund | [mund] |

| patient (adj) | i duruar | [i durúar] |
| impatient (adj) | i paduruar | [i padurúar] |
| curieux (adj) | kurioz | [kurióz] |
| curiosité (f) | kuriozitet (m) | [kuriozitét] |

| modestie (f) | modesti (f) | [modɛstí] |
| modeste (adj) | modest | [modést] |
| vaniteux (adj) | i paturpshëm | [i patúrpʃəm] |

| paresse (f) | dembeli (f) | [dɛmbɛlí] |
| paresseux (adj) | dembel | [dɛmbél] |
| paresseux (m) | dembel (m) | [dɛmbél] |

| astuce (f) | dinakëri (f) | [dinakərí] |
| rusé (adj) | dinak | [dinák] |
| méfiance (f) | mosbesim (m) | [mosbɛsím] |
| méfiant (adj) | mosbesues | [mosbɛsúɛs] |

| générosité (f) | zemërgjerësi (f) | [zɛmərɟɛrəsí] |
| généreux (adj) | zemërgjerë | [zɛmərɟérə] |
| doué (adj) | i talentuar | [i talɛntúar] |
| talent (m) | talent (m) | [talént] |

| courageux (adj) | i guximshëm | [i gudzímʃəm] |
| courage (m) | guxim (m) | [gudzím] |
| honnête (adj) | i ndershëm | [i ndérʃəm] |
| honnêteté (f) | ndershmëri (f) | [ndɛrʃmərí] |

| prudent (adj) | i kujdesshëm | [i kujdésʃəm] |
| courageux (adj) | trim, guximtar | [trim], [gudzimtár] |

| sérieux (adj) | serioz | [sɛrióz] |
| sévère (adj) | i rreptë | [i réptə] |

| décidé (adj) | i vendosur | [i vɛndósur] |
| indécis (adj) | i pavendosur | [i pavɛndósur] |
| timide (adj) | i turpshëm | [i túrpʃəm] |
| timidité (f) | turp (m) | [turp] |

| confiance (f) | besim në vetvete (m) | [bɛsím nə vɛtvétɛ] |
| croire (qn) | besoj | [bɛsój] |
| confiant (adj) | i besueshëm | [i bɛsúɛʃəm] |

| sincèrement (adv) | sinqerisht | [sínɛriʃt] |
| sincère (adj) | i sinqertë | [i sincértə] |
| sincérité (f) | sinqeritet (m) | [sincɛritét] |
| ouvert (adj) | i hapur | [i hápur] |

| calme (adj) | i qetë | [i cétə] |
| franc (sincère) | i dëlirë | [i dəlírə] |
| naïf (adj) | naiv | [naív] |
| distrait (adj) | i hutuar | [i hutúar] |
| drôle, amusant (adj) | zbavitës | [zbavítəs] |

| avidité (f) | lakmi (f) | [lakmí] |
| avare (adj) | lakmues | [lakmúɛs] |
| radin (adj) | koprrac | [kopráts] |
| méchant (adj) | djallëzor | [djałəzór] |
| têtu (adj) | kokëfortë | [kokəfórtə] |
| désagréable (adj) | i pakëndshëm | [i pakéndʃəm] |

| égoïste (m) | egoist (m) | [ɛgoíst] |
| égoïste (adj) | egoist | [ɛgoíst] |
| peureux (m) | frikacak (m) | [frikatsák] |
| peureux (adj) | frikacak | [frikatsák] |

## 63. Le sommeil. Les rêves

| dormir (vi) | fle | [flɛ] |
| sommeil (m) | gjumë (m) | [ɟúmə] |
| rêve (m) | ëndërr (m) | [éndər] |
| rêver (en dormant) | ëndërroj | [əndərój] |
| endormi (adj) | përgjumshëm | [pərɟúmʃəm] |

| lit (m) | shtrat (m) | [ʃtrat] |
| matelas (m) | dyshek (m) | [dyʃék] |
| couverture (f) | mbulesë (f) | [mbulésə] |
| oreiller (m) | jastëk (m) | [jasték] |
| drap (m) | çarçaf (m) | [tʃartʃáf] |

| insomnie (f) | pagjumësi (f) | [paɟuməsí] |
| sans sommeil (adj) | i pagjumë | [i paɟúmə] |
| somnifère (m) | ilaç gjumi (m) | [ilátʃ ɟúmi] |
| prendre un somnifère | marr ilaç gjumi | [mar ilátʃ ɟúmi] |
| avoir sommeil | përgjumje | [pərɟúmjɛ] |

| bâiller (vi) | më hapet goja | [mə hápɛt gója] |
| aller se coucher | shkoj të fle | [ʃkoj tə flɛ] |
| faire le lit | rregulloj shtratin | [rɛguɫój ʃtrátin] |
| s'endormir (vp) | më zë gjumi | [mə zə ɟúmi] |

| cauchemar (m) | ankth (m) | [ankθ] |
| ronflement (m) | gërhitje (f) | [gərhítjɛ] |
| ronfler (vi) | gërhas | [gərhás] |

| réveil (m) | orë me zile (f) | [órə mɛ zílɛ] |
| réveiller (vt) | zgjoj | [zɟoj] |
| se réveiller (vp) | zgjohem nga gjumi | [zɟóhɛm ŋa ɟúmi] |
| se lever (tôt, tard) | ngrihem | [ŋríhɛm] |
| se laver (le visage) | laj | [laj] |

## 64. L'humour. Le rire. La joie

| humour (m) | humor (m) | [humór] |
| sens (m) de l'humour | sens humori (m) | [sɛns humóri] |
| s'amuser (vp) | kënaqem | [kənácɛm] |
| joyeux (adj) | gëzueshëm | [gəzúɛʃəm] |
| joie, allégresse (f) | gëzim (m) | [gəzím] |

| sourire (m) | buzëqeshje (f) | [buzəcéʃjɛ] |
| sourire (vi) | buzëqesh | [buzəcéʃ] |
| se mettre à rire | filloj të qesh | [fiɫój tə céʃ] |
| rire (vi) | qesh | [cɛʃ] |
| rire (m) | qeshje (f) | [céʃjɛ] |

| anecdote (f) | anekdotë (f) | [anɛkdótə] |
| drôle, amusant (adj) | për të qeshur | [pər tə céʃur] |
| comique, ridicule (adj) | zbavitës | [zbavítəs] |

| plaisanter (vi) | bëj shaka | [bəj ʃaká] |
| plaisanterie (f) | shaka (f) | [ʃaká] |
| joie (f) (émotion) | gëzim (m) | [gəzím] |
| se réjouir (vp) | ngazëllohem | [ŋazəɫóhɛm] |
| joyeux (adj) | gazmor | [gazmór] |

## 65. Dialoguer et communiquer. Partie 1

| communication (f) | komunikim (m) | [komunikím] |
| communiquer (vi) | komunikoj | [komunikój] |

| conversation (f) | bisedë (f) | [bisédə] |
| dialogue (m) | dialog (m) | [dialóg] |
| discussion (f) (débat) | diskutim (m) | [diskutím] |
| débat (m) | mosmarrëveshje (f) | [mosmarəvéʃjɛ] |
| discuter (vi) | kundërshtoj | [kundərʃtój] |

| interlocuteur (m) | bashkëbisedues (m) | [baʃkəbisɛdúɛs] |
| sujet (m) | temë (f) | [témə] |

| point (m) de vue | pikëpamje (f) | [pikəpámjɛ] |
| opinion (f) | opinion (m) | [opinión] |
| discours (m) | fjalim (m) | [fjalím] |

| discussion (f) (d'un rapport) | diskutim (m) | [diskutím] |
| discuter (vt) | diskutoj | [diskutój] |
| conversation (f) | bisedë (f) | [bisédə] |
| converser (vi) | bisedoj | [bisɛdój] |
| rencontre (f) | takim (m) | [takím] |
| se rencontrer (vp) | takoj | [takój] |

| proverbe (m) | fjalë e urtë (f) | [fjálə ɛ úrtə] |
| dicton (m) | thënie (f) | [θéniɛ] |
| devinette (f) | gjëegjëzë (f) | [ɟəéɟəzə] |
| poser une devinette | them gjëegjëzë | [θɛm ɟəéɟəzə] |
| mot (m) de passe | fjalëkalim (m) | [fjaləkalím] |
| secret (m) | sekret (m) | [sɛkrét] |

| serment (m) | betim (m) | [bɛtím] |
| jurer (de faire qch) | betohem | [bɛtóhɛm] |
| promesse (f) | premtim (m) | [prɛmtím] |
| promettre (vt) | premtoj | [prɛmtój] |

| conseil (m) | këshillë (f) | [kəʃíłə] |
| conseiller (vt) | këshilloj | [kəʃiłój] |
| suivre le conseil (de qn) | ndjek këshillën | [ndjék kəʃíłən] |
| écouter (~ ses parents) | bindem ... | [bíndɛm ...] |

| nouvelle (f) | lajme (f) | [lájmɛ] |
| sensation (f) | ndjesi (f) | [ndjɛsí] |
| renseignements (m pl) | informacion (m) | [informatsión] |
| conclusion (f) | përfundim (m) | [pərfundím] |
| voix (f) | zë (f) | [zə] |
| compliment (m) | kompliment (m) | [komplimént] |
| aimable (adj) | i mirë | [i mírə] |

| mot (m) | fjalë (f) | [fjálə] |
| phrase (f) | frazë (f) | [frázə] |
| réponse (f) | përgjigje (f) | [pərɉíɉɛ] |

| vérité (f) | e vërtetë (f) | [ɛ vərtétə] |
| mensonge (m) | gënjeshtër (f) | [gəɲéʃtər] |

| pensée (f) | mendim (m) | [mɛndím] |
| idée (f) | ide (f) | [idé] |
| fantaisie (f) | fantazi (f) | [fantazí] |

## 66. Dialoguer et communiquer. Partie 2

| respecté (adj) | i nderuar | [i ndɛrúar] |
| respecter (vt) | nderoj | [ndɛrój] |
| respect (m) | nder (m) | [ndér] |
| Cher ... | i dashur ... | [i dáʃur ...] |
| présenter (faire connaître) | prezantoj | [prɛzantój] |

| | | |
|---|---|---|
| faire la connaissance | njoftoj | [ɲoftój] |
| intention (f) | qëllim (m) | [cəɬím] |
| avoir l'intention | kam ndërmend | [kam ndərménd] |
| souhait (m) | dëshirë (f) | [dəʃírə] |
| souhaiter (vt) | dëshiroj | [dəʃirój] |
| | | |
| étonnement (m) | surprizë (f) | [surprízə] |
| étonner (vt) | befasoj | [bɛfasój] |
| s'étonner (vp) | çuditem | [tʃudítɛm] |
| | | |
| donner (vt) | jap | [jap] |
| prendre (vt) | marr | [mar] |
| rendre (vt) | kthej | [kθɛj] |
| retourner (vt) | rikthej | [rikθéj] |
| | | |
| s'excuser (vp) | kërkoj falje | [kərkój fáljɛ] |
| excuse (f) | falje (f) | [fáljɛ] |
| pardonner (vt) | fal | [fal] |
| | | |
| parler (~ avec qn) | flas | [flas] |
| écouter (vt) | dëgjoj | [dəɟój] |
| écouter jusqu'au bout | tregoj vëmendje | [trɛgój vəméndjɛ] |
| comprendre (vt) | kuptoj | [kuptój] |
| | | |
| montrer (vt) | tregoj | [trɛgój] |
| regarder (vt) | shikoj ... | [ʃikój ...] |
| appeler (vt) | thërras | [θərás] |
| distraire (déranger) | tërheq vëmendjen | [tərhéc vəméndjɛn] |
| ennuyer (déranger) | shqetësoj | [ʃcɛtəsój] |
| passer (~ le message) | jap | [jap] |
| | | |
| prière (f) (demande) | kërkesë (f) | [kərkésə] |
| demander (vt) | kërkoj | [kərkój] |
| exigence (f) | kërkesë (f) | [kərkésə] |
| exiger (vt) | kërkoj | [kərkój] |
| | | |
| taquiner (vt) | ngacmoj | [ŋatsmój] |
| se moquer (vp) | tallem | [táɬɛm] |
| moquerie (f) | tallje (f) | [táɬjɛ] |
| surnom (m) | pseudonim (m) | [psɛudoním] |
| | | |
| allusion (f) | nënkuptim (m) | [nənkuptím] |
| faire allusion | nënkuptoj | [nənkuptój] |
| sous-entendre (vt) | dua të them | [dúa tə θém] |
| | | |
| description (f) | përshkrim (m) | [pərʃkrím] |
| décrire (vt) | përshkruaj | [pərʃkrúaj] |
| éloge (m) | lëvdatë (f) | [lɘvdátə] |
| louer (vt) | lavdëroj | [lavdərój] |
| | | |
| déception (f) | zhgënjim (m) | [ʒgɘɲím] |
| décevoir (vt) | zhgënjej | [ʒgɘɲéj] |
| être déçu | zhgënjehem | [ʒgɘɲéhɛm] |
| | | |
| supposition (f) | supozim (m) | [supozím] |
| supposer (vt) | supozoj | [supozój] |

| | | |
|---|---|---|
| avertissement (m) | paralajmërim (m) | [paralajmərím] |
| prévenir (vt) | paralajmëroj | [paralajmərój] |

## 67. Dialoguer et communiquer. Partie 3

| | | |
|---|---|---|
| convaincre (vt) | bind | [bínd] |
| calmer (vt) | qetësoj | [cɛtəsój] |

| | | |
|---|---|---|
| silence (m) (~ est d'or) | heshtje (f) | [héʃtjɛ] |
| rester silencieux | i heshtur | [i héʃtur] |
| chuchoter (vi, vt) | pëshpëris | [pəʃpərís] |
| chuchotement (m) | pëshpërimë (f) | [pəʃpərímə] |

| | | |
|---|---|---|
| sincèrement (adv) | sinqerisht | [síncɛriʃt] |
| à mon avis ... | sipas mendimit tim ... | [sipás mɛndímit tim ...] |

| | | |
|---|---|---|
| détail (m) (d'une histoire) | detaj (m) | [dɛtáj] |
| détaillé (adj) | i detajuar | [i dɛtajúar] |
| en détail (adv) | hollësisht | [hoɫəsíʃt] |

| | | |
|---|---|---|
| indice (m) | sugjerim (m) | [suɟɛrím] |
| donner un indice | aludoj | [aludój] |

| | | |
|---|---|---|
| regard (m) | shikim (m) | [ʃikím] |
| jeter un coup d'oeil | i hedh një sy | [i héð ɲə sý] |
| fixe (un regard ~) | i ngurtë | [i ŋúrtə] |
| clignoter (vi) | hap e mbyll sytë | [hap ɛ mbýɫ sýtə] |
| cligner de l'oeil | luaj syrin | [lúaj sýrin] |
| hocher la tête | pohoj me kokë | [pohój mɛ kókə] |

| | | |
|---|---|---|
| soupir (m) | psherëtimë (f) | [pʃɛrətímə] |
| soupirer (vi) | psherëtij | [pʃɛrətíj] |
| tressaillir (vi) | rrëqethem | [rəcéθɛm] |
| geste (m) | gjest (m) | [ɟɛst] |
| toucher (de la main) | prek | [prɛk] |
| saisir (par le bras) | kap | [kap] |
| taper (sur l'épaule) | prek | [prɛk] |

| | | |
|---|---|---|
| Attention! | Kujdes! | [kujdés!] |
| Vraiment? | Vërtet? | [vərtét?] |
| Tu es sûr? | Je i sigurt? | [jɛ i sígurt?] |
| Bonne chance! | Paç fat! | [patʃ fat!] |
| Compris! | E kuptova! | [ɛ kuptóva!] |
| Dommage! | Sa keq! | [sa kɛc!] |

## 68. L'accord. Le refus

| | | |
|---|---|---|
| accord (m) | leje (f) | [léjɛ] |
| être d'accord | lejoj | [lɛjój] |
| approbation (f) | miratim (m) | [miratím] |
| approuver (vt) | miratoj | [miratój] |
| refus (m) | refuzim (m) | [rɛfuzím] |

| se refuser (vp) | refuzoj | [rɛfuzój] |
| Super! | Të lumtë! | [tə lúmtə!] |
| Bon! | Në rregull! | [nə réguɫ!] |
| D'accord! | Në rregull! | [nə réguɫ!] |

| interdit (adj) | i ndaluar | [i ndalúar] |
| c'est interdit | është e ndalúar | [éʃtə ɛ ndalúar] |
| c'est impossible | është e pamundur | [éʃtə ɛ pámundur] |
| incorrect (adj) | i pasaktë | [i pasáktə] |

| décliner (vt) | hedh poshtë | [hɛð póʃtə] |
| soutenir (vt) | mbështes | [mbəʃtés] |
| accepter (condition, etc.) | pranoj | [pranój] |

| confirmer (vt) | konfirmoj | [konfirmój] |
| confirmation (f) | konfirmim (m) | [konfirmím] |
| permission (f) | leje (f) | [léjɛ] |
| permettre (vt) | lejoj | [lɛjój] |
| décision (f) | vendim (m) | [vɛndím] |
| ne pas dire un mot | nuk them asgjë | [nuk θɛm ásɟə] |

| condition (f) | kusht (m) | [kuʃt] |
| excuse (f) (prétexte) | justifikim (m) | [justifikím] |
| éloge (m) | lëvdata (f) | [ləvdáta] |
| louer (vt) | lavdëroj | [lavdərój] |

## 69. La réussite. La chance. L'échec

| succès (m) | sukses (m) | [suksés] |
| avec succès (adv) | me sukses | [mɛ suksés] |
| réussi (adj) | i suksesshëm | [i suksésʃəm] |

| chance (f) | fat (m) | [fat] |
| Bonne chance! | Paç fat! | [patʃ fat!] |
| de chance (jour ~) | me fat | [mɛ fat] |
| chanceux (adj) | fatlum | [fatlúm] |

| échec (m) | dështim (m) | [dəʃtím] |
| infortune (f) | fatkeqësi (f) | [fatkɛcəsí] |
| malchance (f) | ters (m) | [tɛrs] |

| raté (adj) | i pasuksesshëm | [i pasuksésʃəm] |
| catastrophe (f) | katastrofë (f) | [katastrófə] |

| fierté (f) | krenari (f) | [krɛnarí] |
| fier (adj) | krenar | [krɛnár] |
| être fier | jam krenar | [jam krɛnár] |

| gagnant (m) | fitues (m) | [fitúɛs] |
| gagner (vi) | fitoj | [fitój] |
| perdre (vi) | humb | [húmb] |
| tentative (f) | përpjekje (f) | [pərpjékjɛ] |
| essayer (vt) | përpiqem | [pərpícɛm] |
| chance (f) | shans (m) | [ʃans] |

## 70. Les disputes. Les émotions négatives

| | | |
|---|---|---|
| cri (m) | britmë (f) | [brítmə] |
| crier (vi) | bërtas | [bərtás] |
| se mettre à crier | filloj të ulërij | [fiłój tə uləríj] |
| | | |
| dispute (f) | grindje (f) | [gríndjɛ] |
| se disputer (vp) | grindem | [gríndɛm] |
| scandale (m) (dispute) | sherr (m) | [ʃɛr] |
| faire un scandale | bëj skenë | [bəj skénə] |
| conflit (m) | konflikt (m) | [konflíkt] |
| malentendu (m) | keqkuptim (m) | [kɛckuptím] |
| | | |
| insulte (f) | ofendim (m) | [ofɛndím] |
| insulter (vt) | fyej | [fýɛj] |
| insulté (adj) | i ofenduar | [i ofɛndúar] |
| offense (f) | fyerje (f) | [fýɛrjɛ] |
| offenser (vt) | ofendoj | [ofɛndój] |
| s'offenser (vp) | mbrohem | [mbróhɛm] |
| | | |
| indignation (f) | indinjatë (f) | [indiɲátə] |
| s'indigner (vp) | zemërohem | [zɛməróhɛm] |
| plainte (f) | ankesë (f) | [ankésə] |
| se plaindre (vp) | ankohem | [ankóhɛm] |
| | | |
| excuse (f) | falje (f) | [fáljɛ] |
| s'excuser (vp) | kërkoj falje | [kərkój fáljɛ] |
| demander pardon | kërkoj ndjesë | [kərkój ndjésə] |
| | | |
| critique (f) | kritikë (f) | [kritíkə] |
| critiquer (vt) | kritikoj | [kritikój] |
| accusation (f) | akuzë (f) | [akúzə] |
| accuser (vt) | akuzoj | [akuzój] |
| | | |
| vengeance (f) | hakmarrje (f) | [hakmárjɛ] |
| se venger (vp) | hakmerrem | [hakmérɛm] |
| faire payer (qn) | shpaguaj | [ʃpagúaj] |
| | | |
| mépris (m) | përbuzje (f) | [pərbúzjɛ] |
| mépriser (vt) | përbuz | [pərbúz] |
| haine (f) | urrejtje (f) | [uréjtjɛ] |
| haïr (vt) | urrej | [uréj] |
| | | |
| nerveux (adj) | nervoz | [nɛrvóz] |
| s'énerver (vp) | nervozohem | [nɛrvozóhɛm] |
| fâché (adj) | i zemëruar | [i zɛmərúar] |
| fâcher (vt) | zemëroj | [zɛmərój] |
| | | |
| humiliation (f) | poshtërim (m) | [poʃtərím] |
| humilier (vt) | poshtëroj | [poʃtərój] |
| s'humilier (vp) | poshtërohem | [poʃtəróhɛm] |
| | | |
| choc (m) | tronditje (f) | [trondítjɛ] |
| choquer (vt) | trondit | [trondít] |
| ennui (m) (problème) | shqetësim (m) | [ʃcɛtəsím] |

| désagréable (adj) | i pakëndshëm | [i pakéndʃəm] |
| peur (f) | frikë (f) | [fríkə] |
| terrible (tempête, etc.) | i tmerrshëm | [i tmérʃəm] |
| effrayant (histoire ~e) | i frikshëm | [i fríkʃəm] |
| horreur (f) | horror (m) | [horór] |
| horrible (adj) | i tmerrshëm | [i tmérʃəm] |

| commencer à trembler | filloj të dridhem | [fiłój tə dríðɛm] |
| pleurer (vi) | qaj | [caj] |
| se mettre à pleurer | filloj të qaj | [fiłój tə cáj] |
| larme (f) | lot (m) | [lot] |

| faute (f) | faj (m) | [faj] |
| culpabilité (f) | faj (m) | [faj] |
| déshonneur (m) | turp (m) | [turp] |
| protestation (f) | protestë (f) | [protéstə] |
| stress (m) | stres (m) | [strɛs] |

| déranger (vt) | shqetësoj | [ʃcɛtəsój] |
| être furieux | tërbohem | [tərbóhɛm] |
| en colère, fâché (adj) | i inatosur | [i inatósur] |
| rompre (relations) | përfundoj | [pərfundój] |
| réprimander (vt) | betohem | [bɛtóhɛm] |

| prendre peur | tremb | [trɛmb] |
| frapper (vt) | qëlloj | [cəłój] |
| se battre (vp) | grindem | [gríndɛm] |

| régler (~ un conflit) | zgjidh | [zɟið] |
| mécontent (adj) | i pakënaqur | [i pakənácur] |
| enragé (adj) | i xhindosur | [i dʒindósur] |

| Ce n'est pas bien! | Nuk është mirë! | [nuk éʃtə mírə!] |
| C'est mal! | Është keq! | [éʃtə kɛc!] |

# La médecine

## 71. Les maladies

| | | |
|---|---|---|
| maladie (f) | sëmundje (f) | [səmúndjɛ] |
| être malade | jam sëmurë | [jam səmúrə] |
| santé (f) | shëndet (m) | [ʃəndét] |

| | | |
|---|---|---|
| rhume (m) (coryza) | rrifë (f) | [rífə] |
| angine (f) | grykët (m) | [grýkət] |
| refroidissement (m) | ftohje (f) | [ftóhjɛ] |
| prendre froid | ftohem | [ftóhɛm] |

| | | |
|---|---|---|
| bronchite (f) | bronkit (m) | [bronkít] |
| pneumonie (f) | pneumoni (f) | [pnɛumoní] |
| grippe (f) | grip (m) | [grip] |

| | | |
|---|---|---|
| myope (adj) | miop | [mióp] |
| presbyte (adj) | presbit | [prɛsbít] |
| strabisme (m) | strabizëm (m) | [strabízəm] |
| strabique (adj) | strabik | [strabík] |
| cataracte (f) | katarakt (m) | [katarákt] |
| glaucome (m) | glaukoma (f) | [glaukóma] |

| | | |
|---|---|---|
| insulte (f) | goditje (f) | [godítjɛ] |
| crise (f) cardiaque | sulm në zemër (m) | [sulm nə zémər] |
| infarctus (m) de myocarde | infarkt miokardiak (m) | [infárkt miokardiák] |
| paralysie (f) | paralizë (f) | [paralízə] |
| paralyser (vt) | paralizoj | [paralizój] |

| | | |
|---|---|---|
| allergie (f) | alergji (f) | [alɛrɟí] |
| asthme (m) | astmë (f) | [ástmə] |
| diabète (m) | diabet (m) | [diabét] |

| | | |
|---|---|---|
| mal (m) de dents | dhimbje dhëmbi (f) | [ðímbjɛ ðémbi] |
| carie (f) | karies (m) | [kariés] |

| | | |
|---|---|---|
| diarrhée (f) | diarre (f) | [diaré] |
| constipation (f) | kapsllëk (m) | [kapsłék] |
| estomac (m) barbouillé | dispepsi (f) | [dispɛpsí] |
| intoxication (f) alimentaire | helmim (m) | [hɛlmím] |
| être intoxiqué | helmohem nga ushqimi | [hɛlmóhɛm ŋa uʃcími] |

| | | |
|---|---|---|
| arthrite (f) | artrit (m) | [artrít] |
| rachitisme (m) | rakit (m) | [rakít] |
| rhumatisme (m) | reumatizëm (m) | [rɛumatízəm] |
| athérosclérose (f) | arteriosklerozë (f) | [artɛriosklɛrózə] |

| | | |
|---|---|---|
| gastrite (f) | gastrit (m) | [gastrít] |
| appendicite (f) | apendicit (m) | [apɛnditsít] |

| cholécystite (f) | kolecistit (m) | [kolɛtsistít] |
| ulcère (m) | ulcerë (f) | [ultsérə] |

| rougeole (f) | fruth (m) | [fruθ] |
| rubéole (f) | rubeola (f) | [rubɛóla] |
| jaunisse (f) | verdhëza (f) | [vérðəza] |
| hépatite (f) | hepatit (m) | [hɛpatít] |

| schizophrénie (f) | skizofreni (f) | [skizofrɛní] |
| rage (f) (hydrophobie) | sëmundje e tërbimit (f) | [səmúndjɛ ɛ tərbímit] |
| névrose (f) | neurozë (f) | [nɛurózə] |
| commotion (f) cérébrale | tronditje (f) | [trondítjɛ] |

| cancer (m) | kancer (m) | [kantsér] |
| sclérose (f) | sklerozë (f) | [sklɛrózə] |
| sclérose (f) en plaques | sklerozë e shumëfishtë (f) | [sklɛrózə ɛ ʃuməfíʃtə] |

| alcoolisme (m) | alkoolizëm (m) | [alkoolízəm] |
| alcoolique (m) | alkoolik (m) | [alkoolík] |
| syphilis (f) | sifiliz (m) | [sifilíz] |
| SIDA (m) | SIDA (f) | [sída] |

| tumeur (f) | tumor (m) | [tumór] |
| maligne (adj) | malinj | [malíɲ] |
| bénigne (adj) | beninj | [bɛníɲ] |

| fièvre (f) | ethe (f) | [éθɛ] |
| malaria (f) | malarie (f) | [malaríɛ] |
| gangrène (f) | gangrenë (f) | [gaɲrénə] |
| mal (m) de mer | sëmundje deti (f) | [səmúndjɛ déti] |
| épilepsie (f) | epilepsi (f) | [ɛpilɛpsí] |

| épidémie (f) | epidemi (f) | [ɛpidɛmí] |
| typhus (m) | tifo (f) | [tífo] |
| tuberculose (f) | tuberkuloz (f) | [tubɛrkulóz] |
| choléra (m) | kolerë (f) | [kolérə] |
| peste (f) | murtaja (f) | [murtája] |

## 72. Les symptômes. Le traitement. Partie 1

| symptôme (m) | simptomë (f) | [simptómə] |
| température (f) | temperaturë (f) | [tɛmpɛratúrə] |
| fièvre (f) | temperaturë e lartë (f) | [tɛmpɛratúrə ɛ lártə] |
| pouls (m) | puls (m) | [puls] |

| vertige (m) | marrje mendsh (m) | [márjɛ méndʃ] |
| chaud (adj) | i nxehtë | [i ndzéhtə] |
| frisson (m) | drithërima (f) | [driθəríma] |
| pâle (adj) | i zbehur | [i zbéhur] |

| toux (f) | kollë (f) | [kóɫə] |
| tousser (vi) | kollitem | [koɫítɛm] |
| éternuer (vi) | teshtij | [tɛʃtíj] |
| évanouissement (m) | të fikët (f) | [tə fíkət] |

| s'évanouir (vp) | bie të fikët | [bíɛ tə fíkət] |
| bleu (m) | mavijosje (f) | [mavijósjɛ] |
| bosse (f) | gungë (f) | [gúŋə] |
| se heurter (vp) | godas | [godás] |
| meurtrissure (f) | lëndim (m) | [ləndím] |
| se faire mal | lëndohem | [ləndóhɛm] |

| boiter (vi) | çaloj | [tʃalój] |
| foulure (f) | dislokim (m) | [dislokím] |
| se démettre (l'épaule, etc.) | del nga vendi | [dɛl ŋa véndi] |
| fracture (f) | thyerje (f) | [θýɛrjɛ] |
| avoir une fracture | thyej | [θýɛj] |

| coupure (f) | e prerë (f) | [ɛ prérə] |
| se couper (~ le doigt) | pres veten | [prɛs vétɛn] |
| hémorragie (f) | rrjedhje gjaku (f) | [rjéðjɛ ɟáku] |

| brûlure (f) | djegie (f) | [djégiɛ] |
| se brûler (vp) | digjem | [díɟɛm] |

| se piquer (le doigt) | shpoj | [ʃpoj] |
| se piquer (vp) | shpohem | [ʃpóhɛm] |
| blesser (vt) | dëmtoj | [dəmtój] |
| blessure (f) | dëmtim (m) | [dəmtím] |
| plaie (f) (blessure) | plagë (f) | [plágə] |
| trauma (m) | traumë (f) | [traúmə] |

| délirer (vi) | fol përçart | [fól pərtʃárt] |
| bégayer (vi) | belbëzoj | [bɛlbəzój] |
| insolation (f) | pikë e diellit (f) | [píkə ɛ diéɬit] |

## 73. Les symptômes. Le traitement. Partie 2

| douleur (f) | dhimbje (f) | [ðímbjɛ] |
| écharde (f) | cifël (f) | [tsífəl] |

| sueur (f) | djersë (f) | [djérsə] |
| suer (vi) | djersij | [djɛrsíj] |
| vomissement (m) | të vjella (f) | [tə vjéɬa] |
| spasmes (m pl) | konvulsione (f) | [konvulsiónɛ] |

| enceinte (adj) | shtatzënë | [ʃtatzénə] |
| naître (vi) | lind | [lind] |
| accouchement (m) | lindje (f) | [líndjɛ] |
| accoucher (vi) | sjell në jetë | [sjeɬ nə jétə] |
| avortement (m) | abort (m) | [abórt] |

| respiration (f) | frymëmarrje (f) | [fryməmárjɛ] |
| inhalation (f) | mbajtje e frymës (f) | [mbájtjɛ ɛ frýməs] |
| expiration (f) | lëshim i frymës (m) | [ləʃím i frýməs] |
| expirer (vi) | nxjerr frymën | [ndzjér frýmən] |
| inspirer (vi) | marr frymë | [mar frýmə] |
| invalide (m) | invalid (m) | [invalíd] |
| handicapé (m) | i gjymtuar (m) | [i ɟymtúar] |

| drogué (m) | narkoman (m) | [narkomán] |
| sourd (adj) | shurdh | [ʃurð] |
| muet (adj) | memec | [mɛméts] |
| sourd-muet (adj) | shurdh-memec | [ʃurð-mɛméts] |

| fou (adj) | i marrë | [i márə] |
| fou (m) | i çmendur (m) | [i tʃméndur] |
| folle (f) | e çmendur (f) | [ɛ tʃméndur] |
| devenir fou | çmendem | [tʃméndɛm] |

| gène (m) | gen (m) | [gɛn] |
| immunité (f) | imunitet (m) | [imunitét] |
| héréditaire (adj) | e trashëguar | [ɛ traʃəgúar] |
| congénital (adj) | e lindur | [ɛ líndur] |

| virus (m) | virus (m) | [virús] |
| microbe (m) | mikrób (m) | [mikrób] |
| bactérie (f) | bakterie (f) | [baktériɛ] |
| infection (f) | infeksion (m) | [infɛksión] |

## 74. Les symptômes. Le traitement. Partie 3

| hôpital (m) | spital (m) | [spitál] |
| patient (m) | pacient (m) | [patsiént] |

| diagnostic (m) | diagnozë (f) | [diagnózə] |
| cure (f) (faire une ~) | kurë (f) | [kúrə] |
| traitement (m) | trajtim mjekësor (m) | [trajtím mjɛkəsór] |
| se faire soigner | kurohem | [kuróhɛm] |
| traiter (un patient) | kuroj | [kurój] |
| soigner (un malade) | kujdesem | [kujdésɛm] |
| soins (m pl) | kujdes (m) | [kujdés] |

| opération (f) | operacion (m) | [opɛratsión] |
| panser (vt) | fashoj | [faʃój] |
| pansement (m) | fashim (m) | [faʃím] |

| vaccination (f) | vaksinim (m) | [vaksiním] |
| vacciner (vt) | vaksinoj | [vaksinój] |
| piqûre (f) | injeksion (m) | [iɲɛksión] |
| faire une piqûre | bëj injeksion | [bəj iɲɛksíon] |

| crise, attaque (f) | atak (m) | [aták] |
| amputation (f) | amputim (m) | [amputím] |
| amputer (vt) | amputoj | [amputój] |
| coma (m) | komë (f) | [kómə] |
| être dans le coma | jam në komë | [jam nə kómə] |
| réanimation (f) | kujdes intensiv (m) | [kujdés intɛnsív] |

| se rétablir (vp) | shërohem | [ʃəróhɛm] |
| état (m) (de santé) | gjendje (f) | [ɟéndjɛ] |
| conscience (f) | vetëdije (f) | [vɛtədíjɛ] |
| mémoire (f) | kujtesë (f) | [kujtésə] |
| arracher (une dent) | heq | [hɛc] |

| plombage (m) | mbushje (f) | [mbújjɛ] |
| plomber (vt) | mbush | [mbúʃ] |

| hypnose (f) | hipnozë (f) | [hipnózə] |
| hypnotiser (vt) | hipnotizim | [hipnotizím] |

## 75. Les médecins

| médecin (m) | mjek (m) | [mjék] |
| infirmière (f) | infermiere (f) | [infɛrmiérɛ] |
| médecin (m) personnel | mjek personal (m) | [mjék pɛrsonál] |

| dentiste (m) | dentist (m) | [dɛntíst] |
| ophtalmologiste (m) | okulist (m) | [okulíst] |
| généraliste (m) | mjek i përgjithshëm (m) | [mjék i pərɟíθʃəm] |
| chirurgien (m) | kirurg (m) | [kirúrg] |

| psychiatre (m) | psikiatër (m) | [psikiátər] |
| pédiatre (m) | pediatër (m) | [pɛdiátər] |
| psychologue (m) | psikolog (m) | [psikológ] |
| gynécologue (m) | gjinekolog (m) | [ɟinɛkológ] |
| cardiologue (m) | kardiolog (m) | [kardiológ] |

## 76. Les médicaments. Les accessoires

| médicament (m) | ilaç (m) | [ilátʃ] |
| remède (m) | mjekim (m) | [mjɛkím] |
| prescrire (vt) | shkruaj recetë | [ʃkrúaj rɛtsétə] |
| ordonnance (f) | recetë (f) | [rɛtsétə] |

| comprimé (m) | pilulë (f) | [pilúlə] |
| onguent (m) | krem (m) | [krɛm] |
| ampoule (f) | ampulë (f) | [ampúlə] |
| mixture (f) | përzierje (f) | [pərzíɛrjɛ] |
| sirop (m) | shurup (m) | [ʃurúp] |
| pilule (f) | pilulë (f) | [pilúlə] |
| poudre (f) | pudër (f) | [púdər] |

| bande (f) | fashë garze (f) | [faʃə gárzɛ] |
| coton (m) (ouate) | pambuk (m) | [pambúk] |
| iode (m) | jod (m) | [jod] |

| sparadrap (m) | leukoplast (m) | [lɛukoplást] |
| compte-gouttes (m) | pikatore (f) | [pikatórɛ] |
| thermomètre (m) | termometër (m) | [tɛrmométər] |
| seringue (f) | shiringë (f) | [ʃiríŋə] |

| fauteuil (m) roulant | karrocë me rrota (f) | [karótsə mɛ róta] |
| béquilles (f pl) | paterica (f) | [patɛrítsa] |

| anesthésique (m) | qetësues (m) | [cɛtəsúɛs] |
| purgatif (m) | laksativ (m) | [laksatív] |

| alcool (m) | alkool dezinfektues (m) | [alkoól dɛzinfɛktúɛs] |
| herbe (f) médicinale | bimë mjekësore (f) | [bímə mjɛkəsórɛ] |
| d'herbes (adj) | çaj bimor | [tʃáj bimór] |

## 77. Le tabac et ses produits dérivés

| tabac (m) | duhan (m) | [duhán] |
| cigarette (f) | cigare (f) | [tsigárɛ] |
| cigare (f) | puro (f) | [púro] |
| pipe (f) | llullë (f) | [ɫúɫə] |
| paquet (m) | pako cigaresh (m) | [páko tsigárɛʃ] |

| allumettes (f pl) | shkrepëse (pl) | [ʃkrépəsɛ] |
| boîte (f) d'allumettes | kuti shkrepësesh (f) | [kutí ʃkrépəsɛʃ] |
| briquet (m) | çakmak (m) | [tʃakmák] |
| cendrier (m) | taketuke (f) | [takɛtúkɛ] |
| étui (m) à cigarettes | kuti cigaresh (f) | [kutí tsigárɛʃ] |

| fume-cigarette (m) | cigarishte (f) | [tsigaríʃtɛ] |
| filtre (m) | filtër (m) | [fíltər] |

| fumer (vi, vt) | pi duhan | [pi duhán] |
| allumer une cigarette | ndez një cigare | [ndɛz ɲə tsigárɛ] |
| tabagisme (m) | pirja e duhanit (f) | [pírja ɛ duhánit] |
| fumeur (m) | duhanpirës (m) | [duhanpírəs] |

| mégot (m) | bishti i cigares (m) | [bíʃti i tsigárɛs] |
| fumée (f) | tym (m) | [tym] |
| cendre (f) | hi (m) | [hi] |

# L'HABITAT HUMAIN

## La ville

### 78. La ville. La vie urbaine

| | | |
|---|---|---|
| ville (f) | qytet (m) | [cytét] |
| capitale (f) | kryeqytet (m) | [kryɛcytét] |
| village (m) | fshat (m) | [fʃát] |
| | | |
| plan (m) de la ville | hartë e qytetit (f) | [hártə ɛ cytétit] |
| centre-ville (m) | qendër e qytetit (f) | [céndər ɛ cytétit] |
| banlieue (f) | periferi (f) | [pɛrifɛrí] |
| de banlieue (adj) | periferik | [pɛrifɛrík] |
| | | |
| périphérie (f) | periferia (f) | [pɛrifɛría] |
| alentours (m pl) | periferia (f) | [pɛrifɛría] |
| quartier (m) | bllok pallatesh (m) | [bɫók paɫátɛʃ] |
| quartier (m) résidentiel | bllok banimi (m) | [bɫók baními] |
| | | |
| trafic (m) | trafik (m) | [trafík] |
| feux (m pl) de circulation | semafor (m) | [sɛmafór] |
| transport (m) urbain | transport publik (m) | [transpórt publík] |
| carrefour (m) | kryqëzim (m) | [krycəzím] |
| | | |
| passage (m) piéton | kalim për këmbësorë (m) | [kalím pər kəmbəsórə] |
| passage (m) souterrain | nënkalim për këmbësorë (m) | [nənkalím pər kəmbəsórə] |
| traverser (vt) | kapërcej | [kapərtséj] |
| piéton (m) | këmbësor (m) | [kəmbəsór] |
| trottoir (m) | trotuar (m) | [trotuár] |
| | | |
| pont (m) | urë (f) | [úrə] |
| quai (m) | breg lumi (m) | [brɛg lúmi] |
| fontaine (f) | shatërvan (m) | [ʃatərván] |
| | | |
| allée (f) | rrugëz (m) | [rúgəz] |
| parc (m) | park (m) | [park] |
| boulevard (m) | bulevard (m) | [bulɛvárd] |
| place (f) | shesh (m) | [ʃɛʃ] |
| avenue (f) | bulevard (m) | [bulɛvárd] |
| rue (f) | rrugë (f) | [rúgə] |
| ruelle (f) | rrugë dytësore (f) | [rúgə dytəsórɛ] |
| impasse (f) | rrugë pa krye (f) | [rúgə pa krýɛ] |
| | | |
| maison (f) | shtëpi (f) | [ʃtəpí] |
| édifice (m) | ndërtesë (f) | [ndərtésə] |
| gratte-ciel (m) | qiellgërvishtës (m) | [ciɛɫgərvíʃtəs] |
| façade (f) | fasadë (f) | [fasádə] |
| toit (m) | çati (f) | [tʃatí] |

| fenêtre (f) | dritare (f) | [dritárɛ] |
| arc (m) | hark (m) | [hárk] |
| colonne (f) | kolonë (f) | [kolónə] |
| coin (m) | kënd (m) | [kénd] |

| vitrine (f) | vitrinë (f) | [vitrínə] |
| enseigne (f) | tabelë (f) | [tabélə] |
| affiche (f) | poster (m) | [postér] |
| affiche (f) publicitaire | afishe reklamuese (f) | [afíʃɛ rɛklamúɛsɛ] |
| panneau-réclame (m) | tabelë reklamash (f) | [tabélə rɛklámaʃ] |

| ordures (f pl) | plehra (f) | [pléhra] |
| poubelle (f) | kosh plehrash (m) | [koʃ pléhraʃ] |
| jeter à terre | hedh mbeturina | [hɛð mbɛturína] |
| décharge (f) | deponi plehrash (f) | [dɛponí pléhraʃ] |

| cabine (f) téléphonique | kabinë telefonike (f) | [kabínə tɛlɛfoníkɛ] |
| réverbère (m) | shtyllë dritash (f) | [ʃtýłə drítaʃ] |
| banc (m) | stol (m) | [stol] |

| policier (m) | polic (m) | [políts] |
| police (f) | polici (f) | [politsí] |
| clochard (m) | lypës (m) | [lýpəs] |
| sans-abri (m) | i pastrehë (m) | [i pastréhə] |

## 79. Les institutions urbaines

| magasin (m) | dyqan (m) | [dycán] |
| pharmacie (f) | farmaci (f) | [farmatsí] |
| opticien (m) | optikë (f) | [optíkə] |
| centre (m) commercial | qendër tregtare (f) | [céndər trɛgtárɛ] |
| supermarché (m) | supermarket (m) | [supɛrmarkét] |

| boulangerie (f) | furrë (f) | [fúrə] |
| boulanger (m) | furrtar (m) | [furtár] |
| pâtisserie (f) | pastiçeri (f) | [pastitʃɛrí] |
| épicerie (f) | dyqan ushqimor (m) | [dycán uʃcimór] |
| boucherie (f) | dyqan mishi (m) | [dycán míʃi] |

| magasin (m) de légumes | dyqan fruta-perimesh (m) | [dycán frúta-pɛrímɛʃ] |
| marché (m) | treg (m) | [trɛg] |

| salon (m) de café | kafene (f) | [kafɛné] |
| restaurant (m) | restorant (m) | [rɛstoránt] |
| brasserie (f) | pab (m), pijetore (f) | [pab], [pijɛtórɛ] |
| pizzeria (f) | piceri (f) | [pitsɛrí] |

| salon (m) de coiffure | parukeri (f) | [parukɛrí] |
| poste (f) | zyrë postare (f) | [zýrə postárɛ] |
| pressing (m) | pastrim kimik (m) | [pastrím kimík] |
| atelier (m) de photo | studio fotografike (f) | [stúdio fotografíkɛ] |

| magasin (m) de chaussures | dyqan këpucësh (m) | [dycán kəpútsəʃ] |
| librairie (f) | librari (f) | [librarí] |

| magasin (m) d'articles de sport | dyqan me mallra sportivë (m) | [dycán mɛ máłra sportívə] |
|---|---|---|
| atelier (m) de retouche | rrobaqepësi (f) | [robacɛpəsí] |
| location (f) de vêtements | dyqan veshjesh me qira (m) | [dycán véʃjɛʃ mɛ cirá] |
| location (f) de films | dyqan videosh me qira (m) | [dycán vídɛoʃ mɛ cirá] |

| cirque (m) | cirk (m) | [tsírk] |
|---|---|---|
| zoo (m) | kopsht zoologjik (m) | [kópʃt zooloɟík] |
| cinéma (m) | kinema (f) | [kinɛmá] |
| musée (m) | muze (m) | [muzé] |
| bibliothèque (f) | bibliotekë (f) | [bibliotékə] |

| théâtre (m) | teatër (m) | [tɛátər] |
|---|---|---|
| opéra (m) | opera (f) | [opéra] |
| boîte (f) de nuit | klub nate (m) | [klúb nátɛ] |
| casino (m) | kazino (f) | [kazíno] |

| mosquée (f) | xhami (f) | [dʒamí] |
|---|---|---|
| synagogue (f) | sinagogë (f) | [sinagógə] |
| cathédrale (f) | katedrale (f) | [katɛdrálɛ] |
| temple (m) | tempull (m) | [témpuł] |
| église (f) | kishë (f) | [kíʃə] |

| institut (m) | kolegj (m) | [koléɟ] |
|---|---|---|
| université (f) | universitet (m) | [univɛrsitét] |
| école (f) | shkollë (f) | [ʃkótə] |

| préfecture (f) | prefekturë (f) | [prɛfɛktúrə] |
|---|---|---|
| mairie (f) | bashki (f) | [baʃkí] |
| hôtel (m) | hotel (m) | [hotél] |
| banque (f) | bankë (f) | [bánkə] |

| ambassade (f) | ambasadë (f) | [ambasádə] |
|---|---|---|
| agence (f) de voyages | agjenci udhëtimesh (f) | [aɟɛntsí uðətímɛʃ] |
| bureau (m) d'information | zyrë informacioni (f) | [zýrə informatsióni] |
| bureau (m) de change | këmbim valutor (m) | [kəmbím valutór] |

| métro (m) | metro (f) | [mɛtró] |
|---|---|---|
| hôpital (m) | spital (m) | [spitál] |

| station-service (f) | pikë karburanti (f) | [píkə karburánti] |
|---|---|---|
| parking (m) | parking (m) | [parkíŋ] |

## 80. Les enseignes. Les panneaux

| enseigne (f) | tabelë (f) | [tabélə] |
|---|---|---|
| pancarte (f) | njoftim (m) | [ɲoftím] |
| poster (m) | poster (m) | [postér] |
| indicateur (m) de direction | tabelë drejtuese (f) | [tabélə drɛjtúɛsɛ] |
| flèche (f) | shigjetë (f) | [ʃiɟétə] |

| avertissement (m) | kujdes (m) | [kujdés] |
|---|---|---|
| panneau d'avertissement | shenjë paralajmëruese (f) | [ʃéɲə paralajmərúɛsɛ] |
| avertir (vt) | paralajmëroj | [paralajmərój] |

| jour (m) de repos | ditë pushimi (f) | [díte puʃími] |
| horaire (m) | orar (m) | [orár] |
| heures (f pl) d'ouverture | orari i punës (m) | [orári i púnes] |

| BIENVENUE! | MIRË SE VINI! | [míre sɛ víni!] |
| ENTRÉE | HYRJE | [hýrjɛ] |
| SORTIE | DALJE | [dáljɛ] |

| POUSSER | SHTY | [ʃty] |
| TIRER | TËRHIQ | [tərhíc] |
| OUVERT | HAPUR | [hápur] |
| FERMÉ | MBYLLUR | [mbýɫur] |

| FEMMES | GRA | [gra] |
| HOMMES | BURRA | [búra] |

| RABAIS | ZBRITJE | [zbrítjɛ] |
| SOLDES | ULJE | [úljɛ] |
| NOUVEAU! | TË REJA! | [te réja!] |
| GRATUIT | FALAS | [fálas] |

| ATTENTION! | KUJDES! | [kujdés!] |
| COMPLET | NUK KA VENDE TË LIRA | [nuk ka véndɛ te líra] |
| RÉSERVÉ | E REZERVUAR | [ɛ rɛzɛrvúar] |

| ADMINISTRATION | ADMINISTRATA | [administráta] |
| RÉSERVÉ AU PERSONNEL | VETËM PËR STAFIN | [vétem per stáfin] |

| ATTENTION CHIEN MÉCHANT | RUHUNI NGA QENI! | [rúhuni ŋa céni!] |
| DÉFENSE DE FUMER | NDALOHET DUHANI | [ndalóhɛt duháni] |
| PRIÈRE DE NE PAS TOUCHER | MOS PREK! | [mos prék!] |

| DANGEREUX | TË RREZIKSHME | [te rɛzíkʃmɛ] |
| DANGER | RREZIK | [rɛzík] |
| HAUTE TENSION | TENSION I LARTË | [tɛnsión i lárte] |
| BAIGNADE INTERDITE | NUK LEJOHET NOTI! | [nuk lɛjóhɛt nóti!] |
| HORS SERVICE | E PRISHUR | [ɛ príʃur] |

| INFLAMMABLE | LËNDË DJEGËSE | [lende djégəsɛ] |
| INTERDIT | E NDALUAR | [ɛ ndalúar] |
| PASSAGE INTERDIT | NDALOHET HYRJA | [ndalóhɛt hýrja] |
| PEINTURE FRAÎCHE | BOJË E FRESKËT | [bóje ɛ frésket] |

## 81. Les transports en commun

| autobus (m) | autobus (m) | [autobús] |
| tramway (m) | tramvaj (m) | [tramváj] |
| trolleybus (m) | autobus tramvaj (m) | [autobús tramváj] |
| itinéraire (m) | itinerar (m) | [itinɛrár] |
| numéro (m) | numër (m) | [númer] |
| prendre ... | udhëtoj me ... | [uðetój mɛ ...] |
| monter (dans l'autobus) | hip | [hip] |

| descendre de ... | zbres ... | [zbrɛs ...] |
|---|---|---|
| arrêt (m) | stacion (m) | [statsión] |
| arrêt (m) prochain | stacioni tjetër (m) | [statsióni tjétər] |
| terminus (m) | terminal (m) | [tɛrminál] |
| horaire (m) | orar (m) | [orár] |
| attendre (vt) | pres | [prɛs] |

| ticket (m) | biletë (f) | [bilétə] |
|---|---|---|
| prix (m) du ticket | çmim bilete (m) | [tʃmím bilétɛ] |

| caissier (m) | shitës biletash (m) | [ʃítəs bilétaʃ] |
|---|---|---|
| contrôle (m) des tickets | kontroll biletash (m) | [kontrół bilétaʃ] |
| contrôleur (m) | kontrollues biletash (m) | [kontrołúɛs bilétaʃ] |

| être en retard | vonohem | [vonóhɛm] |
|---|---|---|
| rater (~ le train) | humbas | [humbás] |
| se dépêcher | nxitoj | [ndzitój] |

| taxi (m) | taksi (m) | [táksi] |
|---|---|---|
| chauffeur (m) de taxi | shofer taksie (m) | [ʃofér taksíɛ] |
| en taxi | me taksi | [mɛ táksi] |
| arrêt (m) de taxi | stacion taksish (m) | [statsión táksiʃ] |
| appeler un taxi | thërras taksi | [θərás táksi] |
| prendre un taxi | marr taksi | [mar táksi] |

| trafic (m) | trafik (m) | [trafík] |
|---|---|---|
| embouteillage (m) | bllokim trafiku (m) | [błokím trafíku] |
| heures (f pl) de pointe | orë e trafikut të rëndë (f) | [órə ɛ trafíkut tə rəndə] |
| se garer (vp) | parkoj | [parkój] |
| garer (vt) | parkim | [parkím] |
| parking (m) | parking (m) | [parkíŋ] |

| métro (m) | metro (f) | [mɛtró] |
|---|---|---|
| station (f) | stacion (m) | [statsión] |
| prendre le métro | shkoj me metro | [ʃkoj mɛ métro] |
| train (m) | tren (m) | [trɛn] |
| gare (f) | stacion treni (m) | [statsión tréni] |

## 82. Le tourisme

| monument (m) | monument (m) | [monumént] |
|---|---|---|
| forteresse (f) | kala (f) | [kalá] |
| palais (m) | pallat (m) | [pałát] |
| château (m) | kështjellë (f) | [kəʃtjéłə] |
| tour (f) | kullë (f) | [kúłə] |
| mausolée (m) | mauzoleum (m) | [mauzolɛúm] |

| architecture (f) | arkitekturë (f) | [arkitɛktúrə] |
|---|---|---|
| médiéval (adj) | mesjetare | [mɛsjɛtárɛ] |
| ancien (adj) | e lashtë | [ɛ láʃtə] |
| national (adj) | kombëtare | [kombətárɛ] |
| connu (adj) | i famshëm | [i fámʃəm] |
| touriste (m) | turist (m) | [turíst] |
| guide (m) (personne) | udhërrëfyes (m) | [uðərəfýɛs] |

| | | |
|---|---|---|
| excursion (f) | ekskursion (m) | [ɛkskursión] |
| montrer (vt) | tregoj | [trɛgój] |
| raconter (une histoire) | dëftoj | [dəftój] |
| | | |
| trouver (vt) | gjej | [ɟéj] |
| se perdre (vp) | humbas | [humbás] |
| plan (m) (du metro, etc.) | hartë (f) | [hártə] |
| carte (f) (de la ville, etc.) | hartë (f) | [hártə] |
| | | |
| souvenir (m) | suvenir (m) | [suvɛnír] |
| boutique (f) de souvenirs | dyqan dhuratash (m) | [dycán ðurátaʃ] |
| prendre en photo | bëj foto | [bəj fóto] |
| se faire prendre en photo | bëj fotografi | [bəj fotografí] |

## 83. Le shopping

| | | |
|---|---|---|
| acheter (vt) | blej | [blɛj] |
| achat (m) | blerje (f) | [blérjɛ] |
| faire des achats | shkoj për pazar | [ʃkoj pər pazár] |
| shopping (m) | pazar (m) | [pazár] |
| | | |
| être ouvert | hapur | [hápuɾ] |
| être fermé | mbyllur | [mbýɫuɾ] |
| | | |
| chaussures (f pl) | këpucë (f) | [kəpútsə] |
| vêtement (m) | veshje (f) | [véʃjɛ] |
| produits (m pl) de beauté | kozmetikë (f) | [kozmɛtíkə] |
| produits (m pl) alimentaires | mallra ushqimore (f) | [máɫra uʃcimórɛ] |
| cadeau (m) | dhuratë (f) | [ðurátə] |
| | | |
| vendeur (m) | shitës (m) | [ʃítəs] |
| vendeuse (f) | shitëse (f) | [ʃítəsɛ] |
| | | |
| caisse (f) | arkë (f) | [árkə] |
| miroir (m) | pasqyrë (f) | [pascýrə] |
| comptoir (m) | banak (m) | [bának] |
| cabine (f) d'essayage | dhomë prove (f) | [ðómə próvɛ] |
| | | |
| essayer (robe, etc.) | provoj | [provój] |
| aller bien (robe, etc.) | më rri mirë | [mə ri mírə] |
| plaire (être apprécié) | pëlqej | [pəlcéj] |
| | | |
| prix (m) | çmim (m) | [tʃmím] |
| étiquette (f) de prix | etiketa e çmimit (f) | [ɛtikéta ɛ tʃmímit] |
| coûter (vt) | kushton | [kuʃtón] |
| Combien? | Sa? | [sa?] |
| rabais (m) | ulje (f) | [úljɛ] |
| | | |
| pas cher (adj) | jo e shtrenjtë | [jo ɛ ʃtréɲtə] |
| bon marché (adj) | e lirë | [ɛ lírə] |
| cher (adj) | i shtrenjtë | [i ʃtréɲtə] |
| C'est cher | Është e shtrenjtë | [éʃtə ɛ ʃtréɲtə] |
| location (f) | qiramarrje (f) | [ciramárjɛ] |
| louer (une voiture, etc.) | marr me qira | [mar mɛ cirá] |

| | | |
|---|---|---|
| crédit (m) | **kredit** (m) | [krɛdít] |
| à crédit (adv) | **me kredi** | [mɛ kredí] |

## 84. L'argent

| | | |
|---|---|---|
| argent (m) | **para** (f) | [pará] |
| échange (m) | **këmbim valutor** (m) | [kəmbím valutór] |
| cours (m) de change | **kurs këmbimi** (m) | [kurs kəmbími] |
| distributeur (m) | **bankomat** (m) | [bankomát] |
| monnaie (f) | **monedhë** (f) | [monéðə] |

| | | |
|---|---|---|
| dollar (m) | **dollar** (m) | [doɫár] |
| euro (m) | **euro** (f) | [éuro] |

| | | |
|---|---|---|
| lire (f) | **lirë** (f) | [lírə] |
| mark (m) allemand | **Marka gjermane** (f) | [márka ɟɛrmánɛ] |
| franc (m) | **franga** (f) | [fráŋa] |
| livre sterling (f) | **sterlina angleze** (f) | [stɛrlína aŋlézɛ] |
| yen (m) | **jen** (m) | [jén] |

| | | |
|---|---|---|
| dette (f) | **borxh** (m) | [bórdʒ] |
| débiteur (m) | **debitor** (m) | [dɛbitór] |
| prêter (vt) | **jap hua** | [jap huá] |
| emprunter (vt) | **marr hua** | [mar huá] |

| | | |
|---|---|---|
| banque (f) | **bankë** (f) | [bánkə] |
| compte (m) | **llogari** (f) | [ɫogarí] |
| verser (dans le compte) | **depozitoj** | [dɛpozitój] |
| verser dans le compte | **depozitoj në llogari** | [dɛpozitój nə ɫogarí] |
| retirer du compte | **tërheq** | [tərhéc] |

| | | |
|---|---|---|
| carte (f) de crédit | **kartë krediti** (f) | [kártə krɛdíti] |
| espèces (f pl) | **kesh** (m) | [kɛʃ] |
| chèque (m) | **çek** (m) | [tʃɛk] |
| faire un chèque | **lëshoj një çek** | [ləʃój ɲə tʃék] |
| chéquier (m) | **bllok çeqesh** (m) | [bɫók tʃécɛʃ] |

| | | |
|---|---|---|
| portefeuille (m) | **portofol** (m) | [portofól] |
| bourse (f) | **kuletë** (f) | [kulétə] |
| coffre fort (m) | **kasafortë** (f) | [kasafórtə] |

| | | |
|---|---|---|
| héritier (m) | **trashëgimtar** (m) | [traʃəgimtár] |
| héritage (m) | **trashëgimi** (f) | [traʃəgimí] |
| fortune (f) | **pasuri** (f) | [pasurí] |

| | | |
|---|---|---|
| location (f) | **qira** (f) | [cirá] |
| loyer (m) (argent) | **qiraja** (f) | [cirája] |
| louer (prendre en location) | **marr me qira** | [mar mɛ cirá] |

| | | |
|---|---|---|
| prix (m) | **çmim** (m) | [tʃmím] |
| coût (m) | **kosto** (f) | [kósto] |
| somme (f) | **shumë** (f) | [ʃúmə] |
| dépenser (vt) | **shpenzoj** | [ʃpɛnzój] |
| dépenses (f pl) | **shpenzime** (f) | [ʃpɛnzímɛ] |

| économiser (vt) | kursej | [kurséj] |
| économe (adj) | ekonomik | [ɛkonomík] |

| payer (régler) | paguaj | [pagúaj] |
| paiement (m) | pagesë (f) | [pagésə] |
| monnaie (f) (rendre la ~) | kusur (m) | [kusúr] |

| impôt (m) | taksë (f) | [táksə] |
| amende (f) | gjobë (f) | [ɟóbə] |
| mettre une amende | vendos gjobë | [vɛndós ɟóbə] |

## 85. La poste. Les services postaux

| poste (f) | zyrë postare (f) | [zýrə postárɛ] |
| courrier (m) (lettres, etc.) | postë (f) | [póstə] |
| facteur (m) | postier (m) | [postiér] |
| heures (f pl) d'ouverture | orari i punës (m) | [orári i púnəs] |

| lettre (f) | letër (f) | [létər] |
| recommandé (m) | letër rekomande (f) | [létər rɛkomándɛ] |
| carte (f) postale | kartolinë (f) | [kartolínə] |
| télégramme (m) | telegram (m) | [tɛlɛgrám] |
| colis (m) | pako (f) | [páko] |
| mandat (m) postal | transfer parash (m) | [transfér paráʃ] |

| recevoir (vt) | pranoj | [pranój] |
| envoyer (vt) | dërgoj | [dərgój] |
| envoi (m) | dërgesë (f) | [dərgésə] |

| adresse (f) | adresë (f) | [adrésə] |
| code (m) postal | kodi postar (m) | [kódi postár] |
| expéditeur (m) | dërguesi (m) | [dərgúɛsi] |
| destinataire (m) | pranues (m) | [pranúɛs] |

| prénom (m) | emër (m) | [émər] |
| nom (m) de famille | mbiemër (m) | [mbiémər] |

| tarif (m) | tarifë postare (f) | [tarífə postárɛ] |
| normal (adj) | standard | [standárd] |
| économique (adj) | ekonomike | [ɛkonomíkɛ] |

| poids (m) | peshë (f) | [péʃə] |
| peser (~ les lettres) | peshoj | [pɛʃój] |
| enveloppe (f) | zarf (m) | [zarf] |
| timbre (m) | pullë postare (f) | [púłə postárɛ] |
| timbrer (vt) | vendos pullën postare | [vɛndós púłən postárɛ] |

# Le logement. La maison. Le foyer

## 86. La maison. Le logis

| | | |
|---|---|---|
| maison (f) | shtëpi (f) | [ʃtəpí] |
| chez soi | në shtëpi | [nə ʃtəpí] |
| cour (f) | oborr (m) | [obór] |
| clôture (f) | gardh (m) | [garð] |
| brique (f) | tullë (f) | [túɫə] |
| en brique (adj) | me tulla | [mɛ túɫa] |
| pierre (f) | gur (m) | [gur] |
| en pierre (adj) | guror | [gurór] |
| béton (m) | çimento (f) | [tʃiménto] |
| en béton (adj) | prej çimentoje | [prɛj tʃiméntojɛ] |
| neuf (adj) | i ri | [i rí] |
| vieux (adj) | i vjetër | [i vjétər] |
| délabré (adj) | e vjetruar | [ɛ vjɛtrúar] |
| moderne (adj) | moderne | [modérnɛ] |
| à plusieurs étages | shumëkatëshe | [ʃuməkátəʃɛ] |
| haut (adj) | e lartë | [ɛ lártə] |
| étage (m) | kat (m) | [kat] |
| sans étage (adj) | njëkatëshe | [ɲəkátəʃɛ] |
| rez-de-chaussée (m) | përdhese (f) | [pərðésɛ] |
| dernier étage (m) | kati i fundit (m) | [káti i fúndit] |
| toit (m) | çati (f) | [tʃatí] |
| cheminée (f) | oxhak (m) | [odʒák] |
| tuile (f) | tjegulla (f) | [tjéguɫa] |
| en tuiles (adj) | me tjegulla | [mɛ tjéguɫa] |
| grenier (m) | papafingo (f) | [papafíŋo] |
| fenêtre (f) | dritare (f) | [dritárɛ] |
| vitre (f) | xham (m) | [dʒam] |
| rebord (m) | prag dritareje (m) | [prag dritárɛjɛ] |
| volets (m pl) | grila (f) | [gríla] |
| mur (m) | mur (m) | [mur] |
| balcon (m) | ballkon (m) | [baɫkón] |
| gouttière (f) | ulluk (m) | [uɫúk] |
| en haut (à l'étage) | lart | [lart] |
| monter (vi) | ngjitem lart | [ɲjitém lárt] |
| descendre (vi) | zbres | [zbrɛs] |
| déménager (vi) | lëviz | [ləvíz] |

82

## 87. La maison. L'entrée. L'ascenseur

| entrée (f) | hyrje (f) | [hýrjɛ] |
|---|---|---|
| escalier (m) | shkallë (f) | [ʃkátə] |
| marches (f pl) | shkallë (f) | [ʃkátə] |
| rampe (f) | parmak (m) | [parmák] |
| hall (m) | holl (m) | [hoł] |

| boîte (f) à lettres | kuti postare (f) | [kutí postárɛ] |
|---|---|---|
| poubelle (f) d'extérieur | kazan mbeturinash (m) | [kazán mbɛturínaʃ] |
| vide-ordures (m) | ashensor mbeturinash (m) | [aʃɛnsór mbɛturínaʃ] |

| ascenseur (m) | ashensor (m) | [aʃɛnsór] |
|---|---|---|
| monte-charge (m) | ashensor mallrash (m) | [aʃɛnsór máłraʃ] |
| cabine (f) | kabinë ashensori (f) | [kabínə aʃɛnsóri] |
| prendre l'ascenseur | marr ashensorin | [mar aʃɛnsórin] |

| appartement (m) | apartament (m) | [apartamént] |
|---|---|---|
| locataires (m pl) | banorë (pl) | [banórə] |
| voisin (m) | komshi (m) | [komʃí] |
| voisine (f) | komshike (f) | [komʃíkɛ] |
| voisins (m pl) | komshinj (pl) | [komʃíɲ] |

## 88. La maison. L'électricité

| électricité (f) | elektricitet (m) | [ɛlɛktritsitét] |
|---|---|---|
| ampoule (f) | poç (m) | [potʃ] |
| interrupteur (m) | çelës drite (m) | [tʃéləs drítɛ] |
| plomb, fusible (m) | siguresë (f) | [sigurésə] |

| fil (m) (~ électrique) | kabllo (f) | [kábło] |
|---|---|---|
| installation (f) électrique | rrjet elektrik (m) | [rjét ɛlɛktrík] |
| compteur (m) électrique | njehsor elektrik (m) | [ɲɛhsór ɛlɛktrík] |
| relevé (m) | matjet (pl) | [mátjɛt] |

## 89. La maison. La porte. La serrure

| porte (f) | derë (f) | [dérə] |
|---|---|---|
| portail (m) | portik (m) | [portík] |
| poignée (f) | dorezë (f) | [dorézə] |
| déverrouiller (vt) | zhbllokoj | [ʒbłokój] |
| ouvrir (vt) | hap | [hap] |
| fermer (vt) | mbyll | [mbyɫ] |

| clé (f) | çelës (m) | [tʃéləs] |
|---|---|---|
| trousseau (m), jeu (m) | tufë çelësash (f) | [túfə tʃélasaʃ] |
| grincer (la porte) | kërcet | [kərtsét] |
| grincement (m) | kërcitje (f) | [kərtsítjɛ] |
| gond (m) | menteshë (f) | [mɛntéʃə] |
| paillasson (m) | tapet hyrës (m) | [tapét hýrəs] |
| serrure (f) | kyç (m) | [kytʃ] |

| trou (m) de la serrure | vrimë e çelësit (f) | [vrímə ɛ tʃéləsit] |
|---|---|---|
| verrou (m) | shul (m) | [ʃul] |
| loquet (m) | shul (m) | [ʃul] |
| cadenas (m) | dry (m) | [dry] |

| sonner (à la porte) | i bie ziles | [i bíɛ zílɛs] |
|---|---|---|
| sonnerie (f) | tingulli i ziles (m) | [tíŋuɫi i zílɛs] |
| sonnette (f) | zile (f) | [zílɛ] |
| bouton (m) | çelësi i ziles (m) | [tʃéləsi i zílɛs] |
| coups (m pl) à la porte | trokitje (f) | [trokítjɛ] |
| frapper (~ à la porte) | trokas | [trokás] |

| code (m) | kod (m) | [kod] |
|---|---|---|
| serrure (f) à combinaison | kod (m) | [kod] |
| interphone (m) | interkom (m) | [intɛrkóm] |
| numéro (m) | numër (m) | [númər] |
| plaque (f) de porte | pllakë e emrit (f) | [pɫákə ɛ émrit] |
| judas (m) | vrimë përgjimi (f) | [vrímə pərɟími] |

## 90. La maison de campagne

| village (m) | fshat (m) | [fʃát] |
|---|---|---|
| potager (m) | kopsht zarzavatesh (m) | [kópʃt zarzavátɛʃ] |
| palissade (f) | gardh (m) | [garð] |
| clôture (f) | gardh kunjash | [garð kúɲaʃ] |
| portillon (m) | portik (m) | [portík] |

| grange (f) | hambar (m) | [hambár] |
|---|---|---|
| cave (f) | qilar (m) | [cilár] |
| abri (m) de jardin | kasolle (f) | [kasóɫɛ] |
| puits (m) | pus (m) | [pus] |

| poêle (m) (~ à bois) | sobë (f) | [sóbə] |
|---|---|---|
| chauffer le poêle | mbush sobën | [mbúʃ sóbən] |
| bois (m) de chauffage | dru për zjarr (m) | [dru pər zjár] |
| bûche (f) | dru (m) | [dru] |

| véranda (f) | verandë (f) | [vɛrándə] |
|---|---|---|
| terrasse (f) | ballkon (m) | [baɫkón] |
| perron (m) d'entrée | prag i derës (m) | [prag i dérəs] |
| balançoire (f) | kolovajzë (f) | [kolovájzə] |

## 91. La villa et le manoir

| maison (f) de campagne | vilë (f) | [vílə] |
|---|---|---|
| villa (f) | vilë (f) | [vílə] |
| aile (f) (~ ouest) | krah (m) | [krah] |

| jardin (m) | kopsht (m) | [kopʃt] |
|---|---|---|
| parc (m) | park (m) | [park] |
| serre (f) tropicale | serrë (f) | [sérə] |
| s'occuper (~ du jardin) | përkujdesem | [pərkujdésɛm] |

| piscine (f) | pishinë (f) | [piʃínə] |
| salle (f) de gym | palestër (f) | [paléstər] |
| court (m) de tennis | fushë tenisi (f) | [fúʃə tɛnísi] |
| salle (f) de cinéma | sallon teatri (m) | [satón tɛátri] |
| garage (m) | garazh (m) | [garáʒ] |

| propriété (f) privée | pronë private (f) | [prónə privátɛ] |
| terrain (m) privé | tokë private (f) | [tókə privátɛ] |

| avertissement (m) | paralajmërim (m) | [paralajmərím] |
| panneau d'avertissement | shenjë paralajmëruese (f) | [ʃéɲə paralajmərúɛsɛ] |

| sécurité (f) | sigurim (m) | [sigurím] |
| agent (m) de sécurité | roje sigurimi (m) | [rójɛ sigurími] |
| alarme (f) antivol | alarm (m) | [alárm] |

## 92. Le château. Le palais

| château (m) | kështjellë (f) | [kəʃtjétə] |
| palais (m) | pallat (m) | [patát] |
| forteresse (f) | kala (f) | [kalá] |
| muraille (f) | mur rrethues (m) | [mur rɛθúɛs] |
| tour (f) | kullë (f) | [kútə] |
| donjon (m) | kulla e parë (f) | [kúta ɛ párə] |

| herse (f) | portë me hekura (f) | [pórtə mɛ hékura] |
| souterrain (m) | nënkalim (m) | [nənkalím] |
| douve (f) | kanal (m) | [kanál] |
| chaîne (f) | zinxhir (m) | [zindʒír] |
| meurtrière (f) | frëngji (f) | [frəɲʃí] |

| magnifique (adj) | e mrekullueshme | [ɛ mrɛkutúɛʃmɛ] |
| majestueux (adj) | madhështore | [maðəʃtórɛ] |
| inaccessible (adj) | e padepërtueshme | [ɛ padɛpərtúɛʃmɛ] |
| médiéval (adj) | mesjetare | [mɛsjɛtárɛ] |

## 93. L'appartement

| appartement (m) | apartament (m) | [apartamént] |
| chambre (f) | dhomë (f) | [ðómə] |
| chambre (f) à coucher | dhomë gjumi (f) | [ðómə ɉúmi] |
| salle (f) à manger | dhomë ngrënie (f) | [ðómə ŋrəníɛ] |
| salon (m) | dhomë ndeje (f) | [ðómə ndéjɛ] |
| bureau (m) | dhomë pune (f) | [ðómə púnɛ] |

| antichambre (f) | hyrje (f) | [hýrjɛ] |
| salle (f) de bains | banjo (f) | [báɲo] |
| toilettes (f pl) | tualet (m) | [tualét] |

| plafond (m) | tavan (m) | [taván] |
| plancher (m) | dysheme (f) | [dyʃɛmé] |
| coin (m) | qoshe (f) | [cóʃɛ] |

## 94. L'appartement. Le ménage

| | | |
|---|---|---|
| faire le ménage | pastroj | [pastrój] |
| ranger (jouets, etc.) | vendos | [vɛndós] |
| | | |
| poussière (f) | pluhur (m) | [plúhur] |
| poussiéreux (adj) | e pluhurosur | [ɛ pluhurósur] |
| essuyer la poussière | marr pluhurat | [mar plúhurat] |
| aspirateur (m) | fshesë elektrike (f) | [ffésə ɛlɛktríkɛ] |
| passer l'aspirateur | thith pluhurin | [θiθ plúhurin] |
| | | |
| balayer (vt) | fshij | [ffíj] |
| balayures (f pl) | plehra (f) | [pléhra] |
| ordre (m) | rregull (m) | [réguɫ] |
| désordre (m) | rrëmujë (f) | [rəmújə] |
| | | |
| balai (m) à franges | shtupë (f) | [ʃtúpə] |
| torchon (m) | leckë (f) | [létskə] |
| balayette (f) de sorgho | fshesë (f) | [ffésə] |
| pelle (f) à ordures | kaci (f) | [katsí] |

## 95. Les meubles. L'intérieur

| | | |
|---|---|---|
| meubles (m pl) | orendi (f) | [orɛndí] |
| table (f) | tryezë (f) | [tryézə] |
| chaise (f) | karrige (f) | [karígɛ] |
| lit (m) | shtrat (m) | [ʃtrat] |
| canapé (m) | divan (m) | [diván] |
| fauteuil (m) | kolltuk (m) | [koɫtúk] |
| | | |
| bibliothèque (f) (meuble) | raft librash (m) | [ráft líbraʃ] |
| rayon (m) | sergjen (m) | [sɛrɟén] |
| | | |
| armoire (f) | gardërobë (f) | [gardəróbə] |
| patère (f) | varëse (f) | [várəsɛ] |
| portemanteau (m) | varëse xhaketash (f) | [várəsɛ dʒakétaʃ] |
| | | |
| commode (f) | komodë (f) | [komódə] |
| table (f) basse | tryezë e ulët (f) | [tryézə ɛ úlət] |
| | | |
| miroir (m) | pasqyrë (f) | [pascýrə] |
| tapis (m) | qilim (m) | [cilím] |
| petit tapis (m) | tapet (m) | [tapét] |
| | | |
| cheminée (f) | oxhak (m) | [odʒák] |
| bougie (f) | qiri (m) | [círi] |
| chandelier (m) | shandan (m) | [ʃandán] |
| | | |
| rideaux (m pl) | perde (f) | [pérdɛ] |
| papier (m) peint | tapiceri (f) | [tapitsɛrí] |
| jalousie (f) | grila (f) | [gríla] |
| lampe (f) de table | llambë tavoline (f) | [ɫámbə tavolínɛ] |
| applique (f) | llambadar muri (m) | [ɫambadár múri] |

| lampadaire (m) | llambadar (m) | [ɬambadár] |
| lustre (m) | llambadar (m) | [ɬambadár] |

| pied (m) (~ de la table) | këmbë (f) | [kémbə] |
| accoudoir (m) | mbështetëse krahu (f) | [mbəʃtétəsɛ kráhu] |
| dossier (m) | mbështetëse (f) | [mbəʃtétəsɛ] |
| tiroir (m) | sirtar (m) | [sirtár] |

## 96. La literie

| linge (m) de lit | çarçafë (pl) | [tʃartʃáfə] |
| oreiller (m) | jastëk (m) | [jasték] |
| taie (f) d'oreiller | këllëf jastëku (m) | [kəɬəf jastéku] |
| couverture (f) | jorgan (m) | [jorgán] |
| drap (m) | çarçaf (m) | [tʃartʃáf] |
| couvre-lit (m) | mbulesë (f) | [mbulésə] |

## 97. La cuisine

| cuisine (f) | kuzhinë (f) | [kuʒínə] |
| gaz (m) | gaz (m) | [gaz] |
| cuisinière (f) à gaz | sobë me gaz (f) | [sóbə mɛ gaz] |
| cuisinière (f) électrique | sobë elektrike (f) | [sóbə ɛlɛktríkɛ] |
| four (m) | furrë (f) | [fúrə] |
| four (m) micro-ondes | mikrovalë (f) | [mikroválə] |

| réfrigérateur (m) | frigorifer (m) | [frigorifér] |
| congélateur (m) | frigorifer (m) | [frigorifér] |
| lave-vaisselle (m) | pjatalarëse (f) | [pjatalárəsɛ] |

| hachoir (m) à viande | grirëse mishi (f) | [grírəsɛ míʃi] |
| centrifugeuse (f) | shtrydhëse frutash (f) | [ʃtrýðəsɛ frútaʃ] |
| grille-pain (m) | toster (m) | [tostér] |
| batteur (m) | mikser (m) | [miksér] |

| machine (f) à café | makinë kafeje (f) | [makínə kaféjɛ] |
| cafetière (f) | kafetierë (f) | [kafɛtiérə] |
| moulin (m) à café | mulli kafeje (f) | [muɬí káfɛjɛ] |

| bouilloire (f) | çajnik (m) | [tʃajník] |
| théière (f) | çajnik (m) | [tʃajník] |
| couvercle (m) | kapak (m) | [kapák] |
| passoire (f) à thé | sitë çaji (f) | [sítə tʃáji] |

| cuillère (f) | lugë (f) | [lúgə] |
| petite cuillère (f) | lugë çaji (f) | [lúgə tʃáji] |
| cuillère (f) à soupe | lugë gjelle (f) | [lúgə ɟéɬɛ] |
| fourchette (f) | pirun (m) | [pirún] |
| couteau (m) | thikë (f) | [θíkə] |

| vaisselle (f) | enë kuzhine (f) | [énə kuʒínɛ] |
| assiette (f) | pjatë (f) | [pjátə] |

| | | |
|---|---|---|
| soucoupe (f) | pjatë filxhani (f) | [pjátə fildʒáni] |
| verre (m) à shot | potir (m) | [potír] |
| verre (m) (~ d'eau) | gotë (f) | [gótə] |
| tasse (f) | filxhan (m) | [fildʒán] |

| | | |
|---|---|---|
| sucrier (m) | tas për sheqer (m) | [tas pər ʃɛcér] |
| salière (f) | kripore (f) | [kripórɛ] |
| poivrière (f) | enë piperi (f) | [énə pipéri] |
| beurrier (m) | pjatë gjalpi (f) | [pjátə ɟálpi] |

| | | |
|---|---|---|
| casserole (f) | tenxhere (f) | [tɛndʒérɛ] |
| poêle (f) | tigan (m) | [tigán] |
| louche (f) | garuzhdë (f) | [garúʒdə] |
| passoire (f) | kullesë (f) | [kuɫésə] |
| plateau (m) | tabaka (f) | [tabaká] |

| | | |
|---|---|---|
| bouteille (f) | shishe (f) | [ʃíʃɛ] |
| bocal (m) (à conserves) | kavanoz (m) | [kavanóz] |
| boîte (f) en fer-blanc | kanoçe (f) | [kanótʃɛ] |

| | | |
|---|---|---|
| ouvre-bouteille (m) | hapëse shishesh (f) | [hapəsé ʃíʃɛʃ] |
| ouvre-boîte (m) | hapëse kanoçesh (f) | [hapəsé kanótʃɛʃ] |
| tire-bouchon (m) | turjelë tapash (f) | [turjélə tápaʃ] |
| filtre (m) | filtër (m) | [fíltər] |
| filtrer (vt) | filtroj | [filtrój] |

| | | |
|---|---|---|
| ordures (f pl) | pleh (m) | [plɛh] |
| poubelle (f) | kosh plehrash (m) | [koʃ pléhraʃ] |

## 98. La salle de bains

| | | |
|---|---|---|
| salle (f) de bains | banjo (f) | [báɲo] |
| eau (f) | ujë (m) | [újə] |
| robinet (m) | rubinet (m) | [rubinét] |
| eau (f) chaude | ujë i nxehtë (f) | [újə i ndzéhtə] |
| eau (f) froide | ujë i ftohtë (f) | [újə i ftóhtə] |

| | | |
|---|---|---|
| dentifrice (m) | pastë dhëmbësh (f) | [pástə ðémbəʃ] |
| se brosser les dents | laj dhëmbët | [laj ðémbət] |
| brosse (f) à dents | furçë dhëmbësh (f) | [fúrtʃə ðémbəʃ] |

| | | |
|---|---|---|
| se raser (vp) | rruhem | [rúhɛm] |
| mousse (f) à raser | shkumë rroje (f) | [ʃkumə rójɛ] |
| rasoir (m) | brisk (m) | [brísk] |

| | | |
|---|---|---|
| laver (vt) | laj duart | [laj dúart] |
| se laver (vp) | lahem | [láhɛm] |
| douche (f) | dush (m) | [duʃ] |
| prendre une douche | bëj dush | [bəj dúʃ] |

| | | |
|---|---|---|
| baignoire (f) | vaskë (f) | [váskə] |
| cuvette (f) | tualet (m) | [tualét] |
| lavabo (m) | lavaman (m) | [lavamán] |
| savon (m) | sapun (m) | [sapún] |

| porte-savon (m) | pjatë sapuni (f) | [pjátə sapúni] |
| éponge (f) | sfungjer (m) | [sfunɉér] |
| shampooing (m) | shampo (f) | [ʃampó] |
| serviette (f) | peshqir (m) | [pɛʃcír] |
| peignoir (m) de bain | peshqir trupi (m) | [pɛʃcír trúpi] |

| lessive (f) (faire la ~) | larje (f) | [lárɉɛ] |
| machine (f) à laver | makinë larëse (f) | [makínə lárəsɛ] |
| faire la lessive | laj rroba | [laj róba] |
| lessive (f) (poudre) | detergjent (m) | [dɛtɛrɉént] |

## 99. Les appareils électroménagers

| téléviseur (m) | televizor (m) | [tɛlɛvizór] |
| magnétophone (m) | inçizues me shirit (m) | [intʃizúɛs mɛ ʃirít] |
| magnétoscope (m) | video regjistrues (m) | [vídɛo rɉistrúɛs] |
| radio (f) | radio (f) | [rádio] |
| lecteur (m) | kasetofon (m) | [kasɛtofón] |

| vidéoprojecteur (m) | projektor (m) | [projɛktór] |
| home cinéma (m) | kinema shtëpie (f) | [kinɛmá ʃtəpíɛ] |
| lecteur DVD (m) | DVD player (m) | [dividí plɛjər] |
| amplificateur (m) | amplifikator (m) | [amplifikatór] |
| console (f) de jeux | konsol video loje (m) | [konsól vídɛo lójɛ] |

| caméscope (m) | videokamerë (f) | [vidɛokamérə] |
| appareil (m) photo | aparat fotografik (m) | [aparát fotografík] |
| appareil (m) photo numérique | kamerë digjitale (f) | [kamérə diɉitálɛ] |

| aspirateur (m) | fshesë elektrike (f) | [fʃésə ɛlɛktríkɛ] |
| fer (m) à repasser | hekur (m) | [hékur] |
| planche (f) à repasser | tryezë për hekurosje (f) | [tryézə pər hɛkurósjɛ] |

| téléphone (m) | telefon (m) | [tɛlɛfón] |
| portable (m) | celular (m) | [tsɛlulár] |
| machine (f) à écrire | makinë shkrimi (f) | [makínə ʃkrími] |
| machine (f) à coudre | makinë qepëse (f) | [makínə cépəsɛ] |

| micro (m) | mikrofon (m) | [mikrofón] |
| écouteurs (m pl) | kufje (f) | [kúfjɛ] |
| télécommande (f) | telekomandë (f) | [tɛlɛkomándə] |

| CD (m) | CD (f) | [tsɛdé] |
| cassette (f) | kasetë (f) | [kasétə] |
| disque (m) (vinyle) | pllakë gramafoni (f) | [pɫákə gramafóni] |

## 100. Les travaux de réparation et de rénovation

| rénovation (f) | renovim (m) | [rɛnovím] |
| faire la rénovation | rinovoj | [rinovój] |
| réparer (vt) | riparoj | [riparój] |
| remettre en ordre | rregulloj | [rɛguɫój] |

| refaire (vt) | ribëj | [ribéj] |
| peinture (f) | bojë (f) | [bójə] |
| peindre (des murs) | lyej | [lýɛj] |
| peintre (m) en bâtiment | bojaxhi (m) | [bojadʒí] |
| pinceau (m) | furçë (f) | [fúrtʃə] |

| chaux (f) | gëlqere (f) | [gəlcérɛ] |
| blanchir à la chaux | lyej me gëlqere | [lýɛj mɛ gəlcérɛ] |

| papier (m) peint | tapiceri (f) | [tapitsɛrí] |
| tapisser (vt) | vendos tapiceri | [vɛndós tapitsɛrí] |
| vernis (m) | llak (m) | [ɬak] |
| vernir (vt) | lustroj | [lustrój] |

## 101. La plomberie

| eau (f) | ujë (m) | [újə] |
| eau (f) chaude | ujë i nxehtë (f) | [újə i ndzéhtə] |
| eau (f) froide | ujë i ftohtë (f) | [újə i ftóhtə] |
| robinet (m) | rubinet (m) | [rubinét] |

| goutte (f) | pikë uji (f) | [píkə úji] |
| goutter (vi) | pikon | [pikón] |
| fuir (tuyau) | rrjedh | [rjéð] |
| fuite (f) | rrjedhje (f) | [rjéðjɛ] |
| flaque (f) | pellg (m) | [pɛɬg] |

| tuyau (m) | gyp (m) | [gyp] |
| valve (f) | valvulë (f) | [valvúlə] |
| se boucher (vp) | bllokohet | [bɬokóhɛt] |

| outils (m pl) | vegla (pl) | [végla] |
| clé (f) réglable | çelës anglez (m) | [tʃéləs aŋléz] |
| dévisser (vt) | zhvidhos | [ʒviðós] |
| visser (vt) | vidhos | [viðós] |

| déboucher (vt) | zhbllokoj | [ʒbɬokój] |
| plombier (m) | hidraulik (m) | [hidraulík] |
| sous-sol (m) | qilar (m) | [cilár] |
| égouts (m pl) | kanalizim (m) | [kanalizím] |

## 102. L'incendie

| feu (m) | zjarr (m) | [zjar] |
| flamme (f) | flakë (f) | [flákə] |
| étincelle (f) | shkëndijë (f) | [ʃkəndíjə] |
| fumée (f) | tym (m) | [tym] |
| flambeau (m) | pishtar (m) | [piʃtár] |
| feu (m) de bois | zjarr kampingu (m) | [zjar kampíŋu] |

| essence (f) | benzinë (f) | [bɛnzínə] |
| kérosène (m) | vajgur (m) | [vajgúr] |

| | | |
|---|---|---|
| inflammable (adj) | djegëse | [djégəsɛ] |
| explosif (adj) | shpërthyese | [ʃpərθýɛsɛ] |
| DÉFENSE DE FUMER | NDALOHET DUHANI | [ndalóhɛt duháni] |

| | | |
|---|---|---|
| sécurité (f) | siguri (f) | [sigurí] |
| danger (m) | rrezik (m) | [rɛzík] |
| dangereux (adj) | i rrezikshëm | [i rɛzíkʃəm] |

| | | |
|---|---|---|
| prendre feu | merr flakë | [mɛr flákə] |
| explosion (f) | shpërthim (m) | [ʃpərθím] |
| mettre feu | vë flakën | [və flákən] |
| incendiaire (m) | zjarrvënës (m) | [zjarvénəs] |
| incendie (m) prémédité | zjarrvënie e qëllimshme (f) | [zjarvéniɛ ɛ cəɫímʃmɛ] |

| | | |
|---|---|---|
| flamboyer (vi) | flakëron | [flakərón] |
| brûler (vi) | digjet | [díɟɛt] |
| brûler complètement | u dogj | [u doɟ] |

| | | |
|---|---|---|
| appeler les pompiers | telefonoj zjarrfikësit | [tɛlɛfonój zjarfíkəsit] |
| pompier (m) | zjarrfikës (m) | [zjarfíkəs] |
| voiture (f) de pompiers | kamion zjarrfikës (m) | [kamión zjarfíkəs] |
| sapeurs-pompiers (pl) | zjarrfikës (m) | [zjarfíkəs] |
| échelle (f) des pompiers | shkallë e zjarrfikëses (f) | [ʃkáɫə ɛ zjarfíkəsɛs] |

| | | |
|---|---|---|
| tuyau (m) d'incendie | pompë e ujit (f) | [pómpə ɛ újit] |
| extincteur (m) | bombolë kundër zjarrit (f) | [bombólə kúndər zjárit] |
| casque (m) | helmetë (f) | [hɛlmétə] |
| sirène (f) | alarm (m) | [alárm] |

| | | |
|---|---|---|
| crier (vi) | bërtas | [bərtás] |
| appeler au secours | thërras për ndihmë | [θərás pər ndíhmə] |
| secouriste (m) | shpëtimtar (m) | [ʃpətimtár] |
| sauver (vt) | shpëtoj | [ʃpətój] |

| | | |
|---|---|---|
| venir (vi) | arrij | [aríj] |
| éteindre (feu) | shuaj | [ʃúaj] |
| eau (f) | ujë (m) | [újə] |
| sable (m) | rërë (f) | [rérə] |

| | | |
|---|---|---|
| ruines (f pl) | gërmadhë (f) | [gərmáðə] |
| tomber en ruine | shembet | [ʃémbɛt] |
| s'écrouler (vp) | rrëzohem | [rəzóhɛm] |
| s'effondrer (vp) | shembet | [ʃémbɛt] |

| | | |
|---|---|---|
| morceau (m) (de mur, etc.) | mbetje (f) | [mbétjɛ] |
| cendre (f) | hi (m) | [hi] |

| | | |
|---|---|---|
| mourir étouffé | asfiksim | [asfiksím] |
| périr (vi) | vdes | [vdɛs] |

# LES ACTIVITÉS HUMAINS

# Le travail. Les affaires. Partie 1

## 103. Le bureau. La vie de bureau

| | | |
|---|---|---|
| bureau (m) (établissement) | zyrë (f) | [zýrə] |
| bureau (m) (au travail) | zyrë (f) | [zýrə] |
| accueil (m) | recepsion (m) | [rɛtsɛpsión] |
| secrétaire (m) | sekretar (m) | [sɛkrɛtár] |
| secrétaire (f) | sekretare (f) | [sɛkrɛtárɛ] |

| | | |
|---|---|---|
| directeur (m) | drejtor (m) | [drɛjtór] |
| manager (m) | menaxher (m) | [mɛnadʒér] |
| comptable (m) | kontabilist (m) | [kontabilíst] |
| collaborateur (m) | punonjës (m) | [punóɲəs] |

| | | |
|---|---|---|
| meubles (m pl) | orendi (f) | [orɛndí] |
| bureau (m) | tavolinë pune (f) | [tavolínə púnɛ] |
| fauteuil (m) | karrige pune (f) | [karígɛ púnɛ] |
| classeur (m) à tiroirs | njësi sirtarësh (f) | [ɲəsí sirtárəʃ] |
| portemanteau (m) | varëse xhaketash (f) | [várəsɛ dʒakétaʃ] |

| | | |
|---|---|---|
| ordinateur (m) | kompjuter (m) | [kompjutér] |
| imprimante (f) | printer (m) | [printér] |
| fax (m) | aparat faksi (m) | [aparát fáksi] |
| copieuse (f) | fotokopje (f) | [fotokópjɛ] |

| | | |
|---|---|---|
| papier (m) | letër (f) | [létər] |
| papeterie (f) | pajisje zyre (f) | [pajísjɛ zýrɛ] |
| tapis (m) de souris | shtroje e mausit (f) | [ʃtrójɛ ɛ máusit] |
| feuille (f) | fletë (f) | [flétə] |
| classeur (m) | dosje (f) | [dósjɛ] |

| | | |
|---|---|---|
| catalogue (m) | katalog (m) | [katalóg] |
| annuaire (m) | numerator telefonik (m) | [numɛratór tɛlɛfoník] |
| documents (m pl) | dokumentacion (m) | [dokumɛntatsión] |
| brochure (f) | broshurë (f) | [broʃúrə] |
| prospectus (m) | fletëpalosje (f) | [flɛtəpalósjɛ] |
| échantillon (m) | mostër (f) | [móstər] |

| | | |
|---|---|---|
| formation (f) | takim trajnimi (m) | [takím trajními] |
| réunion (f) | takim (m) | [takím] |
| pause (f) déjeuner | pushim dreke (m) | [puʃím drékɛ] |

| | | |
|---|---|---|
| faire une copie | bëj fotokopje | [bəj fotokópjɛ] |
| faire des copies | shumëfishoj | [ʃuməfiʃój] |
| recevoir un fax | marr faks | [mar fáks] |
| envoyer un fax | dërgoj faks | [dərgój fáks] |

| téléphoner, appeler | telefonoj | [tɛlɛfonój] |
| répondre (vi, vt) | përgjigjem | [pərɟíɟɛm] |
| passer (au téléphone) | kaloj linjën | [kalój líɲən] |

| fixer (rendez-vous) | lë takim | [lə takím] |
| montrer (un échantillon) | tregoj | [trɛgój] |
| être absent | mungoj | [muŋój] |
| absence (f) | mungesë (f) | [muŋésə] |

## 104. Les processus d'affaires. Partie 1

| affaire (f) (business) | biznes (m) | [biznés] |
| métier (m) | profesion (m) | [profɛsión] |

| firme (f), société (f) | firmë (f) | [fírmə] |
| compagnie (f) | kompani (f) | [kompaní] |
| corporation (f) | korporatë (f) | [korporátə] |
| entreprise (f) | ndërmarrje (f) | [ndərmárjɛ] |
| agence (f) | agjenci (f) | [aɟɛntsí] |

| accord (m) | marrëveshje (f) | [marəvéʃɛ] |
| contrat (m) | kontratë (f) | [kontrátə] |
| marché (m) (accord) | marrëveshje (f) | [marəvéʃɛ] |
| commande (f) | porosi (f) | [porosí] |
| terme (m) (~ du contrat) | kushte (f) | [kúʃtɛ] |

| en gros (adv) | me shumicë | [mɛ ʃumítsə] |
| en gros (adj) | me shumicë | [mɛ ʃumítsə] |
| vente (f) en gros | me shumicë (f) | [mɛ ʃumítsə] |
| au détail (adj) | me pakicë | [mɛ pakítsə] |
| vente (f) au détail | me pakicë (f) | [mɛ pakítsə] |

| concurrent (m) | konkurrent (m) | [konkurrént] |
| concurrence (f) | konkurrencë (f) | [konkurréntsə] |
| concurrencer (vt) | konkurroj | [konkurrój] |

| associé (m) | ortak (m) | [orták] |
| partenariat (m) | partneritet (m) | [partnɛritét] |

| crise (f) | krizë (f) | [krízə] |
| faillite (f) | falimentim (m) | [falimɛntím] |
| faire faillite | falimentoj | [falimɛntój] |
| difficulté (f) | vështirësi (f) | [vəʃtirəsí] |
| problème (m) | problem (m) | [problém] |
| catastrophe (f) | katastrofë (f) | [katastrófə] |

| économie (f) | ekonomi (f) | [ɛkonomí] |
| économique (adj) | ekonomik | [ɛkonomík] |
| baisse (f) économique | recesion ekonomik (m) | [rɛtsɛsión ɛkonomík] |

| but (m) | qëllim (m) | [cəlím] |
| objectif (m) | detyrë (f) | [dɛtýrə] |
| faire du commerce | tregtoj | [trɛgtój] |
| réseau (m) (de distribution) | rrjet (m) | [rjét] |

| inventaire (m) (stocks) | inventar (m) | [invɛntár] |
| assortiment (m) | gamë (f) | [gámə] |

| leader (m) | lider (m) | [lidér] |
| grande (~ entreprise) | e madhe | [ɛ máðɛ] |
| monopole (m) | monopol (m) | [monopól] |

| théorie (f) | teori (f) | [tɛorí] |
| pratique (f) | praktikë (f) | [praktíkə] |
| expérience (f) | përvojë (f) | [pərvójə] |
| tendance (f) | trend (m) | [trɛnd] |
| développement (m) | zhvillim (m) | [ʒviɫím] |

## 105. Les processus d'affaires. Partie 2

| rentabilité (m) | fitim (m) | [fitím] |
| rentable (adj) | fitimprurës | [fitimprúrəs] |

| délégation (f) | delegacion (m) | [dɛlɛgatsión] |
| salaire (m) | pagë (f) | [págə] |
| corriger (une erreur) | korrigjoj | [koriɟój] |
| voyage (m) d'affaires | udhëtim pune (m) | [uðətím púnɛ] |
| commission (f) | komision (m) | [komisión] |

| contrôler (vt) | kontrolloj | [kontroɫój] |
| conférence (f) | konferencë (f) | [konfɛréntsə] |
| licence (f) | licencë (f) | [litséntsə] |
| fiable (partenaire ~) | i besueshëm | [i bɛsúɛʃəm] |

| initiative (f) | nismë (f) | [nísmə] |
| norme (f) | normë (f) | [nórmə] |
| circonstance (f) | rrethanë (f) | [rɛθánə] |
| fonction (f) | detyrë (f) | [dɛtýrə] |

| entreprise (f) | organizatë (f) | [organizátə] |
| organisation (f) | organizativ (m) | [organizatív] |
| organisé (adj) | i organizuar | [i organizúar] |
| annulation (f) | anulim (m) | [anulím] |
| annuler (vt) | anuloj | [anulój] |
| rapport (m) | raport (m) | [rapórt] |

| brevet (m) | patentë (f) | [paténtə] |
| breveter (vt) | patentoj | [patɛntój] |
| planifier (vt) | planifikoj | [planifikój] |

| prime (f) | bonus (m) | [bonús] |
| professionnel (adj) | profesional | [profɛsionál] |
| procédure (f) | procedurë (f) | [protsɛdúrə] |

| examiner (vt) | shqyrtoj | [ʃcyrtój] |
| calcul (m) | llogaritje (f) | [ɫogarítjɛ] |
| réputation (f) | reputacion (m) | [rɛputatsión] |
| risque (m) | rrezik (m) | [rɛzík] |
| diriger (~ une usine) | drejtoj | [drɛjtój] |

| renseignements (m pl) | informacion (m) | [informatsión] |
|---|---|---|
| propriété (f) | pronë (f) | [próne] |
| union (f) | bashkim (m) | [baʃkím] |

| assurance vie (f) | sigurim jete (m) | [sigurím jétɛ] |
|---|---|---|
| assurer (vt) | siguroj | [sigurój] |
| assurance (f) | sigurim (m) | [sigurím] |

| enchères (f pl) | ankand (m) | [ankánd] |
|---|---|---|
| notifier (informer) | njoftoj | [ɲoftój] |
| gestion (f) | menaxhim (m) | [mɛnadʒím] |
| service (m) | shërbim (m) | [ʃərbím] |

| forum (m) | forum (m) | [forúm] |
|---|---|---|
| fonctionner (vi) | funksionoj | [funksionój] |
| étape (f) | fazë (f) | [fázə] |
| juridique (services ~s) | ligjor | [liɟór] |
| juriste (m) | avokat (m) | [avokát] |

## 106. L'usine. La production

| usine (f) | uzinë (f) | [uzínə] |
|---|---|---|
| fabrique (f) | fabrikë (f) | [fabríkə] |
| atelier (m) | punëtori (f) | [punətorí] |
| site (m) de production | punishte (f) | [puníʃtɛ] |

| industrie (f) | industri (f) | [industrí] |
|---|---|---|
| industriel (adj) | industrial | [industriál] |
| industrie (f) lourde | industri e rëndë (f) | [industrí ɛ rəndə] |
| industrie (f) légère | industri e lehtë (f) | [industrí ɛ léhtə] |

| produit (m) | produkt (m) | [prodúkt] |
|---|---|---|
| produire (vt) | prodhoj | [proðój] |
| matières (f pl) premières | lëndë e parë (f) | [léndə ɛ párə] |

| chef (m) d'équipe | përgjegjës (m) | [pərɟéɟəs] |
|---|---|---|
| équipe (f) d'ouvriers | skuadër (f) | [skuádər] |
| ouvrier (m) | punëtor (m) | [punətór] |

| jour (m) ouvrable | ditë pune (f) | [dítə púnɛ] |
|---|---|---|
| pause (f) (repos) | pushim (m) | [puʃím] |
| réunion (f) | mbledhje (f) | [mbléðjɛ] |
| discuter (vt) | diskutoj | [diskutój] |

| plan (m) | plan (m) | [plan] |
|---|---|---|
| accomplir le plan | përmbush planin | [pərmbúʃ plánin] |
| norme (f) de production | normë prodhimi (f) | [nórmə proðími] |
| qualité (f) | cilësi (f) | [tsiləsí] |
| contrôle (m) | kontroll (m) | [kontrół] |
| contrôle (m) qualité | kontroll cilësie (m) | [kontrół tsiləsíɛ] |

| sécurité (f) de travail | siguri në punë (f) | [sigurí nə púnə] |
|---|---|---|
| discipline (f) | disiplinë (f) | [disiplínə] |
| infraction (f) | thyerje rregullash (f) | [θýɛrjɛ rreguɬaʃ] |

| violer (les règles) | thyej rregullat | [θýɛj régułat] |
| grève (f) | grevë (f) | [grévə] |
| gréviste (m) | grevist (m) | [grɛvíst] |
| faire grève | jam në grevë | [jam nə grévə] |
| syndicat (m) | sindikatë punëtorësh (f) | [sindikátə punətórəʃ] |

| inventer (machine, etc.) | shpik | [ʃpik] |
| invention (f) | shpikje (f) | [ʃpíkjɛ] |
| recherche (f) | kërkim (m) | [kərkím] |
| améliorer (vt) | përmirësoj | [pərmirəsój] |
| technologie (f) | teknologji (f) | [tɛknoloɟí] |
| dessin (m) technique | vizatim teknik (m) | [vizatím tɛkník] |

| charge (f) (~ de 3 tonnes) | ngarkesë (f) | [ŋarkésə] |
| chargeur (m) | ngarkues (m) | [ŋarkúɛs] |
| charger (véhicule, etc.) | ngarkoj | [ŋarkój] |
| chargement (m) | ngarkimi | [ŋarkími] |
| décharger (vt) | shkarkoj | [ʃkarkój] |
| déchargement (m) | shkarkim (m) | [ʃkarkím] |

| transport (m) | transport (m) | [transpórt] |
| compagnie (f) de transport | agjenci transporti (f) | [aɟɛntsí transpórti] |
| transporter (vt) | transportoj | [transportój] |

| wagon (m) de marchandise | vagon mallrash (m) | [vagón máłraʃ] |
| citerne (f) | cisternë (f) | [tsistérnə] |
| camion (m) | kamion (m) | [kamión] |

| machine-outil (f) | makineri veglash (f) | [makinɛrí vɛgláʃ] |
| mécanisme (m) | mekanizëm (m) | [mɛkanízəm] |

| déchets (m pl) | mbetje industriale (f) | [mbétjɛ industriálɛ] |
| emballage (m) | paketim (m) | [pakɛtím] |
| emballer (vt) | paketoj | [pakɛtój] |

## 107. Le contrat. L'accord

| contrat (m) | kontratë (f) | [kontrátə] |
| accord (m) | marrëveshje (f) | [marəvéʃjɛ] |
| annexe (f) | shtojcë (f) | [ʃtójtsə] |

| signer un contrat | nënshkruaj një kontratë | [nənʃkrúaj ɲə kontrátə] |
| signature (f) | nënshkrim (m) | [nənʃkrím] |
| signer (vt) | nënshkruaj | [nənʃkrúaj] |
| cachet (m) | vulë (f) | [vúlə] |

| objet (m) du contrat | objekt i kontratës (m) | [objékt i kontrátəs] |
| clause (f) | kusht (m) | [kuʃt] |
| côtés (m pl) | palët (m) | [pálət] |
| adresse (f) légale | adresa zyrtare (f) | [adrésa zyrtárɛ] |

| violer l'accord | mosrespektim kontrate | [mosrɛspɛktím kontrátɛ] |
| obligation (f) | detyrim (m) | [dɛtyrím] |
| responsabilité (f) | përgjegjësi (f) | [pərɟɛɟəsí] |

| force (f) majeure | forcë madhore (f) | [fórtsə maðórɛ] |
| litige (m) | mosmarrëveshje (f) | [mosmarəvéʃjɛ] |
| pénalités (f pl) | ndëshkime (pl) | [ndəʃkímɛ] |

## 108. L'importation. L'exportation

| importation (f) | import (m) | [impórt] |
| importateur (m) | importues (m) | [importúɛs] |
| importer (vt) | importoj | [importój] |
| d'importation | i importuar | [i importúar] |

| exportation (f) | eksport (m) | [ɛksport] |
| exportateur (m) | eksportues (m) | [ɛksportúɛs] |
| exporter (vt) | eksportoj | [ɛksportój] |
| d'exportation (adj) | i eksportuar | [i ɛksportúar] |

| marchandise (f) | mallra (pl) | [máɬra] |
| lot (m) de marchandises | ngarkesë (f) | [ŋarkésə] |

| poids (m) | peshë (f) | [péʃə] |
| volume (m) | vëllim (m) | [vəɬím] |
| mètre (m) cube | metër kub (m) | [métər kúb] |

| producteur (m) | prodhues (m) | [proðúɛs] |
| compagnie (f) de transport | agjenci transporti (f) | [aɟɛntsí transpórti] |
| container (m) | kontejner (m) | [kontɛjnér] |

| frontière (f) | kufi (m) | [kufí] |
| douane (f) | doganë (f) | [dogánə] |
| droit (m) de douane | taksë doganore (f) | [táksə doganórɛ] |
| douanier (m) | doganier (m) | [doganiér] |
| contrebande (f) (trafic) | trafikim (m) | [trafikím] |
| contrebande (f) | kontrabandë (f) | [kontrabándə] |

## 109. La finance

| action (f) | stok (m) | [stok] |
| obligation (f) | certifikatë valutore (f) | [tsɛrtifikátə valutórɛ] |
| lettre (f) de change | letër me vlerë (f) | [létər mɛ vlérə] |

| bourse (f) | bursë (f) | [búrsə] |
| cours (m) d'actions | çmimi i stokut (m) | [tʃmími i stókut] |

| baisser (vi) | ulet | [úlɛt] |
| augmenter (vi) (prix) | rritet | [rítɛt] |

| part (f) | kuotë (f) | [kuótə] |
| participation (f) de contrôle | përqindje kontrolluese (f) | [pərcíndjɛ kontroɬúɛsɛ] |

| investissements (m pl) | investim (m) | [invɛstím] |
| investir (vt) | investoj | [invɛstój] |
| pour-cent (m) | përqindje (f) | [pərcíndjɛ] |

| intérêts (m pl) | interes (m) | [intɛrés] |
| profit (m) | fitim (m) | [fitím] |
| profitable (adj) | fitimprurës | [fitimprúrəs] |
| impôt (m) | taksë (f) | [táksə] |

| devise (f) | valutë (f) | [valútə] |
| national (adj) | kombëtare | [kombətárɛ] |
| échange (m) | këmbim valute (m) | [kəmbím valútɛ] |

| comptable (m) | kontabilist (m) | [kontabilíst] |
| comptabilité (f) | kontabilitet (m) | [kontabilitét] |

| faillite (f) | falimentim (m) | [falimɛntím] |
| krach (m) | kolaps (m) | [koláps] |
| ruine (f) | rrënim (m) | [rəním] |
| se ruiner (vp) | rrënohem | [rənóhɛm] |
| inflation (f) | inflacion (m) | [inflatsión] |
| dévaluation (f) | zhvlerësim (m) | [ʒvlɛrəsím] |

| capital (m) | kapital (m) | [kapitál] |
| revenu (m) | të ardhura (f) | [tə árðura] |
| chiffre (m) d'affaires | qarkullim (m) | [carkutím] |
| ressources (f pl) | burime (f) | [burímɛ] |
| moyens (m pl) financiers | burime monetare (f) | [burímɛ monɛtárɛ] |

| frais (m pl) généraux | shpenzime bazë (f) | [ʃpɛnzímɛ bázə] |
| réduire (vt) | zvogëloj | [zvogəlój] |

## 110. La commercialisation. Le marketing

| marketing (m) | marketing (m) | [markɛtíŋ] |
| marché (m) | treg (m) | [trɛg] |
| segment (m) du marché | segment tregu (m) | [sɛgmént trégu] |
| produit (m) | produkt (m) | [prodúkt] |
| marchandise (f) | mallra (pl) | [máɫra] |

| marque (f) de fabrique | markë (f) | [márkə] |
| marque (f) déposée | markë tregtare (f) | [márkə trɛgtárɛ] |
| logotype (m) | logo (f) | [lógo] |
| logo (m) | logo (f) | [lógo] |

| demande (f) | kërkesë (f) | [kərkésə] |
| offre (f) | furnizim (m) | [furnizím] |
| besoin (m) | nevojë (f) | [nɛvójə] |
| consommateur (m) | konsumator (m) | [konsumatór] |

| analyse (f) | analizë (f) | [analízə] |
| analyser (vt) | analizoj | [analizój] |
| positionnement (m) | vendosje (f) | [vɛndósjɛ] |
| positionner (vt) | vendos | [vɛndós] |

| prix (m) | çmim (m) | [tʃmím] |
| politique (f) des prix | politikë e çmimeve (f) | [politíkə ɛ tʃmímɛvɛ] |
| formation (f) des prix | formim i çmimit (m) | [formím i tʃmímit] |

## 111. La publicité

| | | |
|---|---|---|
| publicité (f), pub (f) | reklamë (f) | [rɛklámə] |
| faire de la publicité | reklamoj | [rɛklamój] |
| budget (m) | buxhet (m) | [budʒét] |
| | | |
| annonce (f), pub (f) | reklamë (f) | [rɛklámə] |
| publicité (f) à la télévision | reklamë televizive (f) | [rɛklámə tɛlɛvizívɛ] |
| publicité (f) à la radio | reklamë në radio (f) | [rɛklámə nə rádio] |
| publicité (f) extérieure | reklamë ambientale (f) | [rɛklámə ambiɛntálɛ] |
| | | |
| mass média (m pl) | masmedia (f) | [masmédia] |
| périodique (m) | botim periodik (m) | [botím pɛriodík] |
| image (f) | imazh (m) | [imáʒ] |
| | | |
| slogan (m) | slogan (m) | [slogán] |
| devise (f) | moto (f) | [móto] |
| | | |
| campagne (f) | fushatë (f) | [fuʃátə] |
| campagne (f) publicitaire | fushatë reklamuese (f) | [fuʃátə rɛklamúɛsɛ] |
| public (m) cible | grup i synuar (m) | [grup i synúar] |
| | | |
| carte (f) de visite | kartëvizitë (f) | [kartəvizítə] |
| prospectus (m) | fletëpalosje (f) | [flɛtəpalósjɛ] |
| brochure (f) | broshurë (f) | [broʃúrə] |
| dépliant (m) | pamflet (m) | [pamflét] |
| bulletin (m) | buletin (m) | [bulɛtín] |
| | | |
| enseigne (f) | tabelë (f) | [tabélə] |
| poster (m) | poster (m) | [postér] |
| panneau-réclame (m) | tabelë reklamash (f) | [tabélə rɛklámaʃ] |

## 112. Les opérations bancaires

| | | |
|---|---|---|
| banque (f) | bankë (f) | [bánkə] |
| agence (f) bancaire | degë (f) | [dégə] |
| | | |
| conseiller (m) | punonjës banke (m) | [punóɲəs bánkɛ] |
| gérant (m) | drejtor (m) | [drɛjtór] |
| | | |
| compte (m) | llogari bankare (f) | [ɬogarí bankárɛ] |
| numéro (m) du compte | numër llogarie (m) | [númər ɬogaríɛ] |
| compte (m) courant | llogari rrjedhëse (f) | [ɬogarí rjéðəsɛ] |
| compte (m) sur livret | llogari kursimesh (f) | [ɬogarí kursímɛʃ] |
| | | |
| ouvrir un compte | hap një llogari | [hap ɲə ɬogarí] |
| clôturer le compte | mbyll një llogari | [mbýɬ ɲə ɬogarí] |
| verser dans le compte | depozitoj në llogari | [dɛpozitój nə ɬogarí] |
| retirer du compte | tërheq | [tərhéc] |
| | | |
| dépôt (m) | depozitë (f) | [dɛpozítə] |
| faire un dépôt | kryej një depozitim | [krýɛj ɲə dɛpozitím] |
| virement (m) bancaire | transfer bankar (m) | [transfér bankár] |

| faire un transfert | transferoj para | [transfɛrój pará] |
|---|---|---|
| somme (f) | shumë (f) | [ʃúmə] |
| Combien? | Sa? | [sa?] |

| signature (f) | nënshkrim (m) | [nənʃkrím] |
|---|---|---|
| signer (vt) | nënshkruaj | [nənʃkrúaj] |

| carte (f) de crédit | kartë krediti (f) | [kártə krɛdíti] |
|---|---|---|
| code (m) | kodi PIN (m) | [kódi pin] |
| numéro (m) de carte de crédit | numri i kartës së kreditit (m) | [númri i kártəs sə krɛdítit] |
| distributeur (m) | bankomat (m) | [bankomát] |

| chèque (m) | çek (m) | [tʃɛk] |
|---|---|---|
| faire un chèque | lëshoj një çek | [ləʃój ɲə tʃék] |
| chéquier (m) | bllok çeqesh (m) | [błók tʃécɛʃ] |

| crédit (m) | kredi (f) | [krɛdí] |
|---|---|---|
| demander un crédit | aplikoj për kredi | [aplikój pər krɛdí] |
| prendre un crédit | marr kredi | [mar krɛdí] |
| accorder un crédit | jap kredi | [jap krɛdí] |
| gage (m) | garanci (f) | [garantsí] |

## 113. Le téléphone. La conversation téléphonique

| téléphone (m) | telefon (m) | [tɛlɛfón] |
|---|---|---|
| portable (m) | celular (m) | [tsɛlulár] |
| répondeur (m) | sekretari telefonike (f) | [sɛkrɛtarí tɛlɛfoníkɛ] |

| téléphoner, appeler | telefonoj | [tɛlɛfonój] |
|---|---|---|
| appel (m) | telefonatë (f) | [tɛlɛfonátə] |

| composer le numéro | i bie numrit | [i bíɛ númrit] |
|---|---|---|
| Allô! | Përshëndetje! | [pərʃəndétjɛ!] |
| demander (~ l'heure) | pyes | [pýɛs] |
| répondre (vi, vt) | përgjigjem | [pərɉíɟɛm] |
| entendre (bruit, etc.) | dëgjoj | [dəɟój] |
| bien (adv) | mirë | [mírə] |
| mal (adv) | jo mirë | [jo mírə] |
| bruits (m pl) | zhurmë (f) | [ʒúrmə] |

| récepteur (m) | marrës (m) | [márəs] |
|---|---|---|
| décrocher (vt) | ngre telefonin | [ŋré tɛlɛfónin] |
| raccrocher (vi) | mbyll telefonin | [mbýł tɛlɛfónin] |

| occupé (adj) | i zënë | [i zə́nə] |
|---|---|---|
| sonner (vi) | bie zilja | [bíɛ zílja] |
| carnet (m) de téléphone | numerator telefonik (m) | [numɛratór tɛlɛfoník] |

| local (adj) | lokale | [lokálɛ] |
|---|---|---|
| appel (m) local | thirrje lokale (f) | [θírjɛ lokálɛ] |
| interurbain (adj) | distancë e largët | [distántsə ɛ lárgət] |
| appel (m) interurbain | thirrje në distancë (f) | [θírjɛ nə distántsə] |
| international (adj) | ndërkombëtar | [ndərkombətár] |
| appel (m) international | thirrje ndërkombëtare (f) | [θírjɛ ndərkombətárɛ] |

## 114. Le téléphone portable

| | | |
|---|---|---|
| portable (m) | celular (m) | [tsɛlulár] |
| écran (m) | ekran (m) | [ɛkrán] |
| bouton (m) | buton (m) | [butón] |
| carte SIM (f) | karta SIM (m) | [kárta sim] |
| | | |
| pile (f) | bateri (f) | [batɛrí] |
| être déchargé | e shkarkuar | [ɛ ʃkarkúar] |
| chargeur (m) | karikues (m) | [karikúɛs] |
| | | |
| menu (m) | menu (f) | [mɛnú] |
| réglages (m pl) | parametra (f) | [paramétra] |
| mélodie (f) | melodi (f) | [mɛlodí] |
| sélectionner (vt) | përzgjedh | [pərzɟéð] |
| | | |
| calculatrice (f) | makinë llogaritëse (f) | [makínə ɫogarítəsɛ] |
| répondeur (m) | postë zanore (f) | [póstə zanórɛ] |
| réveil (m) | alarm (m) | [alárm] |
| contacts (m pl) | kontakte (pl) | [kontáktɛ] |
| | | |
| SMS (m) | SMS (m) | [ɛsɛmɛs] |
| abonné (m) | abonent (m) | [abonént] |

## 115. La papeterie

| | | |
|---|---|---|
| stylo (m) à bille | stilolaps (m) | [stiloláps] |
| stylo (m) à plume | stilograf (m) | [stilográf] |
| | | |
| crayon (m) | laps (m) | [láps] |
| marqueur (m) | shënjues (m) | [ʃəɲúɛs] |
| feutre (m) | tushë me bojë (f) | [túʃə mɛ bójə] |
| | | |
| bloc-notes (m) | bllok shënimesh (m) | [bɫók ʃənímɛʃ] |
| agenda (m) | agjendë (f) | [aɟéndə] |
| | | |
| règle (f) | vizore (f) | [vizórɛ] |
| calculatrice (f) | makinë llogaritëse (f) | [makínə ɫogarítəsɛ] |
| gomme (f) | gomë (f) | [gómə] |
| punaise (f) | pineskë (f) | [pinéskə] |
| trombone (m) | kapëse fletësh (f) | [kápəsɛ flétəʃ] |
| | | |
| colle (f) | ngjitës (m) | [ɲɟítəs] |
| agrafeuse (f) | ngjitës metalik (m) | [ɲɟítəs mɛtalík] |
| perforateur (m) | hapës vrimash (m) | [hápəs vrímaʃ] |
| taille-crayon (m) | mprehëse lapsash (m) | [mpréhəsɛ lápsaʃ] |

## 116. Les différents types de documents

| | | |
|---|---|---|
| rapport (m) | raport (m) | [rapórt] |
| accord (m) | marrëveshje (f) | [marəvéʃɛ] |

| | | |
|---|---|---|
| formulaire (m) d'inscription | aplikacion (m) | [aplikatsión] |
| authentique (adj) | autentike | [autɛntíkɛ] |
| badge (m) | kartë identifikimi (f) | [kártə idɛntifikími] |
| carte (f) de visite | kartëvizitë (f) | [kartəvizítə] |

| | | |
|---|---|---|
| certificat (m) | certifikatë (f) | [tsɛrtifikátə] |
| chèque (m) de banque | çek (m) | [tʃɛk] |
| addition (f) (restaurant) | llogari (f) | [ɫogarí] |
| constitution (f) | kushtetutë (f) | [kuʃtɛtútə] |

| | | |
|---|---|---|
| contrat (m) | kontratë (f) | [kontrátə] |
| copie (f) | kopje (f) | [kópjɛ] |
| exemplaire (m) | kopje (f) | [kópjɛ] |

| | | |
|---|---|---|
| déclaration (f) de douane | deklarim doganor (m) | [dɛklarím doganór] |
| document (m) | dokument (m) | [dokumént] |
| permis (m) de conduire | patentë shoferi (f) | [paténtə ʃoféri] |
| annexe (f) | shtojcë (f) | [ʃtójtsə] |
| questionnaire (m) | formular (m) | [formulár] |

| | | |
|---|---|---|
| carte (f) d'identité | letërnjoftim (m) | [lɛtərɲoftím] |
| demande (f) de renseignements | kërkesë (f) | [kərkésə] |
| lettre (f) d'invitation | ftesë (f) | [ftésə] |
| facture (f) | faturë (f) | [fatúrə] |

| | | |
|---|---|---|
| loi (f) | ligj (m) | [liɟ] |
| lettre (f) | letër (f) | [létər] |
| papier (m) à en-tête | kryeradhë (f) | [kryɛráðə] |
| liste (f) (~ des noms) | listë (f) | [lístə] |
| manuscrit (m) | dorëshkrim (m) | [dorəʃkrím] |
| bulletin (m) | buletin (m) | [bulɛtín] |
| mot (m) (message) | shënim (m) | [ʃəním] |

| | | |
|---|---|---|
| laissez-passer (m) | lejekalim (m) | [lɛjɛkalím] |
| passeport (m) | pasaportë (f) | [pasapórtə] |
| permis (m) | leje (f) | [léjɛ] |
| C.V. (m) | resume (f) | [rɛsumé] |
| reconnaissance (f) de dette | shënim borxhi (m) | [ʃəním bórdʒi] |
| reçu (m) | faturë (f) | [fatúrə] |
| ticket (m) de caisse | faturë shitjesh (f) | [fatúrə ʃítjɛʃ] |
| rapport (m) | raport (m) | [rapórt] |

| | | |
|---|---|---|
| présenter (pièce d'identité) | tregoj | [trɛgój] |
| signer (vt) | nënshkruaj | [nənʃkrúaj] |
| signature (f) | nënshkrim (m) | [nənʃkrím] |
| cachet (m) | vulë (f) | [vúlə] |

| | | |
|---|---|---|
| texte (m) | tekst (m) | [tɛkst] |
| ticket (m) | biletë (f) | [bilétə] |

| | | |
|---|---|---|
| rayer (vt) | fshij | [fʃíj] |
| remplir (vt) | plotësoj | [plotəsój] |

| | | |
|---|---|---|
| bordereau (m) de transport | faturë dërgese (f) | [fatúrə dərgésɛ] |
| testament (m) | testament (m) | [tɛstamént] |

## 117. Les types d'activités économiques

| | | |
|---|---|---|
| agence (f) de recrutement | agjenci punësimi (f) | [aɟɛntsí punəsími] |
| agence (f) de sécurité | kompani sigurimi (f) | [kompaní sigurími] |
| agence (f) d'information | agjenci lajmesh (f) | [aɟɛntsí lájmɛʃ] |
| agence (f) publicitaire | agjenci reklamash (f) | [aɟɛntsí rɛklámaʃ] |

| | | |
|---|---|---|
| antiquités (f pl) | antikitete (pl) | [antikitétɛ] |
| assurance (f) | sigurim (m) | [sigurím] |
| atelier (m) de couture | rrobaqepësi (f) | [robacɛpəsí] |

| | | |
|---|---|---|
| banques (f pl) | industri bankare (f) | [industrí bankárɛ] |
| bar (m) | lokal (m) | [lokál] |
| bâtiment (m) | ndërtim (m) | [ndərtím] |
| bijouterie (f) | bizhuteri (f) | [biʒutɛrí] |
| bijoutier (m) | argjendar (m) | [arɟɛndár] |

| | | |
|---|---|---|
| blanchisserie (f) | lavanteri (f) | [lavantɛrí] |
| boissons (f pl) alcoolisées | pije alkoolike (pl) | [píjɛ alkoólikɛ] |
| boîte (f) de nuit | klub nate (m) | [klúb nátɛ] |
| bourse (f) | bursë (f) | [búrsə] |
| brasserie (f) (fabrique) | birrari (f) | [birarí] |
| maison (f) funéraire | agjenci funeralesh (f) | [aɟɛntsí funɛrálɛʃ] |

| | | |
|---|---|---|
| casino (m) | kazino (f) | [kazíno] |
| centre (m) d'affaires | qendër biznesi (f) | [céndər biznési] |
| cinéma (m) | kinema (f) | [kinɛmá] |
| climatisation (m) | kondicioner (m) | [konditsionér] |

| | | |
|---|---|---|
| commerce (m) | tregti (f) | [trɛgtí] |
| compagnie (f) aérienne | kompani ajrore (f) | [kompaní ajrórɛ] |
| conseil (m) | konsulencë (f) | [konsuléntsə] |
| coursiers (m pl) | shërbime postare (f) | [ʃərbímɛ postárɛ] |

| | | |
|---|---|---|
| dentistes (pl) | klinikë dentare (f) | [kliníkə dɛntárɛ] |
| design (m) | dizajn (m) | [dizájn] |
| école (f) de commerce | shkollë biznesi (f) | [ʃkółə biznési] |
| entrepôt (m) | magazinë (f) | [magazínə] |
| galerie (f) d'art | galeri e artit (f) | [galɛrí ɛ ártit] |
| glace (f) | akullore (f) | [akułórɛ] |
| hôtel (m) | hotel (m) | [hotél] |

| | | |
|---|---|---|
| immobilier (m) | patundshmëri (f) | [patundʃmərí] |
| imprimerie (f) | shtyp (m) | [ʃtyp] |
| industrie (f) | industri (f) | [industrí] |
| Internet (m) | internet (m) | [intɛrnét] |
| investissements (m pl) | investim (m) | [invɛstím] |

| | | |
|---|---|---|
| journal (m) | gazetë (f) | [gazétə] |
| librairie (f) | librari (f) | [librarí] |
| industrie (f) légère | industri e lehtë (f) | [industrí ɛ léhtə] |

| | | |
|---|---|---|
| magasin (m) | dyqan (m) | [dycán] |
| maison (f) d'édition | shtëpi botuese (f) | [ʃtəpí botúɛsɛ] |
| médecine (f) | mjekësi (f) | [mjɛkəsí] |

| | | |
|---|---|---|
| meubles (m pl) | orendi (f) | [orɛndí] |
| musée (m) | muze (m) | [muzé] |
| | | |
| pétrole (m) | naftë (f) | [náftə] |
| pharmacie (f) | farmaci (f) | [farmatsí] |
| industrie (f) pharmaceutique | industria farmaceutike (f) | [industría farmatsɛutíkɛ] |
| piscine (f) | pishinë (f) | [piʃínə] |
| pressing (m) | pastrim kimik (m) | [pastrím kimík] |
| produits (m pl) alimentaires | mallra ushqimore (f) | [máɫra uʃcimórɛ] |
| publicité (f), pub (f) | reklamë (f) | [rɛklámə] |
| | | |
| radio (f) | radio (f) | [rádio] |
| récupération (f) des déchets | mbledhja e mbeturinave (f) | [mbléðja ɛ mbɛturínavɛ] |
| restaurant (m) | restorant (m) | [rɛstoránt] |
| revue (f) | revistë (f) | [rɛvístə] |
| | | |
| salon (m) de beauté | sallon bukurie (m) | [saɫón bukuríɛ] |
| service (m) financier | shërbime financiare (pl) | [ʃərbímɛ finantsiárɛ] |
| service (m) juridique | këshilltar ligjor (m) | [kəʃiɫtár liɟór] |
| services (m pl) comptables | kontabilitet (m) | [kontabilitét] |
| services (m pl) d'audition | shërbime auditimi (pl) | [ʃərbímɛ auditími] |
| sport (m) | sport (m) | [sport] |
| supermarché (m) | supermarket (m) | [supɛrmarkét] |
| | | |
| télévision (f) | televizor (m) | [tɛlɛvizór] |
| théâtre (m) | teatër (m) | [tɛátər] |
| tourisme (m) | udhëtim (m) | [uðətím] |
| sociétés de transport | transport (m) | [transpórt] |
| | | |
| vente (f) par catalogue | shitje me katalog (f) | [ʃítjɛ mɛ katalóg] |
| vêtement (m) | rroba (f) | [róba] |
| vétérinaire (m) | veteriner (m) | [vɛtɛrinér] |

# Le travail. Les affaires. Partie 2

## 118. Les foires et les salons

| | | |
|---|---|---|
| salon (m) | ekspozitë (f) | [εkspozítə] |
| salon (m) commercial | panair (m) | [panaír] |
| | | |
| participation (f) | pjesëmarrje (f) | [pjεsəmárjε] |
| participer à ... | marr pjesë | [mar pjésə] |
| participant (m) | pjesëmarrës (m) | [pjεsəmárəs] |
| | | |
| directeur (m) | drejtor (m) | [drεjtór] |
| direction (f) | zyra drejtuese (f) | [zýra drεjtúεsε] |
| organisateur (m) | organizator (m) | [organizatór] |
| organiser (vt) | organizoj | [organizój] |
| | | |
| demande (f) de participation | kërkesë për pjesëmarrje (f) | [kərkésə pər pjεsəmárjε] |
| remplir (vt) | plotësoj | [plotəsój] |
| détails (m pl) | hollësi (pl) | [hołəsí] |
| information (f) | informacion (m) | [informatsión] |
| | | |
| prix (m) | çmim (m) | [tʃmím] |
| y compris | përfshirë | [pərffírə] |
| inclure (~ les taxes) | përfshij | [pərfʃíj] |
| payer (régler) | paguaj | [pagúaj] |
| droits (m pl) d'inscription | taksa e regjistrimit (f) | [táksa ε rεɟistrímit] |
| | | |
| entrée (f) | hyrje (f) | [hýrjε] |
| pavillon (m) | pavijon (m) | [pavijón] |
| enregistrer (vt) | regjistroj | [rεɟistrój] |
| badge (m) | kartë identifikimi (f) | [kártə idεntifikími] |
| | | |
| stand (m) | kioskë (f) | [kióskə] |
| réserver (vt) | rezervoj | [rεzεrvój] |
| | | |
| vitrine (f) | vitrinë (f) | [vitrínə] |
| lampe (f) | dritë (f) | [drítə] |
| design (m) | dizajn (m) | [dizájn] |
| mettre (placer) | vendos | [vεndós] |
| être placé | vendosur | [vεndósur] |
| | | |
| distributeur (m) | distributor (m) | [distributór] |
| fournisseur (m) | furnitor (m) | [furnitór] |
| fournir (vt) | furnizoj | [furnizój] |
| | | |
| pays (m) | shtet (m) | [ʃtεt] |
| étranger (adj) | huaj | [húaj] |
| produit (m) | produkt (m) | [prodúkt] |
| association (f) | shoqatë (f) | [ʃoqátə] |
| salle (f) de conférences | sallë konference (f) | [sáłə konfεréntsε] |

| congrès (m) | kongres (m) | [koŋrés] |
| concours (m) | konkurs (m) | [konkúrs] |

| visiteur (m) | vizitor (m) | [vizitór] |
| visiter (vt) | vizitoj | [vizitój] |
| client (m) | klient (m) | [kliént] |

## 119. Les mêdias de masse

| journal (m) | gazetë (f) | [gazétə] |
| revue (f) | revistë (f) | [rɛvístə] |
| presse (f) | shtyp (m) | [ʃtyp] |
| radio (f) | radio (f) | [rádio] |
| station (f) de radio | radio stacion (m) | [rádio statsión] |
| télévision (f) | televizor (m) | [tɛlɛvizór] |

| animateur (m) | prezantues (m) | [prɛzantúɛs] |
| présentateur (m) de journaux télévisés | prezantues lajmesh (m) | [prɛzantúɛs lájmɛʃ] |
| commentateur (m) | komentues (m) | [komɛntúɛs] |

| journaliste (m) | gazetar (m) | [gazɛtár] |
| correspondant (m) | reporter (m) | [rɛportér] |
| reporter photographe (m) | fotograf gazetar (m) | [fotográf gazɛtár] |
| reporter (m) | reporter (m) | [rɛportér] |

| rédacteur (m) | redaktor (m) | [rɛdaktór] |
| rédacteur (m) en chef | kryeredaktor (m) | [kryɛrɛdaktór] |

| s'abonner (vp) | abonohem | [abonóhɛm] |
| abonnement (m) | abonim (m) | [aboním] |
| abonné (m) | abonent (m) | [abonént] |
| lire (vi, vt) | lexoj | [lɛdzój] |
| lecteur (m) | lexues (m) | [lɛdzúɛs] |

| tirage (m) | qarkullim (m) | [carkuɬím] |
| mensuel (adj) | mujore | [mujórɛ] |
| hebdomadaire (adj) | javor | [javór] |
| numéro (m) | edicion (m) | [ɛditsión] |
| nouveau (~ numéro) | i ri | [i rí] |

| titre (m) | kryeradhë (f) | [kryɛráðə] |
| entrefilet (m) | artikull i shkurtër (m) | [artíkuɬ i ʃkúrtər] |
| rubrique (f) | rubrikë (f) | [rubríkə] |
| article (m) | artikull (m) | [artíkuɬ] |
| page (f) | faqe (f) | [fácɛ] |

| reportage (m) | reportazh (m) | [rɛportáʒ] |
| événement (m) | ceremoni (f) | [tsɛrɛmoní] |
| sensation (f) | ndjesi (f) | [ndjɛsí] |
| scandale (m) | skandal (m) | [skandál] |
| scandaleux | skandaloz | [skandalóz] |
| grand (~ scandale) | i madh | [i máð] |
| émission (f) | emision (m) | [ɛmisión] |

| | | |
|---|---|---|
| interview (f) | intervistë (f) | [intɛrvístə] |
| émission (f) en direct | lidhje direkte (f) | [líðjɛ dirέktɛ] |
| chaîne (f) (~ payante) | kanal (m) | [kanál] |

## 120. L'agriculture

| | | |
|---|---|---|
| agriculture (f) | agrikulturë (f) | [agrikultúrə] |
| paysan (m) | fshatar (m) | [fʃatár] |
| paysanne (f) | fshatare (f) | [fʃatárɛ] |
| fermier (m) | fermer (m) | [fɛrmér] |
| | | |
| tracteur (m) | traktor (m) | [traktór] |
| moissonneuse-batteuse (f) | autokombajnë (f) | [autokombájnə] |
| | | |
| charrue (f) | plug (m) | [plug] |
| labourer (vt) | lëroj | [lərój] |
| champ (m) labouré | tokë bujqësore (f) | [tókə bujcəsórɛ] |
| sillon (m) | brazdë (f) | [brázdə] |
| | | |
| semer (vt) | mbjell | [mbjéł] |
| semeuse (f) | mbjellës (m) | [mbjéłəs] |
| semailles (f pl) | mbjellje (f) | [mbjéłjɛ] |
| | | |
| faux (f) | kosë (f) | [kósə] |
| faucher (vt) | kosit | [kosít] |
| | | |
| pelle (f) | lopatë (f) | [lopátə] |
| bêcher (vt) | lëroj | [lərój] |
| | | |
| couperet (m) | shat (m) | [ʃat] |
| sarcler (vt) | prashis | [praʃís] |
| mauvaise herbe (f) | bar i keq (m) | [bar i kɛc] |
| | | |
| arrosoir (m) | vaditës (m) | [vadítəs] |
| arroser (plantes) | ujis | [ujís] |
| arrosage (m) | vaditje (f) | [vadítjɛ] |
| | | |
| fourche (f) | sfurk (m) | [sfúrk] |
| râteau (m) | grabujë (f) | [grabújə] |
| | | |
| engrais (m) | pleh (m) | [plɛh] |
| engraisser (vt) | hedh pleh | [hɛð pléh] |
| fumier (m) | pleh kafshësh (m) | [plɛh káfʃəʃ] |
| | | |
| champ (m) | fushë (f) | [fúʃə] |
| pré (m) | lëndinë (f) | [ləndínə] |
| potager (m) | kopsht zarzavatesh (m) | [kópʃt zarzavátɛʃ] |
| jardin (m) | kopsht frutor (m) | [kópʃt frutór] |
| | | |
| faire paître | kullos | [kułós] |
| berger (m) | bari (m) | [barí] |
| pâturage (m) | kullota (f) | [kułóta] |
| élevage (m) | mbarështim bagëtish (m) | [mbarəʃtím bagətíʃ] |
| élevage (m) de moutons | rritje e deleve (f) | [rítjɛ ɛ délɛvɛ] |

| plantation (f) | plancacion (m) | [plantatsión] |
| plate-bande (f) | rresht (m) | [réʃt] |
| serre (f) | serë (f) | [sérə] |

| sécheresse (f) | thatësirë (f) | [θatəsírə] |
| sec (l'été ~) | e thatë | [ɛ θátə] |

| grains (m pl) | drithë (m) | [dríθə] |
| céréales (f pl) | drithëra (pl) | [dríθəra] |
| récolter (vt) | korr | [kor] |

| meunier (m) | mullixhi (m) | [muɫidʒí] |
| moulin (m) | mulli (m) | [muɫí] |
| moudre (vt) | bluaj | [blúaj] |
| farine (f) | miell (m) | [míɛɫ] |
| paille (f) | kashtë (f) | [káʃtə] |

## 121. Le BTP et la construction

| chantier (m) | kantier ndërtimi (m) | [kantiér ndərtími] |
| construire (vt) | ndërtoj | [ndərtój] |
| ouvrier (m) du bâtiment | punëtor ndërtimi (m) | [punətór ndərtími] |

| projet (m) | projekt (m) | [projékt] |
| architecte (m) | arkitekt (m) | [arkitékt] |
| ouvrier (m) | punëtor (m) | [punətór] |

| fondations (f pl) | themel (m) | [θɛmél] |
| toit (m) | çati (f) | [tʃatí] |
| pieu (m) de fondation | shtyllë themeli (f) | [ʃtýɫə θɛméli] |
| mur (m) | mur (m) | [mur] |

| ferraillage (m) | shufra përforcuese (pl) | [ʃúfra pərfortsúɛsɛ] |
| échafaudage (m) | skela (f) | [skéla] |

| béton (m) | beton (m) | [bɛtón] |
| granit (m) | granit (m) | [granít] |
| pierre (f) | gur (m) | [gur] |
| brique (f) | tullë (f) | [túɫə] |

| sable (m) | rërë (f) | [rérə] |
| ciment (m) | çimento (f) | [tʃiménto] |
| plâtre (m) | suva (f) | [súva] |
| plâtrer (vt) | suvatoj | [suvatój] |

| peinture (f) | bojë (f) | [bójə] |
| peindre (des murs) | lyej | [lýɛj] |
| tonneau (m) | fuçi (f) | [futʃí] |

| grue (f) | vinç (m) | [vintʃ] |
| monter (vt) | ngreh | [ŋréh] |
| abaisser (vt) | ul | [ul] |
| bulldozer (m) | buldozer (m) | [buldozér] |
| excavateur (m) | ekskavator (m) | [ɛkskavatór] |

| godet (m) | goja e ekskavatorit (f) | [gója ε εkskavatórit] |
| creuser (vt) | gërmoj | [gərmój] |
| casque (m) | helmetë (f) | [hεlmétə] |

## 122. La recherche scientifique et les chercheurs

| science (f) | shkencë (f) | [ʃkéntsə] |
| scientifique (adj) | shkencore | [ʃkεntsórε] |
| savant (m) | shkencëtar (m) | [ʃkεntsətár] |
| théorie (f) | teori (f) | [tεorí] |

| axiome (m) | aksiomë (f) | [aksiómə] |
| analyse (f) | analizë (f) | [analízə] |
| analyser (vt) | analizoj | [analizój] |
| argument (m) | argument (m) | [argumént] |
| substance (f) (matière) | substancë (f) | [substántsə] |

| hypothèse (f) | hipotezë (f) | [hipotézə] |
| dilemme (m) | dilemë (f) | [dilémə] |
| thèse (f) | disertacion (m) | [disεrtatsión] |
| dogme (m) | dogma (f) | [dógma] |

| doctrine (f) | doktrinë (f) | [doktrínə] |
| recherche (f) | kërkim (m) | [kərkím] |
| rechercher (vt) | kërkoj | [kərkój] |
| test (m) | analizë (f) | [analízə] |
| laboratoire (m) | laborator (m) | [laboratór] |

| méthode (f) | metodë (f) | [mεtódə] |
| molécule (f) | molekulë (f) | [molεkúlə] |
| monitoring (m) | monitorim (m) | [monitorím] |
| découverte (f) | zbulim (m) | [zbulím] |

| postulat (m) | postulat (m) | [postulát] |
| principe (m) | parim (m) | [parím] |
| prévision (f) | parashikim (m) | [paraʃikím] |
| prévoir (vt) | parashikoj | [paraʃikój] |

| synthèse (f) | sintezë (f) | [sintézə] |
| tendance (f) | trend (m) | [trεnd] |
| théorème (m) | teoremë (f) | [tεorémə] |

| enseignements (m pl) | mësim (m) | [məsím] |
| fait (m) | fakt (m) | [fakt] |

| expédition (f) | ekspeditë (f) | [εkspεdítə] |
| expérience (f) | eksperiment (m) | [εkspεrimént] |

| académicien (m) | akademik (m) | [akadεmík] |
| bachelier (m) | baçelor (m) | [bátʃεlor] |
| docteur (m) | doktor shkencash (m) | [doktór ʃkéntsaʃ] |
| chargé (m) de cours | Profesor i Asociuar (m) | [profεsór i asotsiúar] |
| magistère (m) | Master (m) | [mastér] |
| professeur (m) | profesor (m) | [profεsór] |

# Les professions. Les métiers

## 123. La recherche d'emploi. Le licenciement

| | | |
|---|---|---|
| travail (m) | punë (f) | [púnə] |
| employés (pl) | staf (m) | [staf] |
| personnel (m) | personel (m) | [pɛrsonél] |
| | | |
| carrière (f) | karrierë (f) | [kariérə] |
| perspective (f) | mundësi (f) | [mundəsí] |
| maîtrise (f) | aftësi (f) | [aftəsí] |
| | | |
| sélection (f) | përzgjedhje (f) | [pərzɟéðjɛ] |
| agence (f) de recrutement | agjenci punësimi (f) | [aɟɛntsí punəsími] |
| C.V. (m) | resume (f) | [rɛsumé] |
| entretien (m) | intervistë punësimi (f) | [intɛrvístə punəsími] |
| emploi (m) vacant | vend i lirë pune (m) | [vɛnd i lírə púnɛ] |
| | | |
| salaire (m) | rrogë (f) | [rógə] |
| salaire (m) fixe | rrogë fikse (f) | [rógə fíksɛ] |
| rémunération (f) | pagesë (f) | [pagésə] |
| | | |
| poste (m) (~ évolutif) | post (m) | [post] |
| fonction (f) | detyrë (f) | [dɛtýrə] |
| liste (f) des fonctions | lista e detyrave (f) | [lísta ɛ dɛtýravɛ] |
| occupé (adj) | i zënë | [i zénə] |
| | | |
| licencier (vt) | pushoj nga puna | [puʃój ŋa púna] |
| licenciement (m) | pushim nga puna (m) | [puʃím ŋa púna] |
| | | |
| chômage (m) | papunësi (m) | [papunəsí] |
| chômeur (m) | i papunë (m) | [i papúnə] |
| retraite (f) | pension (m) | [pɛnsión] |
| prendre sa retraite | dal në pension | [dál nə pɛnsión] |

## 124. Les hommes d'affaires

| | | |
|---|---|---|
| directeur (m) | drejtor (m) | [drɛjtór] |
| gérant (m) | drejtor (m) | [drɛjtór] |
| patron (m) | bos (m) | [bos] |
| | | |
| supérieur (m) | epror (m) | [ɛprór] |
| supérieurs (m pl) | eprorët (pl) | [ɛprórət] |
| président (m) | president (m) | [prɛsidént] |
| président (m) (d'entreprise) | kryetar (m) | [kryɛtár] |
| | | |
| adjoint (m) | zëvendës (m) | [zəvéndəs] |
| assistant (m) | ndihmës (m) | [ndíhməs] |

| secrétaire (m, f) | sekretar (m) | [sɛkrɛtár] |
| secrétaire (m, f) personnel | ndihmës personal (m) | [ndíhməs pɛrsonál] |

| homme (m) d'affaires | biznesmen (m) | [biznɛsmén] |
| entrepreneur (m) | sipërmarrës (m) | [sipərmárəs] |
| fondateur (m) | themelues (m) | [θɛmɛlúɛs] |
| fonder (vt) | themeloj | [θɛmɛlój] |

| fondateur (m) | bashkëthemelues (m) | [baʃkəθɛmɛlúɛs] |
| partenaire (m) | partner (m) | [partnér] |
| actionnaire (m) | aksioner (m) | [aksionér] |

| millionnaire (m) | milioner (m) | [milionér] |
| milliardaire (m) | bilioner (m) | [bilionér] |
| propriétaire (m) | pronar (m) | [pronár] |
| propriétaire (m) foncier | pronar tokash (m) | [pronár tókaʃ] |

| client (m) | klient (m) | [kliént] |
| client (m) régulier | klient i rregullt (m) | [kliént i régułt] |
| acheteur (m) | blerës (m) | [blérəs] |
| visiteur (m) | vizitor (m) | [vizitór] |

| professionnel (m) | profesionist (m) | [profɛsioníst] |
| expert (m) | ekspert (m) | [ɛkspért] |
| spécialiste (m) | specialist (m) | [spɛtsialíst] |

| banquier (m) | bankier (m) | [bankiér] |
| courtier (m) | komisioner (m) | [komisionér] |

| caissier (m) | arkëtar (m) | [arkətár] |
| comptable (m) | kontabilist (m) | [kontabilíst] |
| agent (m) de sécurité | roje sigurimi (m) | [róje sigurími] |

| investisseur (m) | investitor (m) | [invɛstitór] |
| débiteur (m) | debitor (m) | [dɛbitór] |
| créancier (m) | kreditor (m) | [krɛditór] |
| emprunteur (m) | huamarrës (m) | [huamárəs] |

| importateur (m) | importues (m) | [importúɛs] |
| exportateur (m) | eksportues (m) | [ɛksportúɛs] |

| producteur (m) | prodhues (m) | [proðúɛs] |
| distributeur (m) | distributor (m) | [distributór] |
| intermédiaire (m) | ndërmjetës (m) | [ndərmjétəs] |

| conseiller (m) | këshilltar (m) | [kəʃiłtár] |
| représentant (m) | përfaqësues i shitjeve (m) | [pərfacəsúɛs i ʃitjévɛ] |
| agent (m) | agjent (m) | [aɟént] |
| agent (m) d'assurances | agjent sigurimesh (m) | [aɟént sigurímɛʃ] |

## 125. Les métiers des services

| cuisinier (m) | kuzhinier (m) | [kuʒiniér] |
| cuisinier (m) en chef | shef kuzhine (m) | [ʃɛf kuʒínɛ] |

| boulanger (m) | furrtar (m) | [furtár] |
| barman (m) | banakier (m) | [banakiér] |
| serveur (m) | kamerier (m) | [kamɛriér] |
| serveuse (f) | kameriere (f) | [kamɛriérɛ] |

| avocat (m) | avokat (m) | [avokát] |
| juriste (m) | jurist (m) | [juríst] |
| notaire (m) | noter (m) | [notér] |

| électricien (m) | elektricist (m) | [ɛlɛktritsíst] |
| plombier (m) | hidraulik (m) | [hidraulík] |
| charpentier (m) | marangoz (m) | [maraŋóz] |

| masseur (m) | masazhist (m) | [masaʒíst] |
| masseuse (f) | masazhiste (f) | [masaʒístɛ] |
| médecin (m) | mjek (m) | [mjék] |

| chauffeur (m) de taxi | shofer taksie (m) | [ʃofér taksíɛ] |
| chauffeur (m) | shofer (m) | [ʃofér] |
| livreur (m) | postier (m) | [postiér] |

| femme (f) de chambre | pastruese (f) | [pastrúɛsɛ] |
| agent (m) de sécurité | roje sigurimi (m) | [rójɛ sigurími] |
| hôtesse (f) de l'air | stjuardesë (f) | [stjuardésə] |

| professeur (m) | mësues (m) | [məsúɛs] |
| bibliothécaire (m) | punonjës biblioteke (m) | [punóɲəs bibliotékɛ] |
| traducteur (m) | përkthyes (m) | [pərkθýɛs] |
| interprète (m) | përkthyes (m) | [pərkθýɛs] |
| guide (m) | udhërrëfyes (m) | [uðərəfýɛs] |

| coiffeur (m) | parukiere (f) | [parukiérɛ] |
| facteur (m) | postier (m) | [postiér] |
| vendeur (m) | shitës (m) | [ʃítəs] |

| jardinier (m) | kopshtar (m) | [kopʃtár] |
| serviteur (m) | shërbëtor (m) | [ʃərbətór] |
| servante (f) | shërbëtore (f) | [ʃərbətórɛ] |
| femme (f) de ménage | pastruese (f) | [pastrúɛsɛ] |

## 126. Les professions militaires et leurs grades

| soldat (m) (grade) | ushtar (m) | [uʃtár] |
| sergent (m) | rreshter (m) | [rɛʃtér] |
| lieutenant (m) | toger (m) | [togér] |
| capitaine (m) | kapiten (m) | [kapitén] |

| commandant (m) | major (m) | [majór] |
| colonel (m) | kolonel (m) | [kolonél] |
| général (m) | gjeneral (m) | [ɟɛnɛrál] |
| maréchal (m) | marshall (m) | [marʃáɫ] |
| amiral (m) | admiral (m) | [admirál] |
| militaire (m) | ushtri (f) | [uʃtrí] |
| soldat (m) | ushtar (m) | [uʃtár] |

| officier (m) | oficer (m) | [ofitsér] |
| commandant (m) | komandant (m) | [komandánt] |

| garde-frontière (m) | roje kufiri (m) | [rójɛ kufíri] |
| opérateur (m) radio | radist (m) | [radíst] |
| éclaireur (m) | eksplorues (m) | [ɛksplorúɛs] |
| démineur (m) | xhenier (m) | [dʒɛniér] |
| tireur (m) | shënjues (m) | [ʃəɲúɛs] |
| navigateur (m) | navigues (m) | [navigúɛs] |

## 127. Les fonctionnaires. Les prêtres

| roi (m) | mbret (m) | [mbrét] |
| reine (f) | mbretëreshë (f) | [mbrɛtəréʃə] |

| prince (m) | princ (m) | [prints] |
| princesse (f) | princeshë (f) | [printséʃə] |

| tsar (m) | car (m) | [tsár] |
| tsarine (f) | carina (f) | [tsarína] |

| président (m) | president (m) | [prɛsidént] |
| ministre (m) | ministër (m) | [minístər] |
| premier ministre (m) | kryeministër (m) | [kryɛmínístər] |
| sénateur (m) | senator (m) | [sɛnatór] |

| diplomate (m) | diplomat (m) | [diplomát] |
| consul (m) | konsull (m) | [kónsuɫ] |
| ambassadeur (m) | ambasador (m) | [ambasadór] |
| conseiller (m) | këshilltar diplomatik (m) | [kəʃiɫtár diplomatík] |

| fonctionnaire (m) | zyrtar (m) | [zyrtár] |
| préfet (m) | prefekt (m) | [prɛfékt] |
| maire (m) | kryetar komune (m) | [kryɛtár komúnɛ] |

| juge (m) | gjykatës (m) | [ɟykátəs] |
| procureur (m) | prokuror (m) | [prokurór] |

| missionnaire (m) | misionar (m) | [misionár] |
| moine (m) | murg (m) | [murg] |
| abbé (m) | abat (m) | [abát] |
| rabbin (m) | rabin (m) | [rabín] |

| vizir (m) | vezir (m) | [vɛzír] |
| shah (m) | shah (m) | [ʃah] |
| cheik (m) | sheik (m) | [ʃéik] |

## 128. Les professions agricoles

| apiculteur (m) | bletar (m) | [blɛtár] |
| berger (m) | bari (m) | [barí] |
| agronome (m) | agronom (m) | [agronóm] |

| éleveur (m) | rritës bagëtish (m) | [rítəs bagətíʃ] |
| vétérinaire (m) | veteriner (m) | [vɛtɛrinér] |

| fermier (m) | fermer (m) | [fɛrmér] |
| vinificateur (m) | prodhues verërash (m) | [proðúɛs vérəraʃ] |
| zoologiste (m) | zoolog (m) | [zoológ] |
| cow-boy (m) | lopar (m) | [lopár] |

## 129. Les professions artistiques

| acteur (m) | aktor (m) | [aktór] |
| actrice (f) | aktore (f) | [aktórɛ] |

| chanteur (m) | këngëtar (m) | [kəŋətár] |
| cantatrice (f) | këngëtare (f) | [kəŋətárɛ] |

| danseur (m) | valltar (m) | [vaɬtár] |
| danseuse (f) | valltare (f) | [vaɬtárɛ] |

| artiste (m) | artist (m) | [artíst] |
| artiste (f) | artiste (f) | [artístɛ] |

| musicien (m) | muzikant (m) | [muzikánt] |
| pianiste (m) | pianist (m) | [pianíst] |
| guitariste (m) | kitarist (m) | [kitaríst] |

| chef (m) d'orchestre | dirigjent (m) | [diriɟént] |
| compositeur (m) | kompozitor (m) | [kompozitór] |
| imprésario (m) | organizator (m) | [organizatór] |

| metteur (m) en scène | regjisor (m) | [rɛɟisór] |
| producteur (m) | producent (m) | [produtsént] |
| scénariste (m) | skenarist (m) | [skɛnaríst] |
| critique (m) | kritik (m) | [kritík] |

| écrivain (m) | shkrimtar (m) | [ʃkrimtár] |
| poète (m) | poet (m) | [poét] |
| sculpteur (m) | skulptor (m) | [skulptór] |
| peintre (m) | piktor (m) | [piktór] |

| jongleur (m) | zhongler (m) | [ʒoŋlér] |
| clown (m) | kloun (m) | [kloún] |
| acrobate (m) | akrobat (m) | [akrobát] |
| magicien (m) | magjistar (m) | [maɟistár] |

## 130. Les différents métiers

| médecin (m) | mjek (m) | [mjék] |
| infirmière (f) | infermiere (f) | [infɛrmiérɛ] |
| psychiatre (m) | psikiatër (m) | [psikiátər] |
| stomatologue (m) | dentist (m) | [dɛntíst] |
| chirurgien (m) | kirurg (m) | [kirúrg] |

| astronaute (m) | astronaut (m) | [astronaút] |
| astronome (m) | astronom (m) | [astronóm] |
| pilote (m) | pilot (m) | [pilót] |

| chauffeur (m) | shofer (m) | [ʃofér] |
| conducteur (m) de train | makinist (m) | [makiníst] |
| mécanicien (m) | mekanik (m) | [mɛkaník] |

| mineur (m) | minator (m) | [minatór] |
| ouvrier (m) | punëtor (m) | [punətór] |
| serrurier (m) | bravandreqës (m) | [bravandrécəs] |
| menuisier (m) | marangoz (m) | [maraŋóz] |
| tourneur (m) | tornitor (m) | [tornitór] |
| ouvrier (m) du bâtiment | punëtor ndërtimi (m) | [punətór ndərtími] |
| soudeur (m) | saldator (m) | [saldatór] |

| professeur (m) (titre) | profesor (m) | [profɛsór] |
| architecte (m) | arkitekt (m) | [arkitékt] |
| historien (m) | historian (m) | [historián] |
| savant (m) | shkencëtar (m) | [ʃkɛntsətár] |
| physicien (m) | fizikant (m) | [fizikánt] |
| chimiste (m) | kimist (m) | [kimíst] |

| archéologue (m) | arkeolog (m) | [arkɛológ] |
| géologue (m) | gjeolog (m) | [ɟɛológ] |
| chercheur (m) | studiues (m) | [studiúɛs] |

| baby-sitter (m, f) | dado (f) | [dádo] |
| pédagogue (m, f) | mësues (m) | [məsúɛs] |

| rédacteur (m) | redaktor (m) | [rɛdaktór] |
| rédacteur (m) en chef | kryeredaktor (m) | [kryɛrɛdaktór] |
| correspondant (m) | korrespondent (m) | [korɛspondént] |
| dactylographe (f) | daktilografiste (f) | [daktilografístɛ] |

| designer (m) | projektues (m) | [projɛktúɛs] |
| informaticien (m) | ekspert kompjuterësh (m) | [ɛkspért kompjutérəʃ] |
| programmeur (m) | programues (m) | [programúɛs] |
| ingénieur (m) | inxhinier (m) | [indʒiniér] |

| marin (m) | marinar (m) | [marinár] |
| matelot (m) | marinar (m) | [marinár] |
| secouriste (m) | shpëtimtar (m) | [ʃpətimtár] |

| pompier (m) | zjarrfikës (m) | [zjarfíkəs] |
| policier (m) | polic (m) | [políts] |
| veilleur (m) de nuit | roje (f) | [rójɛ] |
| détective (m) | detektiv (m) | [dɛtɛktív] |

| douanier (m) | doganier (m) | [doganiér] |
| garde (m) du corps | truprojë (f) | [truprójə] |
| gardien (m) de prison | gardian burgu (m) | [gardián búrgu] |
| inspecteur (m) | inspektor (m) | [inspɛktór] |

| sportif (m) | sportist (m) | [sportíst] |
| entraîneur (m) | trajner (m) | [trajnér] |

115

| boucher (m) | kasap (m) | [kasáp] |
| cordonnier (m) | këpucëtar (m) | [kəputsətár] |
| commerçant (m) | tregtar (m) | [trɛgtár] |
| chargeur (m) | ngarkues (m) | [ŋarkúɛs] |

| couturier (m) | stilist (m) | [stilíst] |
| modèle (f) | modele (f) | [modélɛ] |

## 131. Les occupations. Le statut social

| écolier (m) | nxënës (m) | [ndzə́nəs] |
| étudiant (m) | student (m) | [studént] |

| philosophe (m) | filozof (m) | [filozóf] |
| économiste (m) | ekonomist (m) | [ɛkonomíst] |
| inventeur (m) | shpikës (m) | [ʃpíkəs] |

| chômeur (m) | i papunë (m) | [i papúnə] |
| retraité (m) | pensionist (m) | [pɛnsioníst] |
| espion (m) | spiun (m) | [spiún] |

| prisonnier (m) | i burgosur (m) | [i burgósur] |
| gréviste (m) | grevist (m) | [grɛvíst] |
| bureaucrate (m) | burokrat (m) | [burokrát] |
| voyageur (m) | udhëtar (m) | [uðətár] |

| homosexuel (m) | homoseksual (m) | [homosɛksuál] |
| hacker (m) | haker (m) | [hakér] |
| hippie (m, f) | hipik (m) | [hipík] |

| bandit (m) | bandit (m) | [bandít] |
| tueur (m) à gages | vrasës (m) | [vrásəs] |
| drogué (m) | narkoman (m) | [narkomán] |
| trafiquant (m) de drogue | trafikant droge (m) | [trafikánt drógɛ] |
| prostituée (f) | prostitutë (f) | [prostitútə] |
| souteneur (m) | tutor (m) | [tutór] |

| sorcier (m) | magjistar (m) | [maɟistár] |
| sorcière (f) | shtrigë (f) | [ʃtrígə] |
| pirate (m) | pirat (m) | [pirát] |
| esclave (m) | skllav (m) | [skɫav] |
| samouraï (m) | samurai (m) | [samurái] |
| sauvage (m) | i egër (m) | [i égər] |

# Le sport

## 132. Les types de sports. Les sportifs

| | | |
|---|---|---|
| sportif (m) | sportist (m) | [sportíst] |
| type (m) de sport | lloj sporti (m) | [łoj spórti] |
| | | |
| basket-ball (m) | basketboll (m) | [baskɛtbół] |
| basketteur (m) | basketbollist (m) | [baskɛtbołíst] |
| | | |
| base-ball (m) | bejsboll (m) | [bɛjsbół] |
| joueur (m) de base-ball | lojtar bejsbolli (m) | [lojtár bɛjsbółi] |
| | | |
| football (m) | futboll (m) | [futbół] |
| joueur (m) de football | futbollist (m) | [futbołíst] |
| gardien (m) de but | portier (m) | [portiér] |
| | | |
| hockey (m) | hokej (m) | [hokéj] |
| hockeyeur (m) | lojtar hokeji (m) | [lojtár hokéji] |
| | | |
| volley-ball (m) | volejboll (m) | [volɛjbół] |
| joueur (m) de volley-ball | volejbollist (m) | [volɛjbołíst] |
| | | |
| boxe (f) | boks (m) | [boks] |
| boxeur (m) | boksier (m) | [boksiér] |
| | | |
| lutte (f) | mundje (f) | [múndjɛ] |
| lutteur (m) | mundës (m) | [múndəs] |
| | | |
| karaté (m) | karate (f) | [karátɛ] |
| karatéka (m) | karateist (m) | [karatɛíst] |
| | | |
| judo (m) | xhudo (f) | [dʒúdo] |
| judoka (m) | xhudist (m) | [dʒudíst] |
| | | |
| tennis (m) | tenis (m) | [tɛnís] |
| joueur (m) de tennis | tenist (m) | [tɛníst] |
| | | |
| natation (f) | not (m) | [not] |
| nageur (m) | notar (m) | [notár] |
| | | |
| escrime (f) | skerma (f) | [skérma] |
| escrimeur (m) | skermist (m) | [skɛrmíst] |
| | | |
| échecs (m pl) | shah (m) | [ʃah] |
| joueur (m) d'échecs | shahist (m) | [ʃahíst] |
| | | |
| alpinisme (m) | alpinizëm (m) | [alpinízəm] |
| alpiniste (m) | alpinist (m) | [alpiníst] |
| course (f) | vrapim (m) | [vrapím] |

| coureur (m) | vrapues (m) | [vrapúɛs] |
| athlétisme (m) | atletikë (f) | [atlɛtíkə] |
| athlète (m) | atlet (m) | [atlét] |

| équitation (f) | kalërim (m) | [kalərím] |
| cavalier (m) | kalorës (m) | [kalórəs] |

| patinage (m) artistique | patinazh (m) | [patináʒ] |
| patineur (m) | patinator (m) | [patinatór] |
| patineuse (f) | patinatore (f) | [patinatórɛ] |

| haltérophilie (f) | peshëngritje (f) | [pɛʃəŋrítjɛ] |
| haltérophile (m) | peshëngritës (m) | [pɛʃəŋrítəs] |

| course (f) automobile | garë me makina (f) | [gárə mɛ makína] |
| pilote (m) | shofer garash (m) | [ʃofér gáraʃ] |

| cyclisme (m) | çiklizëm (m) | [tʃiklízəm] |
| cycliste (m) | çiklist (m) | [tʃiklíst] |

| sauts (m pl) en longueur | kërcim së gjati (m) | [kərtsím sə ɟáti] |
| sauts (m pl) à la perche | kërcim së larti (m) | [kərtsím sə lárti] |
| sauteur (m) | kërcyes (m) | [kərtsýɛs] |

## 133. Les types de sports. Divers

| football (m) américain | futboll amerikan (m) | [futbóɫ amɛrikán] |
| badminton (m) | badminton (m) | [bádminton] |
| biathlon (m) | biatlon (m) | [biatlón] |
| billard (m) | bilardo (f) | [bilárdo] |

| bobsleigh (m) | bobsled (m) | [bobsléd] |
| bodybuilding (m) | bodybuilding (m) | [bodybuildíŋ] |
| water-polo (m) | vaterpol (m) | [vatɛrpól] |
| handball (m) | hendboll (m) | [hɛndbóɫ] |
| golf (m) | golf (m) | [golf] |

| aviron (m) | kanotazh (m) | [kanotáʒ] |
| plongée (f) | zhytje (f) | [ʒýtjɛ] |
| course (f) à skis | skijim nordik (m) | [skijím nordík] |
| tennis (m) de table | ping pong (m) | [piŋ póŋ] |

| voile (f) | lundrim me vela (m) | [lundrím mɛ véla] |
| rallye (m) | garë rally (f) | [gárə ráɫy] |
| rugby (m) | ragbi (m) | [rágbi] |
| snowboard (m) | snoubord (m) | [snoubórd] |
| tir (m) à l'arc | gjuajtje me hark (f) | [ɟúajtjɛ mɛ hárk] |

## 134. La salle de sport

| barre (f) à disques | peshë (f) | [péʃə] |
| haltères (m pl) | gira (f) | [gíra] |

| | | |
|---|---|---|
| appareil (m) d'entraînement | makinë trajnimi (f) | [makínə trajními] |
| vélo (m) d'exercice | biçikletë ushtrimesh (f) | [bitʃiklétə uʃtrímɛʃ] |
| tapis (m) roulant | makinë vrapi (f) | [makínə vrápi] |
| barre (f) fixe | tra horizontal (m) | [tra horizontál] |
| barres (pl) parallèles | trarë paralele (pl) | [trárə paralélɛ] |
| cheval (m) d'Arçons | kaluç (m) | [kalútʃ] |
| tapis (m) gymnastique | tapet gjimnastike (m) | [tapét ɟimnastíkɛ] |
| corde (f) à sauter | litar kërcimi (m) | [litár kərtsími] |
| aérobic (m) | aerobik (m) | [aɛrobík] |
| yoga (m) | joga (f) | [jóga] |

## 135. Le hockey sur glace

| | | |
|---|---|---|
| hockey (m) | hokej (m) | [hokéj] |
| hockeyeur (m) | lojtar hokeji (m) | [lojtár hokéji] |
| jouer au hockey | luaj hokej | [lúaj hokéj] |
| glace (f) | akull (m) | [ákuɫ] |
| palet (m) | top hokeji (m) | [top hokéji] |
| crosse (f) | shkop hokeji (m) | [ʃkop hokéji] |
| patins (m pl) | patina akulli (pl) | [patína ákuɫi] |
| rebord (m) | fushë hokeji (f) | [fúʃə hokéji] |
| tir (m) | gjuajtje (f) | [ɟúajtjɛ] |
| gardien (m) de but | portier (m) | [portiér] |
| but (m) | gol (m) | [gol] |
| marquer un but | shënoj gol | [ʃənój gol] |
| période (f) | pjesë (f) | [pjésə] |
| deuxième période (f) | pjesa e dytë | [pjésa ɛ dýtə] |
| banc (m) des remplaçants | stol i rezervave (m) | [stol i rɛzérvavɛ] |

## 136. Le football

| | | |
|---|---|---|
| football (m) | futboll (m) | [futbóɫ] |
| joueur (m) de football | futbollist (m) | [futboɫíst] |
| jouer au football | luaj futboll | [lúaj futbóɫ] |
| ligue (f) supérieure | liga e parë (f) | [líga ɛ párə] |
| club (m) de football | klub futbolli (m) | [klúb futbóɫi] |
| entraîneur (m) | trajner (m) | [trajnér] |
| propriétaire (m) | pronar (m) | [pronár] |
| équipe (f) | skuadër (f) | [skuádər] |
| capitaine (m) de l'équipe | kapiteni i skuadrës (m) | [kapiténi i skuádrəs] |
| joueur (m) | lojtar (m) | [lojtár] |
| remplaçant (m) | zëvendësues (m) | [zəvɛndəsúɛs] |
| attaquant (m) | sulmues (m) | [sulmúɛs] |
| avant-centre (m) | qendërsulmues (m) | [cɛndərsulmúɛs] |

| | | |
|---|---|---|
| butteur (m) | golashënues (m) | [golaʃənúɛs] |
| arrière (m) | mbrojtës (m) | [mbrójtəs] |
| demi (m) | mesfushor (m) | [mɛsfuʃór] |
| | | |
| match (m) | ndeshje (f) | [ndéʃjɛ] |
| se rencontrer (vp) | takoj | [takój] |
| finale (f) | finale | [finálɛ] |
| demi-finale (f) | gjysmë-finale (f) | [ɟýsmə-finálɛ] |
| championnat (m) | kampionat (m) | [kampionát] |
| | | |
| mi-temps (f) | pjesë (f) | [pjésə] |
| première mi-temps (f) | pjesa e parë (f) | [pjésa ɛ párə] |
| mi-temps (f) (pause) | pushim (m) | [puʃím] |
| | | |
| but (m) | gol (m) | [gol] |
| gardien (m) de but | portier (m) | [portiér] |
| poteau (m) | shtyllë (f) | [ʃtýɫə] |
| barre (f) | traversa (f) | [travérsa] |
| filet (m) | rrjetë (f) | [rjétə] |
| encaisser un but | pësoj gol | [pəsój gol] |
| | | |
| ballon (m) | top (m) | [top] |
| passe (f) | pas (m) | [pas] |
| coup (m) | goditje (f) | [godítjɛ] |
| porter un coup | godas | [godás] |
| coup (m) franc | goditje e lirë (f) | [godítjɛ ɛ lírə] |
| corner (m) | goditje nga këndi (f) | [godítjɛ ŋa kəndi] |
| | | |
| attaque (f) | sulm (m) | [sulm] |
| contre-attaque (f) | kundërsulm (m) | [kundərsúlm] |
| combinaison (f) | kombinim (m) | [kombiním] |
| | | |
| arbitre (m) | arbitër (m) | [arbítər] |
| siffler (vi) | i bie bilbilit | [i bíɛ bilbílit] |
| sifflet (m) | bilbil (m) | [bilbíl] |
| faute (f) | faull (m) | [faúɫ] |
| commettre un foul | faulloj | [fauɫój] |
| expulser du terrain | nxjerr nga loja | [ndzjér ŋa lója] |
| | | |
| carton (m) jaune | karton i verdhë (m) | [kartón i vérðə] |
| carton (m) rouge | karton i kuq (m) | [kartón i kúc] |
| disqualification (f) | diskualifikim (m) | [diskualifikím] |
| disqualifier (vt) | diskualifikoj | [diskualifikój] |
| | | |
| penalty (m) | goditje dënimi (f) | [godítjɛ dəními] |
| mur (m) | mur (m) | [mur] |
| marquer (vt) | shënoj | [ʃənój] |
| but (m) | gol (m) | [gol] |
| marquer un but | shënoj gol | [ʃənój gol] |
| | | |
| remplacement (m) | zëvendësim (m) | [zəvɛndəsím] |
| remplacer (vt) | zëvendësoj | [zəvɛndəsój] |
| règles (f pl) | rregullat (pl) | [réguɫat] |
| tactique (f) | taktikë (f) | [taktíkə] |
| stade (m) | stadium (m) | [stadiúm] |
| tribune (f) | tribunë (f) | [tribúnə] |

| | | |
|---|---|---|
| supporteur (m) | tifoz (m) | [tifóz] |
| crier (vi) | bërtas | [bərtás] |
| | | |
| tableau (m) | tabela e rezultateve (f) | [tabéla ɛ rɛzultátɛvɛ] |
| score (m) | rezultat (m) | [rɛzultát] |
| | | |
| défaite (f) | humbje (f) | [húmbjɛ] |
| perdre (vi) | humb | [húmb] |
| match (m) nul | barazim (m) | [barazím] |
| faire match nul | barazoj | [barazój] |
| | | |
| victoire (f) | fitore (f) | [fitórɛ] |
| gagner (vi, vt) | fitoj | [fitój] |
| | | |
| champion (m) | kampion (m) | [kampión] |
| meilleur (adj) | më i miri | [mə i míri] |
| féliciter (vt) | përgëzoj | [pərgəzój] |
| | | |
| commentateur (m) | komentues (m) | [komɛntúɛs] |
| commenter (vt) | komentoj | [komɛntój] |
| retransmission (f) | transmetim (m) | [transmɛtím] |

## 137. Le ski alpin

| | | |
|---|---|---|
| skis (m pl) | ski (pl) | [skí] |
| faire du ski | bëj ski | [bəj skí] |
| station (f) de ski | resort malor për ski (m) | [rɛsórt malór pər skí] |
| remontée (f) mécanique | ashensor për ski (m) | [aʃɛnsór pər skí] |
| | | |
| bâtons (m pl) | heshta skish (pl) | [héʃta skíʃ] |
| pente (f) | shpat (m) | [ʃpat] |
| slalom (m) | slalom (m) | [slalóm] |

## 138. Le tennis. Le golf

| | | |
|---|---|---|
| golf (m) | golf (m) | [golf] |
| club (m) de golf | klub golfi (m) | [klúb gólfi] |
| joueur (m) au golf | golfist (m) | [golfíst] |
| | | |
| trou (m) | vrimë (f) | [vrímə] |
| club (m) | shkop golfi (m) | [ʃkop gólfi] |
| chariot (m) de golf | karrocë golfi (f) | [karótsə gólfi] |
| | | |
| tennis (m) | tenis (m) | [tɛnís] |
| court (m) de tennis | fushë tenisi (f) | [fúʃə tɛnísi] |
| | | |
| service (m) | servim (m) | [sɛrvím] |
| servir (vi) | servoj | [sɛrvój] |
| | | |
| raquette (f) | reket (m) | [rɛkét] |
| filet (m) | rrjetë (f) | [rjétə] |
| balle (f) | top (m) | [top] |

## 139. Les échecs

| échecs (m pl) | shah (m) | [ʃah] |
| pièces (f pl) | figura shahu (pl) | [figúra ʃáhu] |
| joueur (m) d'échecs | shahist (m) | [ʃahíst] |
| échiquier (m) | fushë shahu (f) | [fúʃə ʃáhu] |
| pièce (f) | figurë shahu (f) | [figúrə ʃáhu] |

| blancs (m pl) | të bardhat (pl) | [tə bárðat] |
| noirs (m pl) | të zezat (pl) | [tə zézat] |

| pion (m) | ushtar (m) | [uʃtár] |
| fou (m) | oficer (m) | [ofitsér] |
| cavalier (m) | kalorës (m) | [kalórəs] |
| tour (f) | top (m) | [top] |
| reine (f) | mbretëreshë (f) | [mbrɛtəréʃə] |
| roi (m) | mbret (m) | [mbrét] |

| coup (m) | lëvizje (f) | [ləvízjɛ] |
| jouer (déplacer une pièce) | lëviz | [ləvíz] |
| sacrifier (vt) | sakrifikoj | [sakrifikój] |
| roque (m) | rokadë (f) | [rokádə] |
| échec (m) | shah (m) | [ʃah] |
| tapis (m) | shah mat (m) | [ʃah mat] |

| tournoi (m) d'échecs | turne shahu (m) | [turné ʃáhu] |
| grand maître (m) | Mjeshtër i Madh (m) | [mjéʃtər i máð] |
| combinaison (f) | kombinim (m) | [kombiním] |
| partie (f) | lojë (f) | [lójə] |
| dames (f pl) | damë (f) | [dámə] |

## 140. La boxe

| boxe (f) | boks (m) | [boks] |
| combat (m) | ndeshje (f) | [ndéʃjɛ] |
| match (m) | ndeshje boksi (f) | [ndéʃjɛ bóksi] |
| round (m) | raund (m) | [ráund] |

| ring (m) | ring (m) | [riŋ] |
| gong (m) | gong (m) | [goŋ] |

| coup (m) | goditje (f) | [godítjɛ] |
| knock-down (m) | nokdaun (m) | [nokdáun] |

| knock-out (m) | nokaut (m) | [nokaút] |
| mettre KO | hedh nokaut | [hɛð nokaút] |

| gant (m) de boxe | dorezë boksi (f) | [dorézə bóksi] |
| arbitre (m) | arbitër (m) | [arbítər] |

| poids (m) léger | peshë e lehtë (f) | [péʃə ɛ léhtə] |
| poids (m) moyen | peshë e mesme (f) | [péʃə ɛ mésmɛ] |
| poids (m) lourd | peshë e rëndë (f) | [péʃə ɛ rəndə] |

## 141. Le sport. Divers

| | | |
|---|---|---|
| Jeux (m pl) olympiques | Lojërat Olimpike (pl) | [lójərat olimpíkɛ] |
| gagnant (m) | fitues (m) | [fitúɛs] |
| remporter (vt) | duke fituar | [dúkɛ fitúar] |
| gagner (vi) | fitoj | [fitój] |
| | | |
| leader (m) | lider (m) | [lidér] |
| prendre la tête | udhëheq | [uðəhéc] |
| | | |
| première place (f) | vendi i parë | [véndi i párə] |
| deuxième place (f) | vendi i dytë | [véndi i dýtə] |
| troisième place (f) | vendi i tretë | [véndi i trétə] |
| | | |
| médaille (f) | medalje (f) | [mɛdáljɛ] |
| trophée (m) | trofe (f) | [trofé] |
| coupe (f) (trophée) | kupë (f) | [kúpə] |
| prix (m) | çmim (m) | [tʃmím] |
| prix (m) principal | çmimi i parë (m) | [tʃmími i párə] |
| | | |
| record (m) | rekord (m) | [rɛkórd] |
| établir un record | vendos rekord | [vɛndós rɛkórd] |
| | | |
| finale (f) | finale | [finálɛ] |
| final (adj) | finale | [finálɛ] |
| | | |
| champion (m) | kampion (m) | [kampión] |
| championnat (m) | kampionat (m) | [kampionát] |
| | | |
| stade (m) | stadium (m) | [stadiúm] |
| tribune (f) | tribunë (f) | [tribúnə] |
| supporteur (m) | tifoz (m) | [tifóz] |
| adversaire (m) | kundërshtar (m) | [kundərʃtár] |
| | | |
| départ (m) | start (m) | [start] |
| ligne (f) d'arrivée | cak (m) | [tsák] |
| | | |
| défaite (f) | humbje (f) | [húmbjɛ] |
| perdre (vi) | humb | [húmb] |
| | | |
| arbitre (m) | arbitër (m) | [arbítər] |
| jury (m) | juri (f) | [jurí] |
| score (m) | rezultat (m) | [rɛzultát] |
| match (m) nul | barazim (m) | [barazím] |
| faire match nul | barazoj | [barazój] |
| point (m) | pikë (f) | [píkə] |
| résultat (m) | rezultat (m) | [rɛzultát] |
| | | |
| période (f) | pjesë (f) | [pjésə] |
| mi-temps (f) (pause) | pushim (m) | [puʃím] |
| | | |
| dopage (m) | doping (m) | [dopín] |
| pénaliser (vt) | penalizoj | [pɛnalizój] |
| disqualifier (vt) | diskualifikoj | [diskualifikój] |
| agrès (m) | aparat (m) | [aparát] |

| | | |
|---|---|---|
| lance (f) | **hedhje e shtizës** (f) | [héðjɛ ɛ ʃtízəs] |
| poids (m) (boule de métal) | **gjyle** (f) | [ɟýlɛ] |
| bille (f) (de billard, etc.) | **bile** (f) | [bílɛ] |
| | | |
| but (cible) | **shënjestër** (f) | [ʃəɲéstər] |
| cible (~ en papier) | **shënjestër** (f) | [ʃəɲéstər] |
| tirer (vi) | **qëlloj** | [cəɫój] |
| précis (un tir ~) | **e saktë** | [ɛ sáktə] |
| | | |
| entraîneur (m) | **trajner** (m) | [trajnér] |
| entraîner (vt) | **stërvit** | [stərvít] |
| s'entraîner (vp) | **stërvitem** | [stərvítɛm] |
| entraînement (m) | **trajnim** (m) | [trajním] |
| | | |
| salle (f) de gym | **palestër** (f) | [paléstər] |
| exercice (m) | **ushtrime** (f) | [uʃtrímɛ] |
| échauffement (m) | **ngrohje** (f) | [ŋróhjɛ] |

# L'éducation

## 142. L'éducation

| | | |
|---|---|---|
| école (f) | shkollë (f) | [ʃkółə] |
| directeur (m) d'école | drejtor shkolle (m) | [drɛjtór ʃkółɛ] |
| élève (m) | nxënës (m) | [ndzénəs] |
| élève (f) | nxënëse (f) | [ndzénəsɛ] |
| écolier (m) | nxënës (m) | [ndzénəs] |
| écolière (f) | nxënëse (f) | [ndzénəsɛ] |
| enseigner (vt) | jap mësim | [jap məsím] |
| apprendre (~ l'arabe) | mësoj | [məsój] |
| apprendre par cœur | mësoj përmendësh | [məsój pərméndəʃ] |
| apprendre (à faire qch) | mësoj | [məsój] |
| être étudiant, -e | jam në shkollë | [jam nə ʃkółə] |
| aller à l'école | shkoj në shkollë | [ʃkoj nə ʃkółə] |
| alphabet (m) | alfabet (m) | [alfabét] |
| matière (f) | lëndë (f) | [léndə] |
| salle (f) de classe | klasë (f) | [klásə] |
| leçon (f) | mësim (m) | [məsím] |
| récréation (f) | pushim (m) | [puʃím] |
| sonnerie (f) | zile e shkollës (f) | [zílɛ ɛ ʃkółəs] |
| pupitre (m) | bankë e shkollës (f) | [bánkə ɛ ʃkółəs] |
| tableau (m) noir | tabelë e zezë (f) | [tabélə ɛ zézə] |
| note (f) | notë (f) | [nótə] |
| bonne note (f) | notë e mirë (f) | [nótə ɛ mírə] |
| mauvaise note (f) | notë e keqe (f) | [nótə ɛ kécɛ] |
| donner une note | vendos notë | [vɛndós nótə] |
| faute (f) | gabim (m) | [gabím] |
| faire des fautes | bëj gabime | [bəj gabímɛ] |
| corriger (une erreur) | korrigjoj | [koriɟój] |
| antisèche (f) | kopje (f) | [kópjɛ] |
| devoir (m) | detyrë shtëpie (f) | [dɛtýrə ʃtəpíɛ] |
| exercice (m) | ushtrim (m) | [uʃtrím] |
| être présent | jam prezent | [jam prɛzént] |
| être absent | mungoj | [muŋój] |
| manquer l'école | mungoj në shkollë | [muŋój nə ʃkółə] |
| punir (vt) | ndëshkoj | [ndəʃkój] |
| punition (f) | ndëshkim (m) | [ndəʃkím] |
| conduite (f) | sjellje (f) | [sjétjɛ] |

| carnet (m) de notes | dëftesë (f) | [dəftésə] |
| crayon (m) | laps (m) | [láps] |
| gomme (f) | gomë (f) | [gómə] |
| craie (f) | shkumës (m) | [ʃkúməs] |
| plumier (m) | portofol lapsash (m) | [portofól lápsaʃ] |

| cartable (m) | çantë shkolle (f) | [tʃántə ʃkółɛ] |
| stylo (m) | stilolaps (m) | [stiloláps] |
| cahier (m) | fletore (f) | [flɛtórɛ] |
| manuel (m) | tekst mësimor (m) | [tɛkst məsimór] |
| compas (m) | kompas (m) | [kompás] |

| dessiner (~ un plan) | vizatoj | [vizatój] |
| dessin (m) technique | vizatim teknik (m) | [vizatím tɛkník] |

| poésie (f) | poezi (f) | [poɛzí] |
| par cœur (adv) | përmendësh | [pərméndəʃ] |
| apprendre par cœur | mësoj përmendësh | [məsój pərméndəʃ] |

| vacances (f pl) | pushimet e shkollës (m) | [puʃímɛt ɛ ʃkółəs] |
| être en vacances | jam me pushime | [jam mɛ puʃímɛ] |
| passer les vacances | kaloj pushimet | [kalój puʃímɛt] |

| interrogation (f) écrite | test (m) | [tɛst] |
| composition (f) | ese (f) | [ɛsé] |
| dictée (f) | diktim (m) | [diktím] |
| examen (m) | provim (m) | [provím] |
| passer les examens | kam provim | [kam provím] |
| expérience (f) (~ de chimie) | eksperiment (m) | [ɛkspɛrimént] |

## 143. L'enseignement supérieur

| académie (f) | akademi (f) | [akadɛmí] |
| université (f) | universitet (m) | [univɛrsitét] |
| faculté (f) | fakultet (m) | [fakultét] |

| étudiant (m) | student (m) | [studént] |
| étudiante (f) | studente (f) | [studéntɛ] |
| enseignant (m) | pedagog (m) | [pɛdagóg] |

| salle (f) | auditor (m) | [auditór] |
| licencié (m) | i diplomuar (m) | [i diplomúar] |

| diplôme (m) | diplomë (f) | [diplómə] |
| thèse (f) | disertacion (m) | [disɛrtatsión] |

| étude (f) | studim (m) | [studím] |
| laboratoire (m) | laborator (m) | [laboratór] |

| cours (m) | leksion (m) | [lɛksión] |
| camarade (m) de cours | shok kursi (m) | [ʃok kúrsi] |

| bourse (f) | bursë (f) | [búrsə] |
| grade (m) universitaire | diplomë akademike (f) | [diplómə akadɛmíkɛ] |

## 144. Les disciplines scientifiques

| | | |
|---|---|---|
| mathématiques (f pl) | matematikë (f) | [matɛmatíkə] |
| algèbre (f) | algjebër (f) | [alɟébər] |
| géométrie (f) | gjeometri (f) | [ɟɛomɛtrí] |
| | | |
| astronomie (f) | astronomi (f) | [astronomí] |
| biologie (f) | biologji (f) | [bioloɟí] |
| géographie (f) | gjeografi (f) | [ɟɛografí] |
| géologie (f) | gjeologji (f) | [ɟɛoloɟí] |
| histoire (f) | histori (f) | [historí] |
| | | |
| médecine (f) | mjekësi (f) | [mjɛkəsí] |
| pédagogie (f) | pedagogji (f) | [pɛdagoɟí] |
| droit (m) | drejtësi (f) | [drɛjtəsí] |
| | | |
| physique (f) | fizikë (f) | [fizíkə] |
| chimie (f) | kimi (f) | [kimí] |
| philosophie (f) | filozofi (f) | [filozofí] |
| psychologie (f) | psikologji (f) | [psikoloɟí] |

## 145. Le système d'écriture et l'orthographe

| | | |
|---|---|---|
| grammaire (f) | gramatikë (f) | [gramatíkə] |
| vocabulaire (m) | fjalor (m) | [fjalór] |
| phonétique (f) | fonetikë (f) | [fonɛtíkə] |
| | | |
| nom (m) | emër (m) | [émər] |
| adjectif (m) | mbiemër (m) | [mbiémər] |
| verbe (m) | folje (f) | [fóljɛ] |
| adverbe (m) | ndajfolje (f) | [ndajfóljɛ] |
| | | |
| pronom (m) | përemër (m) | [pərémər] |
| interjection (f) | pasthirrmë (f) | [pasθírmə] |
| préposition (f) | parafjalë (f) | [parafjálə] |
| | | |
| racine (f) | rrënjë (f) | [réɲə] |
| terminaison (f) | fundore (f) | [fundórɛ] |
| préfixe (m) | parashtesë (f) | [paraʃtésə] |
| syllabe (f) | rrokje (f) | [rókjɛ] |
| suffixe (m) | prapashtesë (f) | [prapaʃtésə] |
| | | |
| accent (m) tonique | theks (m) | [θɛks] |
| apostrophe (f) | apostrof (m) | [apostróf] |
| | | |
| point (m) | pikë (f) | [píkə] |
| virgule (f) | presje (f) | [présjɛ] |
| point (m) virgule | pikëpresje (f) | [pikəprésjɛ] |
| deux-points (m) | dy pika (f) | [dy píka] |
| points (m pl) de suspension | tre pika (f) | [trɛ píka] |
| | | |
| point (m) d'interrogation | pikëpyetje (f) | [pikəpýɛtjɛ] |
| point (m) d'exclamation | pikëçuditje (f) | [pikətʃudítjɛ] |

127

| | | |
|---|---|---|
| guillemets (m pl) | thonjëza (f) | [θóɲəza] |
| entre guillemets | në thonjëza | [nə θóɲəza] |
| parenthèses (f pl) | kllapa (f) | [kɬápa] |
| entre parenthèses | brenda kllapave | [brénda kɬápavɛ] |
| | | |
| trait (m) d'union | vizë ndarëse (f) | [vízə ndárəsɛ] |
| tiret (m) | vizë (f) | [vízə] |
| blanc (m) | hapësirë (f) | [hapəsírə] |
| | | |
| lettre (f) | shkronjë (f) | [ʃkróɲə] |
| majuscule (f) | shkronjë e madhe (f) | [ʃkróɲə ɛ máðɛ] |
| | | |
| voyelle (f) | zanore (f) | [zanórɛ] |
| consonne (f) | bashkëtingëllore (f) | [baʃkətiŋəɬórɛ] |
| | | |
| proposition (f) | fjali (f) | [fjalí] |
| sujet (m) | kryefjalë (f) | [kryɛfjálə] |
| prédicat (m) | kallëzues (m) | [kaɬəzúɛs] |
| | | |
| ligne (f) | rresht (m) | [réʃt] |
| à la ligne | rresht i ri | [réʃt i rí] |
| paragraphe (m) | paragraf (m) | [paragráf] |
| | | |
| mot (m) | fjalë (f) | [fjálə] |
| groupe (m) de mots | grup fjalësh (m) | [grup fjáləʃ] |
| expression (f) | shprehje (f) | [ʃpréhjɛ] |
| synonyme (m) | sinonim (m) | [sinoním] |
| antonyme (m) | antonim (m) | [antoním] |
| | | |
| règle (f) | rregull (m) | [réguɬ] |
| exception (f) | përjashtim (m) | [pərjaʃtím] |
| correct (adj) | saktë | [sáktə] |
| | | |
| conjugaison (f) | lakim (m) | [lakím] |
| déclinaison (f) | rasë | [rásə] |
| cas (m) | rasë emërore (f) | [rásə ɛmərórɛ] |
| question (f) | pyetje (f) | [pýɛtjɛ] |
| souligner (vt) | nënvijëzoj | [nənvijəzój] |
| pointillé (m) | vijë me ndërprerje (f) | [víjə mɛ ndərprérjɛ] |

## 146. Les langues étrangères

| | | |
|---|---|---|
| langue (f) | gjuhë (f) | [ɟúhə] |
| étranger (adj) | huaj | [húaj] |
| langue (f) étrangère | gjuhë e huaj (f) | [ɟúhə ɛ húaj] |
| étudier (vt) | studioj | [studiój] |
| apprendre (~ l'arabe) | mësoj | [məsój] |
| | | |
| lire (vi, vt) | lexoj | [lɛdzój] |
| parler (vi, vt) | flas | [flas] |
| comprendre (vt) | kuptoj | [kuptój] |
| écrire (vt) | shkruaj | [ʃkrúaj] |
| vite (adv) | shpejt | [ʃpɛjt] |
| lentement (adv) | ngadalë | [ŋadálə] |

| couramment (adv) | rrjedhshëm | [rjéðʃəm] |
|---|---|---|
| règles (f pl) | rregullat (pl) | [réguɫat] |
| grammaire (f) | gramatikë (f) | [gramatíkə] |
| vocabulaire (m) | fjalor (m) | [fjalór] |
| phonétique (f) | fonetikë (f) | [fonɛtíkə] |

| manuel (m) | tekst mësimor (m) | [tɛkst məsimór] |
|---|---|---|
| dictionnaire (m) | fjalor (m) | [fjalór] |
| manuel (m) autodidacte | libër i mësimit autodidakt (m) | [líbər i məsímit autodidákt] |
| guide (m) de conversation | libër frazeologjik (m) | [líbər frazɛoloɟík] |

| cassette (f) | kasetë (f) | [kasétə] |
|---|---|---|
| cassette (f) vidéo | videokasetë (f) | [vidɛokasétə] |
| CD (m) | CD (f) | [tsɛdé] |
| DVD (m) | DVD (m) | [dividí] |

| alphabet (m) | alfabet (m) | [alfabét] |
|---|---|---|
| épeler (vt) | gërmëzoj | [gərməzój] |
| prononciation (f) | shqiptim (m) | [ʃciptím] |

| accent (m) | aksent (m) | [aksént] |
|---|---|---|
| avec un accent | me aksent | [mɛ aksént] |
| sans accent | pa aksent | [pa aksént] |

| mot (m) | fjalë (f) | [fjálə] |
|---|---|---|
| sens (m) | kuptim (m) | [kuptím] |

| cours (m pl) | kurs (m) | [kurs] |
|---|---|---|
| s'inscrire (vp) | regjistrohem | [rɛɟistróhɛm] |
| professeur (m) (~ d'anglais) | mësues (m) | [məsúɛs] |

| traduction (f) (action) | përkthim (m) | [pərkθím] |
|---|---|---|
| traduction (f) (texte) | përkthim (m) | [pərkθím] |
| traducteur (m) | përkthyes (m) | [pərkθýɛs] |
| interprète (m) | përkthyes (m) | [pərkθýɛs] |

| polyglotte (m) | poliglot (m) | [poliglót] |
|---|---|---|
| mémoire (f) | kujtesë (f) | [kujtésə] |

## 147. Les personnages de contes de fées

| Père Noël (m) | Santa Klaus (m) | [sánta kláus] |
|---|---|---|
| Cendrillon (f) | Hirushja (f) | [hirúʃja] |
| sirène (f) | sirenë (f) | [sirénə] |
| Neptune (m) | Neptuni (m) | [nɛptúni] |

| magicien (m) | magjistar (m) | [maɟistár] |
|---|---|---|
| fée (f) | zanë (f) | [zánə] |
| magique (adj) | magjike | [maɟíkɛ] |
| baguette (f) magique | shkop magjik (m) | [ʃkop maɟík] |

| conte (m) de fées | përrallë (f) | [pəráɫə] |
|---|---|---|
| miracle (m) | mrekulli (f) | [mrɛkuɫí] |

129

| gnome (m)          | xhuxh (m)          | [dʒudʒ]          |
| se transformer en ... | shndërrohem ...  | [ʃndəróhɛm ...]  |

| esprit (m) (revenant) | fantazmë (f) | [fantázmə] |
| fantôme (m)           | fantazmë (f) | [fantázmə] |
| monstre (m)           | bishë (f)    | [bíʃə]     |
| dragon (m)            | dragua (m)   | [dragúa]   |
| géant (m)             | gjigant (m)  | [ɟigánt]   |

## 148. Les signes du zodiaque

| Bélier (m)       | Dashi (m)        | [dáʃi]       |
| Taureau (m)      | Demi (m)         | [démi]       |
| Gémeaux (m pl)   | Binjakët (pl)    | [biɲákət]    |
| Cancer (m)       | Gaforrja (f)     | [gafórja]    |
| Lion (m)         | Luani (m)        | [luáni]      |
| Vierge (f)       | Virgjëresha (f)  | [virɟəréʃa]  |

| Balance (f)      | Peshorja (f)     | [pɛʃórja]    |
| Scorpion (m)     | Akrepi (m)       | [akrépi]     |
| Sagittaire (m)   | Shigjetari (m)   | [ʃiɟɛtári]   |
| Capricorne (m)   | Bricjapi (m)     | [britsjápi]  |
| Verseau (m)      | Ujori (m)        | [ujóri]      |
| Poissons (m pl)  | Peshqit (pl)     | [péʃcit]     |

| caractère (m)                  | karakter (m)              | [karaktér]              |
| traits (m pl) du caractère     | tipare të karakterit (pl) | [tipárɛ tə karaktérit]  |
| conduite (f)                   | sjellje (f)               | [sjéɫjɛ]                |
| dire la bonne aventure         | parashikoj fatin          | [paraʃikój fátin]       |
| diseuse (f) de bonne aventure  | lexuese e fatit (f)       | [lɛdzúɛsɛ ɛ fátit]      |
| horoscope (m)                  | horoskop (m)              | [horoskóp]              |

# L'art

## 149. Le théâtre

| | | |
|---|---|---|
| théâtre (m) | teatër (m) | [tɛátər] |
| opéra (m) | operë (f) | [opérə] |
| opérette (f) | operetë (f) | [opɛrétə] |
| ballet (m) | balet (m) | [balét] |

| | | |
|---|---|---|
| affiche (f) | afishe teatri (f) | [afíʃɛ tɛátri] |
| troupe (f) de théâtre | trupë teatrale (f) | [trúpə tɛatrálɛ] |
| tournée (f) | turne (f) | [turné] |
| être en tournée | jam në turne | [jam nə turné] |
| répéter (vt) | bëj prova | [bəj próva] |
| répétition (f) | provë (f) | [próvə] |
| répertoire (m) | repertor (m) | [rɛpɛrtór] |

| | | |
|---|---|---|
| représentation (f) | shfaqje (f) | [ʃfácjɛ] |
| spectacle (m) | shfaqje teatrale (f) | [ʃfácjɛ tɛatrálɛ] |
| pièce (f) de théâtre | dramë (f) | [drámə] |

| | | |
|---|---|---|
| billet (m) | biletë (f) | [bilétə] |
| billetterie (f pl) | zyrë e shitjeve të biletave (f) | [zýrə ɛ ʃítjɛvɛ tə bilétavɛ] |
| hall (m) | holl (m) | [hoɫ] |
| vestiaire (m) | dhoma e xhaketave (f) | [ðóma ɛ dʒakétavɛ] |
| jeton (m) de vestiaire | numri i xhaketës (m) | [númri i dʒakétəs] |
| jumelles (f pl) | dylbi (f) | [dylbí] |
| placeur (m) | portier (m) | [portiér] |

| | | |
|---|---|---|
| parterre (m) | plato (f) | [plató] |
| balcon (m) | ballkon (m) | [baɫkón] |
| premier (m) balcon | galeria e parë (f) | [galɛría ɛ párə] |
| loge (f) | lozhë (f) | [lóʒə] |
| rang (m) | rresht (m) | [réʃt] |
| place (f) | karrige (f) | [karígɛ] |

| | | |
|---|---|---|
| public (m) | publiku (m) | [publíku] |
| spectateur (m) | spektator (m) | [spɛktatór] |
| applaudir (vi) | duartrokas | [duartrokás] |
| applaudissements (m pl) | duartrokitje (f) | [duartrokítjɛ] |
| ovation (f) | brohoritje (f) | [brohorítjɛ] |

| | | |
|---|---|---|
| scène (f) (monter sur ~) | skenë (f) | [skénə] |
| rideau (m) | perde (f) | [pérdɛ] |
| décor (m) | skenografi (f) | [skɛnografí] |
| coulisses (f pl) | prapaskenë (f) | [prapaskénə] |

| | | |
|---|---|---|
| scène (f) (la dernière ~) | skenë (f) | [skénə] |
| acte (m) | akt (m) | [ákt] |
| entracte (m) | pushim (m) | [puʃím] |

## 150. Le cinéma

| | | |
|---|---|---|
| acteur (m) | aktor (m) | [aktór] |
| actrice (f) | aktore (f) | [aktóre] |

| | | |
|---|---|---|
| cinéma (m) (industrie) | kinema (f) | [kinɛmá] |
| film (m) | film (m) | [film] |
| épisode (m) | episod (m) | [ɛpisód] |

| | | |
|---|---|---|
| film (m) policier | triller (m) | [tritér] |
| film (m) d'action | aksion (m) | [aksión] |
| film (m) d'aventures | aventurë (f) | [avɛntúrə] |
| film (m) de science-fiction | fanta-shkencë (f) | [fánta-ʃkéntsə] |
| film (m) d'horreur | film horror (m) | [fílm horór] |

| | | |
|---|---|---|
| comédie (f) | komedi (f) | [komɛdí] |
| mélodrame (m) | melodramë (f) | [mɛlodrámə] |
| drame (m) | dramë (f) | [drámə] |

| | | |
|---|---|---|
| film (m) de fiction | film fiktiv (m) | [fílm fiktív] |
| documentaire (m) | dokumentar (m) | [dokumɛntár] |
| dessin (m) animé | film vizatimor (m) | [fílm vizatimór] |
| cinéma (m) muet | filma pa zë (m) | [fílma pa zə] |

| | | |
|---|---|---|
| rôle (m) | rol (m) | [rol] |
| rôle (m) principal | rol kryesor (m) | [rol kryɛsór] |
| jouer (vt) | luaj | [lúaj] |

| | | |
|---|---|---|
| vedette (f) | yll kinemaje (m) | [yɫ kinɛmájɛ] |
| connu (adj) | i njohur | [i ɲóhur] |
| célèbre (adj) | i famshëm | [i fámʃəm] |
| populaire (adj) | popullor | [popuɫór] |

| | | |
|---|---|---|
| scénario (m) | skenar (m) | [skɛnár] |
| scénariste (m) | skenarist (m) | [skɛnaríst] |
| metteur (m) en scène | regjisor (m) | [rɛɟisór] |
| producteur (m) | producent (m) | [produtsént] |
| assistant (m) | ndihmës (m) | [ndíhməs] |
| opérateur (m) | kameraman (m) | [kamɛramán] |
| cascadeur (m) | dubla (f) | [dúbla] |
| doublure (f) | dubla (f) | [dúbla] |

| | | |
|---|---|---|
| tourner un film | xhiroj film | [dʒirój film] |
| audition (f) | provë (f) | [próvə] |
| tournage (m) | xhirim (m) | [dʒirím] |
| équipe (f) de tournage | ekip kinematografik (m) | [ɛkíp kinɛmatografík] |
| plateau (m) de tournage | set kinematografik (m) | [sɛt kinɛmatografík] |
| caméra (f) | kamerë (f) | [kamérə] |

| | | |
|---|---|---|
| cinéma (m) | kinema (f) | [kinɛmá] |
| écran (m) | ekran (m) | [ɛkrán] |
| donner un film | shfaq film | [ʃfac film] |

| | | |
|---|---|---|
| piste (f) sonore | muzikë e filmit (f) | [muzíkə ɛ filmit] |
| effets (m pl) spéciaux | efekte speciale (pl) | [ɛféktɛ spɛtsiálɛ] |

| sous-titres (m pl) | titra (pl) | [títra] |
|---|---|---|
| générique (m) | lista e pjesëmarrësve (f) | [lísta ɛ pjɛsəmárəsvɛ] |
| traduction (f) | përkthim (m) | [pərkθím] |

## 151. La peinture

| art (m) | art (m) | [art] |
|---|---|---|
| beaux-arts (m pl) | artet e bukura (pl) | [ártɛt ɛ búkura] |
| galerie (f) d'art | galeri arti (f) | [galɛrí árti] |
| exposition (f) d'art | ekspozitë (f) | [ɛkspozítə] |

| peinture (f) | pikturë (f) | [piktúrə] |
|---|---|---|
| graphique (f) | art grafik (m) | [árt grafík] |
| art (m) abstrait | art abstrakt (m) | [árt abstrákt] |
| impressionnisme (m) | impresionizëm (m) | [imprɛsionízəm] |

| tableau (m) | pikturë (f) | [piktúrə] |
|---|---|---|
| dessin (m) | vizatim (m) | [vizatím] |
| poster (m) | poster (m) | [postér] |

| illustration (f) | ilustrim (m) | [ilustrím] |
|---|---|---|
| miniature (f) | miniaturë (f) | [miniatúrə] |
| copie (f) | kopje (f) | [kópjɛ] |
| reproduction (f) | riprodhim (m) | [riproðím] |

| mosaïque (f) | mozaik (m) | [mozaík] |
|---|---|---|
| vitrail (m) | pikturë në dritare (f) | [piktúrə nə dritárɛ] |
| fresque (f) | afresk (m) | [afrésk] |
| gravure (f) | gravurë (f) | [gravúrə] |

| buste (m) | bust (m) | [búst] |
|---|---|---|
| sculpture (f) | skulpturë (f) | [skulptúrə] |
| statue (f) | statujë (f) | [statújə] |
| plâtre (m) | allçi (f) | [aɫtʃí] |
| en plâtre | me allçi | [mɛ aɫtʃí] |

| portrait (m) | portret (m) | [portrét] |
|---|---|---|
| autoportrait (m) | autoportret (m) | [autoportrét] |
| paysage (m) | peizazh (m) | [pɛizáʒ] |
| nature (f) morte | natyrë e qetë (f) | [natýrə ɛ cétə] |
| caricature (f) | karikaturë (f) | [karikatúrə] |
| croquis (m) | skicë (f) | [skítsə] |

| peinture (f) | bojë (f) | [bójə] |
|---|---|---|
| aquarelle (f) | bojë uji (f) | [bójə úji] |
| huile (f) | bojë vaji (f) | [bójə váji] |
| crayon (m) | laps (m) | [láps] |
| encre (f) de Chine | bojë stilografi (f) | [bójə stilográfi] |
| fusain (m) | karbon (m) | [karbón] |

| dessiner (vi, vt) | vizatoj | [vizatój] |
|---|---|---|
| peindre (vi, vt) | pikturoj | [pikturój] |
| poser (vi) | pozoj | [pozój] |
| modèle (m) | model (m) | [modél] |

| modèle (f) | modele (f) | [modélɛ] |
| peintre (m) | piktor (m) | [piktór] |
| œuvre (f) d'art | vepër arti (f) | [vépər árti] |
| chef (m) d'œuvre | kryevepër (f) | [kryɛvépər] |
| atelier (m) d'artiste | studio (f) | [stúdio] |

| toile (f) | kanavacë (f) | [kanavátsə] |
| chevalet (m) | këmbalec (m) | [kəmbaléts] |
| palette (f) | paletë (f) | [palétə] |

| encadrement (m) | kornizë (f) | [kornízə] |
| restauration (f) | restaurim (m) | [rɛstaurím] |
| restaurer (vt) | restauroj | [rɛstaurój] |

## 152. La littérature et la poésie

| littérature (f) | letërsi (f) | [lɛtərsí] |
| auteur (m) (écrivain) | autor (m) | [autór] |
| pseudonyme (m) | pseudonim (m) | [psɛudoním] |

| livre (m) | libër (m) | [líbər] |
| volume (m) | vëllim (m) | [vəɬím] |
| table (f) des matières | tabela e përmbajtjes (f) | [tabéla ɛ pərmbájtjɛs] |
| page (f) | faqe (f) | [fácɛ] |
| protagoniste (m) | personazhi kryesor (m) | [pɛrsonáʒi kryɛsór] |
| autographe (m) | autograf (m) | [autográf] |

| récit (m) | tregim i shkurtër (m) | [trɛgím i ʃkúrtər] |
| nouvelle (f) | novelë (f) | [novélə] |
| roman (m) | roman (m) | [román] |
| œuvre (f) littéraire | vepër (m) | [vépər] |
| fable (f) | fabula (f) | [fábula] |
| roman (m) policier | roman policesk (m) | [román politsésk] |

| vers (m) | vjershë (f) | [vjérʃə] |
| poésie (f) | poezi (f) | [poɛzí] |
| poème (m) | poemë (f) | [poémə] |
| poète (m) | poet (m) | [poét] |

| belles-lettres (f pl) | trillim (m) | [triɬím] |
| science-fiction (f) | fanta-shkencë (f) | [fánta-ʃkéntsə] |
| aventures (f pl) | aventurë (f) | [avɛntúrə] |
| littérature (f) didactique | letërsi edukative (f) | [lɛtərsí ɛdukatívɛ] |
| littérature (f) pour enfants | letërsi për fëmijë (f) | [lɛtərsí pər fəmíjə] |

## 153. Le cirque

| cirque (m) | cirk (m) | [tsírk] |
| chapiteau (m) | cirk udhëtues (m) | [tsírk uðətúɛs] |
| programme (m) | program (m) | [prográm] |
| représentation (f) | shfaqje (f) | [ʃfácjɛ] |
| numéro (m) | akt (m) | [ákt] |

| | | |
|---|---|---|
| arène (f) | arenë cirku (f) | [aréne tsírku] |
| pantomime (f) | pantomimë (f) | [pantomíme] |
| clown (m) | kloun (m) | [kloún] |

| | | |
|---|---|---|
| acrobate (m) | akrobat (m) | [akrobát] |
| acrobatie (f) | akrobaci (f) | [akrobatsí] |
| gymnaste (m) | gjimnast (m) | [ɟimnást] |
| gymnastique (f) | gjimnastikë (f) | [ɟimnastíke] |
| salto (m) | salto (f) | [sálto] |

| | | |
|---|---|---|
| hercule (m) | atlet (m) | [atlét] |
| dompteur (m) | zbutës (m) | [zbútes] |
| écuyer (m) | kalorës (m) | [kalóres] |
| assistant (m) | ndihmës (m) | [ndíhmes] |

| | | |
|---|---|---|
| truc (m) | akrobaci (f) | [akrobatsí] |
| tour (m) de passe-passe | truk magjik (m) | [truk maɟík] |
| magicien (m) | magjistar (m) | [maɟistár] |

| | | |
|---|---|---|
| jongleur (m) | zhongler (m) | [ʒoŋlér] |
| jongler (vi) | luaj | [lúaj] |
| dresseur (m) | zbutës kafshësh (m) | [zbútes káfʃeʃ] |
| dressage (m) | zbutje kafshësh (f) | [zbútjɛ káfʃeʃ] |
| dresser (vt) | stërvit | [stervít] |

## 154. La musique

| | | |
|---|---|---|
| musique (f) | muzikë (f) | [muzíke] |
| musicien (m) | muzikant (m) | [muzikánt] |
| instrument (m) de musique | instrument muzikor (m) | [instrumént muzikór] |
| jouer de ... | i bie ... | [i bíɛ ...] |

| | | |
|---|---|---|
| guitare (f) | kitarë (f) | [kitáre] |
| violon (m) | violinë (f) | [violíne] |
| violoncelle (m) | violonçel (m) | [violontʃél] |
| contrebasse (f) | kontrabas (m) | [kontrabás] |
| harpe (f) | lira (f) | [líra] |

| | | |
|---|---|---|
| piano (m) | piano (f) | [piáno] |
| piano (m) à queue | pianoforte (f) | [pianofórtɛ] |
| orgue (m) | organo (f) | [orgáno] |

| | | |
|---|---|---|
| instruments (m pl) à vent | instrumente frymore (pl) | [instruméntɛ frymórɛ] |
| hautbois (m) | oboe (f) | [obóɛ] |
| saxophone (m) | saksofon (m) | [saksofón] |
| clarinette (f) | klarinetë (f) | [klarinéte] |
| flûte (f) | flaut (m) | [flaút] |
| trompette (f) | trombë (f) | [trómbe] |

| | | |
|---|---|---|
| accordéon (m) | fizarmonikë (f) | [fizarmoníke] |
| tambour (m) | daulle (f) | [daúɫɛ] |

| | | |
|---|---|---|
| duo (m) | duet (m) | [duét] |
| trio (m) | trio (f) | [trío] |

| quartette (m) | kuartet (m) | [kuartét] |
| chœur (m) | kor (m) | [kor] |
| orchestre (m) | orkestër (f) | [orkéstər] |

| musique (f) pop | muzikë pop (f) | [muzíkə pop] |
| musique (f) rock | muzikë rok (m) | [muzíkə rok] |
| groupe (m) de rock | grup rok (m) | [grup rók] |
| jazz (m) | xhaz (m) | [dʒaz] |

| idole (f) | idhull (m) | [íðuɫ] |
| admirateur (m) | admirues (m) | [admirúɛs] |

| concert (m) | koncert (m) | [kontsért] |
| symphonie (f) | simfoni (f) | [simfoní] |
| œuvre (f) musicale | kompozicion (m) | [kompozitsión] |
| composer (vt) | kompozoj | [kompozój] |

| chant (m) (~ d'oiseau) | këndim (m) | [kəndím] |
| chanson (f) | këngë (f) | [kéŋə] |
| mélodie (f) | melodi (f) | [mɛlodí] |
| rythme (m) | ritëm (m) | [rítəm] |
| blues (m) | bluz (m) | [blúz] |

| notes (f pl) | partiturë (f) | [partitúrə] |
| baguette (f) | shkopi i dirigjimit (m) | [ʃkopi i diriɟímit] |
| archet (m) | hark (m) | [hárk] |
| corde (f) | tel (m) | [tɛl] |
| étui (m) | kuti (f) | [kutí] |

# Les loisirs. Les voyages

## 155. Les voyages. Les excursions

| | | |
|---|---|---|
| tourisme (m) | turizëm (m) | [turízəm] |
| touriste (m) | turist (m) | [turíst] |
| voyage (m) (à l'étranger) | udhëtim (m) | [uðətím] |
| aventure (f) | aventurë (f) | [avɛntúrə] |
| voyage (m) | udhëtim (m) | [uðətím] |

| | | |
|---|---|---|
| vacances (f pl) | pushim (m) | [puʃím] |
| être en vacances | jam me pushime | [jam mɛ puʃímɛ] |
| repos (m) (jours de ~) | pushim (m) | [puʃím] |

| | | |
|---|---|---|
| train (m) | tren (m) | [trɛn] |
| en train | me tren | [mɛ trén] |
| avion (m) | avion (m) | [avión] |
| en avion | me avion | [mɛ avión] |
| en voiture | me makinë | [mɛ makínə] |
| en bateau | me anije | [mɛ aníjɛ] |

| | | |
|---|---|---|
| bagage (m) | bagazh (m) | [bagáʒ] |
| malle (f) | valixhe (f) | [valídʒɛ] |
| chariot (m) | karrocë bagazhesh (f) | [karótsə bagáʒɛʃ] |

| | | |
|---|---|---|
| passeport (m) | pasaportë (f) | [pasapórtə] |
| visa (m) | vizë (f) | [vízə] |
| ticket (m) | biletë (f) | [bilétə] |
| billet (m) d'avion | biletë avioni (f) | [bilétə avióni] |

| | | |
|---|---|---|
| guide (m) (livre) | guidë turistike (f) | [guídə turistíkɛ] |
| carte (f) | hartë (f) | [hártə] |
| région (f) (~ rurale) | zonë (f) | [zónə] |
| endroit (m) | vend (m) | [vɛnd] |

| | | |
|---|---|---|
| exotisme (m) | ekzotikë (f) | [ɛkzotíkə] |
| exotique (adj) | ekzotik | [ɛkzotík] |
| étonnant (adj) | mahnitëse | [mahnítəsɛ] |

| | | |
|---|---|---|
| groupe (m) | grup (m) | [grup] |
| excursion (f) | ekskursion (m) | [ɛkskursión] |
| guide (m) (personne) | udhërrëfyes (m) | [uðərəfýɛs] |

## 156. L'hôtel

| | | |
|---|---|---|
| hôtel (m), auberge (f) | hotel (m) | [hotél] |
| motel (m) | motel (m) | [motél] |
| 3 étoiles | me tre yje | [mɛ trɛ ýjɛ] |

| 5 étoiles | me pesë yje | [mɛ pésə ýjɛ] |
| descendre (à l'hôtel) | qëndroj | [cəndrój] |

| chambre (f) | dhomë (f) | [ðómə] |
| chambre (f) simple | dhomë teke (f) | [ðómə tékɛ] |
| chambre (f) double | dhomë dyshe (f) | [ðómə dýʃɛ] |
| réserver une chambre | rezervoj një dhomë | [rɛzɛrvój ɲə ðómə] |

| demi-pension (f) | gjysmë-pension (m) | [ɟýsmə-pɛnsión] |
| pension (f) complète | pension i plotë (m) | [pɛnsión i plótə] |

| avec une salle de bain | me banjo | [mɛ báɲo] |
| avec une douche | me dush | [mɛ dúʃ] |
| télévision (f) par satellite | televizor satelitor (m) | [tɛlɛvizór satɛlitór] |
| climatiseur (m) | kondicioner (m) | [konditsionér] |
| serviette (f) | peshqir (m) | [pɛʃcír] |
| clé (f) | çelës (m) | [tʃéləs] |

| administrateur (m) | administrator (m) | [administratór] |
| femme (f) de chambre | pastruese (f) | [pastrúɛsɛ] |
| porteur (m) | portier (m) | [portiér] |
| portier (m) | portier (m) | [portiér] |

| restaurant (m) | restorant (m) | [rɛstoránt] |
| bar (m) | pab (m), pijetore (f) | [pab], [pijɛtórɛ] |
| petit déjeuner (m) | mëngjes (m) | [məɲés] |
| dîner (m) | darkë (f) | [dárkə] |
| buffet (m) | bufe (f) | [bufé] |

| hall (m) | holl (m) | [hoł] |
| ascenseur (m) | ashensor (m) | [aʃɛnsór] |

| PRIÈRE DE NE PAS DÉRANGER | MOS SHQETËSONI | [mos ʃcɛtəsóni] |
| DÉFENSE DE FUMER | NDALOHET DUHANI | [ndalóhɛt duháni] |

## 157. Le livre. La lecture

| livre (m) | libër (m) | [líbər] |
| auteur (m) | autor (m) | [autór] |
| écrivain (m) | shkrimtar (m) | [ʃkrimtár] |
| écrire (~ un livre) | shkruaj | [ʃkrúaj] |

| lecteur (m) | lexues (m) | [lɛdzúɛs] |
| lire (vi, vt) | lexoj | [lɛdzój] |
| lecture (f) | lexim (m) | [lɛdzím] |

| à part soi | pa zë | [pa zə] |
| à haute voix | me zë | [mɛ zə] |

| éditer (vt) | botoj | [botój] |
| édition (f) (~ des livres) | botim (m) | [botím] |
| éditeur (m) | botues (m) | [botúɛs] |
| maison (f) d'édition | shtëpi botuese (f) | [ʃtəpí botúɛsɛ] |

| paraître (livre) | botohet | [botóhɛt] |
| sortie (f) (~ d'un livre) | botim (m) | [botím] |
| tirage (m) | edicion (m) | [ɛditsión] |

| librairie (f) | librari (f) | [librarí] |
| bibliothèque (f) | bibliotekë (f) | [bibliotékə] |

| nouvelle (f) | novelë (f) | [novélə] |
| récit (m) | tregim i shkurtër (m) | [trɛgím i ʃkúrtər] |
| roman (m) | roman (m) | [román] |
| roman (m) policier | roman policesk (m) | [román politsésk] |

| mémoires (m pl) | kujtime (pl) | [kujtímɛ] |
| légende (f) | legjendë (f) | [lɛɟéndə] |
| mythe (m) | mit (m) | [mit] |

| vers (m pl) | poezi (f) | [poɛzí] |
| autobiographie (f) | autobiografi (f) | [autobiografí] |
| les œuvres choisies | vepra të zgjedhura (f) | [vépra tə zɟéðura] |
| science-fiction (f) | fanta-shkencë (f) | [fánta-ʃkéntsə] |

| titre (m) | titull (m) | [títuɫ] |
| introduction (f) | hyrje (f) | [hýrjɛ] |
| page (f) de titre | faqe e titullit (f) | [fácɛ ɛ títuɫit] |

| chapitre (m) | kreu (m) | [kréu] |
| extrait (m) | ekstrakt (m) | [ɛkstrákt] |
| épisode (m) | episod (m) | [ɛpisód] |

| sujet (m) | fabul (f) | [fábul] |
| sommaire (m) | përmbajtje (f) | [pərmbájtjɛ] |
| table (f) des matières | tabela e përmbajtjes (f) | [tabéla ɛ pərmbájtjɛs] |
| protagoniste (m) | personazhi kryesor (m) | [pɛrsonáʒi kryɛsór] |

| volume (m) | vëllim (m) | [vəɫím] |
| couverture (f) | kopertinë (f) | [kopɛrtínə] |
| reliure (f) | libërlidhje (f) | [libərlíðjɛ] |
| marque-page (m) | shënjim (m) | [ʃəɲím] |

| page (f) | faqe (f) | [fácɛ] |
| feuilleter (vt) | kaloj faqet | [kalój fácɛt] |
| marges (f pl) | margjinat (pl) | [marɟínat] |
| annotation (f) | shënim (m) | [ʃəním] |
| note (f) de bas de page | fusnotë (f) | [fusnótə] |

| texte (m) | tekst (m) | [tɛkst] |
| police (f) | lloji i shkrimit (m) | [ɫóji i ʃkrímit] |
| faute (f) d'impression | gabim ortografik (m) | [gabím ortografík] |

| traduction (f) | përkthim (m) | [pərkθím] |
| traduire (vt) | përkthej | [pərkθéj] |
| original (m) | origjinal (m) | [oriɟinál] |

| célèbre (adj) | i famshëm | [i fámʃəm] |
| inconnu (adj) | i panjohur | [i paɲóhur] |
| intéressant (adj) | interesant | [intɛrɛsánt] |

| | | |
|---|---|---|
| best-seller (m) | libër më i shitur (m) | [líbər mə i ʃítur] |
| dictionnaire (m) | fjalor (m) | [fjalór] |
| manuel (m) | tekst mësimor (m) | [tɛkst məsimór] |
| encyclopédie (f) | enciklopedi (f) | [ɛntsiklopɛdí] |

## 158. La chasse. La pêche

| | | |
|---|---|---|
| chasse (f) | gjueti (f) | [ɟuɛtí] |
| chasser (vi, vt) | dal për gjah | [dál pər ɟáh] |
| chasseur (m) | gjahtar (m) | [ɟahtár] |

| | | |
|---|---|---|
| tirer (vi) | qëlloj | [cəɫój] |
| fusil (m) | pushkë (f) | [púʃkə] |
| cartouche (f) | fishek (m) | [fiʃék] |
| grains (m pl) de plomb | plumb (m) | [plúmb] |

| | | |
|---|---|---|
| piège (m) à mâchoires | grackë (f) | [grátskə] |
| piège (m) | kurth (m) | [kurθ] |
| être pris dans un piège | bie në grackë | [bíɛ nə grátskə] |
| mettre un piège | ngre grackë | [ŋré grátskə] |

| | | |
|---|---|---|
| braconnier (m) | gjahtar i jashtëligjshëm (m) | [ɟahtár i jaʃtəlíɟʃəm] |
| gibier (m) | gjah (m) | [ɟáh] |
| chien (m) de chasse | zagar (m) | [zagár] |
| safari (m) | safari (m) | [safári] |
| animal (m) empaillé | kafshë e balsamosur (f) | [káfʃə ɛ balsamósur] |

| | | |
|---|---|---|
| pêcheur (m) | peshkatar (m) | [pɛʃkatár] |
| pêche (f) | peshkim (m) | [pɛʃkím] |
| pêcher (vi) | peshkoj | [pɛʃkój] |

| | | |
|---|---|---|
| canne (f) à pêche | kallam peshkimi (m) | [kaɫám pɛʃkími] |
| ligne (f) de pêche | tojë peshkimi (f) | [tójə pɛʃkími] |
| hameçon (m) | grep (m) | [grép] |
| flotteur (m) | tapë (f) | [tápə] |
| amorce (f) | karrem (m) | [karém] |

| | | |
|---|---|---|
| lancer la ligne | hedh grepin | [hɛð grépin] |
| mordre (vt) | bie në grep | [bíɛ nə grép] |

| | | |
|---|---|---|
| pêche (f) (poisson capturé) | kapje peshku (f) | [kápjɛ péʃku] |
| trou (m) dans la glace | vrimë në akull (f) | [vrímə nə ákuɫ] |

| | | |
|---|---|---|
| filet (m) | rrjetë peshkimi (f) | [rjétə pɛʃkími] |
| barque (f) | varkë (f) | [várkə] |

| | | |
|---|---|---|
| pêcher au filet | peshkoj me rrjeta | [pɛʃkój mɛ rjéta] |
| jeter un filet | hedh rrjetat | [hɛð rjétat] |
| retirer le filet | tërheq rrjetat | [tərhéc rjétat] |
| tomber dans le filet | bie në rrjetë | [bíɛ nə rjétə] |

| | | |
|---|---|---|
| baleinier (m) | gjuetar balenash (m) | [ɟuɛtár balénaʃ] |
| baleinière (f) | balenagjuajtëse (f) | [balɛnaɟuajtəsɛ] |
| harpon (m) | fuzhnjë (f) | [fúʒɲə] |

## 159. Les jeux. Le billard

| | | |
|---|---|---|
| billard (m) | bilardo (f) | [bilárdo] |
| salle (f) de billard | sallë bilardosh (f) | [sátə bilárdoʃ] |
| bille (f) de billard | bile (f) | [bílɛ] |
| | | |
| empocher une bille | fus në vrimë | [fús nə vrímə] |
| queue (f) | stekë (f) | [stékə] |
| poche (f) | xhep (m), vrimë (f) | [dʒɛp], [vrímə] |

## 160. Les jeux de cartes

| | | |
|---|---|---|
| carreau (m) | karo (f) | [káro] |
| pique (m) | maç (m) | [matʃ] |
| cœur (m) | kupë (f) | [kúpə] |
| trèfle (m) | spathi (m) | [spáθi] |
| | | |
| as (m) | as (m) | [ás] |
| roi (m) | mbret (m) | [mbrét] |
| dame (f) | mbretëreshë (f) | [mbrɛtəréʃə] |
| valet (m) | fant (m) | [fant] |
| | | |
| carte (f) | letër (f) | [létər] |
| jeu (m) de cartes | letrat (pl) | [létrat] |
| atout (m) | letër e fortë (f) | [létər ɛ fórtə] |
| paquet (m) de cartes | set letrash (m) | [sɛt létraʃ] |
| | | |
| point (m) | pikë (f) | [píkə] |
| distribuer (les cartes) | ndaj | [ndáj] |
| battre les cartes | përziej | [pərzíɛj] |
| tour (m) de jouer | radha (f) | [ráða] |
| tricheur (m) | mashtrues (m) | [maʃtrúɛs] |

## 161. Le casino. La roulette

| | | |
|---|---|---|
| casino (m) | kazino (f) | [kazíno] |
| roulette (f) | ruletë (f) | [rulétə] |
| mise (f) | bast (m) | [bast] |
| miser (vt) | vë bast | [və bast] |
| | | |
| rouge (m) | e kuqe (f) | [ɛ kúcɛ] |
| noir (m) | e zezë (f) | [ɛ zézə] |
| miser sur le rouge | vë bast në të kuqe | [və bast nə tə kúcɛ] |
| miser sur le noir | vë bast në të zezë | [və bast nə tə zézə] |
| | | |
| croupier (m) | krupier (m) | [krupiér] |
| faire tourner la roue | rrotulloj ruletën | [rotułój rulétən] |
| règles (f pl) du jeu | rregullat (pl) | [régułat] |
| fiche (f) | fishe (f) | [fíʃɛ] |
| gagner (vi, vt) | fitoj | [fitój] |
| gain (m) | fitim (m) | [fitím] |

| | | |
|---|---|---|
| perdre (vi) | humb | [húmb] |
| perte (f) | humbje (f) | [húmbjɛ] |

| | | |
|---|---|---|
| joueur (m) | lojtar (m) | [lojtár] |
| black-jack (m) | blackjack (m) | [blatskjátsk] |
| jeu (m) de dés | lojë me zare (f) | [lójə mɛ zárɛ] |
| dés (m pl) | zare (f) | [zárɛ] |
| machine (f) à sous | makinë e lojërave të fatit (f) | [makínə ɛ lojərávɛ tə fátit] |

## 162. Les loisirs. Les jeux

| | | |
|---|---|---|
| se promener (vp) | shëtitem | [ʃətítɛm] |
| promenade (f) | shëtitje (f) | [ʃətítjɛ] |
| promenade (f) (en voiture) | xhiro me makinë (f) | [dʒíro mɛ makínə] |
| aventure (f) | aventurë (f) | [avɛntúrə] |
| pique-nique (m) | piknik (m) | [pikník] |

| | | |
|---|---|---|
| jeu (m) | lojë (f) | [lójə] |
| joueur (m) | lojtar (m) | [lojtár] |
| partie (f) (~ de cartes, etc.) | një lojë (f) | [ɲə lójə] |

| | | |
|---|---|---|
| collectionneur (m) | koleksionist (m) | [kolɛksioníst] |
| collectionner (vt) | koleksionoj | [kolɛksionój] |
| collection (f) | koleksion (m) | [kolɛksión] |

| | | |
|---|---|---|
| mots (m pl) croisés | fjalëkryq (m) | [fjaləkrýc] |
| hippodrome (m) | hipodrom (m) | [hipodróm] |
| discothèque (f) | disko (f) | [dísko] |

| | | |
|---|---|---|
| sauna (m) | sauna (f) | [saúna] |
| loterie (f) | lotari (f) | [lotarí] |

| | | |
|---|---|---|
| trekking (m) | kamping (m) | [kampíŋ] |
| camp (m) | kamp (m) | [kamp] |
| tente (f) | çadër kampingu (f) | [tʃádər kampíŋu] |
| boussole (f) | kompas (m) | [kompás] |
| campeur (m) | kampinist (m) | [kampiníst] |

| | | |
|---|---|---|
| regarder (la télé) | shikoj | [ʃikój] |
| téléspectateur (m) | teleshikues (m) | [tɛlɛʃikúɛs] |
| émission (f) de télé | program televiziv (m) | [prográm tɛlɛvizív] |

## 163. La photographie

| | | |
|---|---|---|
| appareil (m) photo | aparat fotografik (m) | [aparát fotografík] |
| photo (f) | foto (f) | [fóto] |

| | | |
|---|---|---|
| photographe (m) | fotograf (m) | [fotográf] |
| studio (m) de photo | studio fotografike (f) | [stúdio fotografíkɛ] |
| album (m) de photos | album fotografik (m) | [albúm fotografík] |
| objectif (m) | objektiv (m) | [objɛktív] |
| téléobjectif (m) | teleobjektiv (m) | [tɛlɛobjɛktív] |

| filtre (m) | filtër (m) | [fíltər] |
| lentille (f) | lente (f) | [léntɛ] |

| optique (f) | optikë (f) | [optíkə] |
| diaphragme (m) | diafragma (f) | [diafrágma] |
| temps (m) de pose | koha e ekspozimit (f) | [kóha ɛ ɛkspozímit] |
| viseur (m) | tregues i kuadrit (m) | [trɛgúɛs i kuádrit] |

| appareil (m) photo numérique | kamerë digjitale (f) | [kamérə diɟitálɛ] |
| trépied (m) | tripod (m) | [tripód] |
| flash (m) | blic (m) | [blits] |

| photographier (vt) | fotografoj | [fotografój] |
| prendre en photo | bëj foto | [bəj fóto] |
| se faire prendre en photo | bëj fotografi | [bəj fotografí] |

| mise (f) au point | fokus (m) | [fokús] |
| mettre au point | fokusoj | [fokusój] |
| net (adj) | i qartë | [i cártə] |
| netteté (f) | qartësi (f) | [cartəsí] |

| contraste (m) | kontrast (m) | [kontrást] |
| contrasté (adj) | me kontrast | [mɛ kontrást] |

| épreuve (f) | foto (f) | [fóto] |
| négatif (m) | negativ (m) | [nɛgatív] |
| pellicule (f) | film negativash (m) | [fílm nɛgatívaʃ] |
| image (f) | imazh (m) | [imáʒ] |
| tirer (des photos) | printoj | [printój] |

## 164. La plage. La baignade

| plage (f) | plazh (m) | [plaʒ] |
| sable (m) | rërë (f) | [rérə] |
| désert (plage ~e) | plazh i shkretë | [plaʒ i ʃkrétə] |

| bronzage (m) | nxirje nga dielli (f) | [ndzírjɛ ŋa díɛli] |
| se bronzer (vp) | nxihem | [ndzíhɛm] |
| bronzé (adj) | i nxirë | [i ndzírə] |
| crème (f) solaire | krem dielli (f) | [krɛm díɛli] |

| bikini (m) | bikini (m) | [bikíni] |
| maillot (m) de bain | rrobë banje (f) | [róbə báɲɛ] |
| slip (m) de bain | mbathje banjo (f) | [mbáθjɛ báɲo] |

| piscine (f) | pishinë (f) | [piʃínə] |
| nager (vi) | notoj | [notój] |
| douche (f) | dush (m) | [duʃ] |
| se changer (vp) | ndërroj | [ndərój] |
| serviette (f) | peshqir (m) | [pɛʃcír] |

| barque (f) | varkë (f) | [várkə] |
| canot (m) à moteur | skaf (m) | [skaf] |
| ski (m) nautique | ski ujor (m) | [ski ujór] |

| | | |
|---|---|---|
| pédalo (m) | **varkë me pedale** (f) | [várkə mɛ pɛdálɛ] |
| surf (m) | **surf** (m) | [surf] |
| surfeur (m) | **surfist** (m) | [surfíst] |

| | | |
|---|---|---|
| scaphandre (m) autonome | **komplet për skuba** (f) | [komplét pər skúba] |
| palmes (f pl) | **këmbale noti** (pl) | [kəmbálɛ nóti] |
| masque (m) | **maskë** (f) | [máskə] |
| plongeur (m) | **zhytës** (m) | [ʒýtəs] |
| plonger (vi) | **zhytem** | [ʒýtɛm] |
| sous l'eau (adv) | **nën ujë** | [nən újə] |

| | | |
|---|---|---|
| parasol (m) | **çadër plazhi** (f) | [tʃádər pláʒi] |
| chaise (f) longue | **shezlong** (m) | [ʃɛzlóŋ] |
| lunettes (f pl) de soleil | **syze dielli** (f) | [sýzɛ diéti] |
| matelas (m) pneumatique | **dyshek me ajër** (m) | [dyʃék mɛ ájər] |

| | | |
|---|---|---|
| jouer (s'amuser) | **loz** | [loz] |
| se baigner (vp) | **notoj** | [notój] |

| | | |
|---|---|---|
| ballon (m) de plage | **top plazhi** (m) | [top pláʒi] |
| gonfler (vt) | **fryj** | [fryj] |
| gonflable (adj) | **që fryhet** | [cə frýhɛt] |

| | | |
|---|---|---|
| vague (f) | **dallgë** (f) | [dátgə] |
| bouée (f) | **tapë** (f) | [tápə] |
| se noyer (vp) | **mbytem** | [mbýtɛm] |

| | | |
|---|---|---|
| sauver (vt) | **shpëtoj** | [ʃpətój] |
| gilet (m) de sauvetage | **jelek shpëtimi** (m) | [jɛlék ʃpətími] |
| observer (vt) | **vëzhgoj** | [vəʒgój] |
| maître nageur (m) | **rojë bregdetare** (m) | [rójə brɛgdɛtárɛ] |

# LE MATÉRIEL TECHNIQUE. LES TRANSPORTS

## Le matériel technique

### 165. L'informatique

| | | |
|---|---|---|
| ordinateur (m) | kompjuter (m) | [kompjutér] |
| PC (m) portable | laptop (m) | [laptóp] |
| | | |
| allumer (vt) | ndez | [ndɛz] |
| éteindre (vt) | fik | [fik] |
| | | |
| clavier (m) | tastiera (f) | [tastiéra] |
| touche (f) | çelës (m) | [tʃéləs] |
| souris (f) | maus (m) | [máus] |
| tapis (m) de souris | shtroje e mausit (f) | [ʃtrójɛ ɛ máusit] |
| | | |
| bouton (m) | buton (m) | [butón] |
| curseur (m) | kursor (m) | [kursór] |
| | | |
| moniteur (m) | monitor (m) | [monitór] |
| écran (m) | ekran (m) | [ɛkrán] |
| | | |
| disque (m) dur | hard disk (m) | [hárd dísk] |
| capacité (f) du disque dur | kapaciteti i hard diskut (m) | [kapatsitéti i hárd dískut] |
| mémoire (f) | memorie (f) | [mɛmóriɛ] |
| mémoire (f) vive | memorie operative (f) | [mɛmóriɛ opɛratívɛ] |
| | | |
| fichier (m) | skedë (f) | [skédə] |
| dossier (m) | dosje (f) | [dósjɛ] |
| ouvrir (vt) | hap | [hap] |
| fermer (vt) | mbyll | [mbyɬ] |
| | | |
| sauvegarder (vt) | ruaj | [rúaj] |
| supprimer (vt) | fshij | [fʃíj] |
| copier (vt) | kopjoj | [kopjój] |
| trier (vt) | sistemoj | [sistɛmój] |
| copier (vt) | transferoj | [transfɛrój] |
| | | |
| programme (m) | program (m) | [prográm] |
| logiciel (m) | softuer (f) | [softuér] |
| programmeur (m) | programues (m) | [programúɛs] |
| programmer (vt) | programoj | [programój] |
| | | |
| hacker (m) | haker (m) | [hakér] |
| mot (m) de passe | fjalëkalim (m) | [fjaləkalím] |
| virus (m) | virus (m) | [virús] |
| découvrir (détecter) | zbuloj | [zbulój] |
| bit (m) | bajt (m) | [bájt] |

| | | |
|---|---|---|
| mégabit (m) | megabajt (m) | [mɛgabájt] |
| données (f pl) | të dhënat (pl) | [tə ðénat] |
| base (f) de données | databazë (f) | [databázə] |

| | | |
|---|---|---|
| câble (m) | kabllo (f) | [kábɫo] |
| déconnecter (vt) | shkëpus | [ʃkəpús] |
| connecter (vt) | lidh | [lið] |

## 166. L'Internet. Le courrier électronique

| | | |
|---|---|---|
| Internet (m) | internet (m) | [intɛrnét] |
| navigateur (m) | shfletues (m) | [ʃflɛtúɛs] |
| moteur (m) de recherche | makineri kërkimi (f) | [makinɛrí kərkími] |
| fournisseur (m) d'accès | ofrues (m) | [ofrúɛs] |

| | | |
|---|---|---|
| administrateur (m) de site | uebmaster (m) | [uɛbmástɛr] |
| site (m) web | ueb-faqe (f) | [uéb-fácɛ] |
| page (f) web | ueb-faqe (f) | [uéb-fácɛ] |

| | | |
|---|---|---|
| adresse (f) | adresë (f) | [adrésə] |
| carnet (m) d'adresses | libërth adresash (m) | [líbərθ adrésaʃ] |

| | | |
|---|---|---|
| boîte (f) de réception | kuti postare (f) | [kutí postárɛ] |
| courrier (m) | postë (f) | [póstə] |
| pleine (adj) | i mbushur | [i mbúʃur] |

| | | |
|---|---|---|
| message (m) | mesazh (m) | [mɛsáʒ] |
| messages (pl) entrants | mesazhe të ardhura (pl) | [mɛsáʒɛ tə árðura] |
| messages (pl) sortants | mesazhe të dërguara (pl) | [mɛsáʒɛ tə dərgúara] |

| | | |
|---|---|---|
| expéditeur (m) | dërguesi (m) | [dərgúɛsi] |
| envoyer (vt) | dërgoj | [dərgój] |
| envoi (m) | dërgesë (f) | [dərgésə] |

| | | |
|---|---|---|
| destinataire (m) | pranues (m) | [pranúɛs] |
| recevoir (vt) | pranoj | [pranój] |

| | | |
|---|---|---|
| correspondance (f) | korrespondencë (f) | [korɛspondéntsə] |
| être en correspondance | komunikim | [komuníkím] |

| | | |
|---|---|---|
| fichier (m) | skedë (f) | [skédə] |
| télécharger (vt) | shkarkoj | [ʃkarkój] |
| créer (vt) | krijoj | [krijój] |
| supprimer (vt) | fshij | [fʃij] |
| supprimé (adj) | e fshirë | [ɛ fʃírə] |

| | | |
|---|---|---|
| connexion (f) (ADSL, etc.) | lidhje (f) | [líðjɛ] |
| vitesse (f) | shpejtësi (f) | [ʃpɛjtəsí] |
| modem (m) | modem (m) | [modém] |
| accès (m) | hyrje (f) | [hýrjɛ] |
| port (m) | port (m) | [port] |

| | | |
|---|---|---|
| connexion (f) (établir la ~) | lidhje (f) | [líðjɛ] |
| se connecter à … | lidhem me … | [líðɛm mɛ …] |

| sélectionner (vt) | përzgjedh | [pərzjéð] |
| rechercher (vt) | kërkoj ... | [kərkój ...] |

## 167. L'électricité

| électricité (f) | elektricitet (m) | [ɛlɛktritsitét] |
| électrique (adj) | elektrik | [ɛlɛktrík] |
| centrale (f) électrique | hidrocentral (m) | [hidrotsɛntrál] |
| énergie (f) | energji (f) | [ɛnɛrjí] |
| énergie (f) électrique | energji elektrike (f) | [ɛnɛrjí ɛlɛktríkɛ] |

| ampoule (f) | poç (m) | [potʃ] |
| torche (f) | llambë dore (f) | [ɫámbə dórɛ] |
| réverbère (m) | llambë rruge (f) | [ɫámbə rúgɛ] |

| lumière (f) | dritë (f) | [drítə] |
| allumer (vt) | ndez | [ndɛz] |
| éteindre (vt) | fik | [fik] |
| éteindre la lumière | fik dritën | [fík drítən] |

| être grillé | digjet | [díjɛt] |
| court-circuit (m) | qark i shkurtër (m) | [cark i ʃkúrtər] |
| rupture (f) | tel i prishur (m) | [tɛl i príʃur] |
| contact (m) | kontakt (m) | [kontákt] |

| interrupteur (m) | çelës drite (m) | [tʃélǝs drítɛ] |
| prise (f) | prizë (f) | [prízǝ] |
| fiche (f) | spinë (f) | [spínǝ] |
| rallonge (f) | zgjatues (m) | [zjatúɛs] |

| fusible (m) | siguresë (f) | [sigurésǝ] |
| fil (m) | kabllo (f) | [kábɫo] |
| installation (f) électrique | rrjet elektrik (m) | [rjét ɛlɛktrík] |

| ampère (m) | amper (m) | [ampér] |
| intensité (f) du courant | amperazh (f) | [ampɛráʒ] |
| volt (m) | volt (m) | [volt] |
| tension (f) | voltazh (m) | [voltáʒ] |

| appareil (m) électrique | aparat elektrik (m) | [aparát ɛlɛktrík] |
| indicateur (m) | indikator (m) | [indikatór] |

| électricien (m) | elektricist (m) | [ɛlɛktritsíst] |
| souder (vt) | saldoj | [saldój] |
| fer (m) à souder | pajisje saldimi (f) | [pajísjɛ saldími] |
| courant (m) | korrent elektrik (m) | [korént ɛlɛktrík] |

## 168. Les outils

| outil (m) | vegël (f) | [végǝl] |
| outils (m pl) | vegla (pl) | [végla] |
| équipement (m) | pajisje (f) | [pajísjɛ] |

| | | |
|---|---|---|
| marteau (m) | çekiç (m) | [tʃɛkítʃ] |
| tournevis (m) | kaçavidë (f) | [katʃavídə] |
| hache (f) | sëpatë (f) | [səpátə] |

| | | |
|---|---|---|
| scie (f) | sharrë (f) | [ʃárə] |
| scier (vt) | sharroj | [ʃarój] |
| rabot (m) | zdrukthues (m) | [zdrukθúɛs] |
| raboter (vt) | zdrukthoj | [zdrukθój] |
| fer (m) à souder | pajisje saldimi (f) | [pajísjɛ saldími] |
| souder (vt) | saldoj | [saldój] |

| | | |
|---|---|---|
| lime (f) | limë (f) | [límə] |
| tenailles (f pl) | darë (f) | [dárə] |
| pince (f) plate | pinca (f) | [píntsa] |
| ciseau (m) | daltë (f) | [dáltə] |

| | | |
|---|---|---|
| foret (m) | turjelë (f) | [turjélə] |
| perceuse (f) | shpuese elektrike (f) | [ʃpúɛsɛ ɛlɛktríkɛ] |
| percer (vt) | shpoj | [ʃpoj] |

| | | |
|---|---|---|
| couteau (m) | thikë (f) | [θíkə] |
| canif (m) | thikë xhepi (f) | [θíkə dʒépi] |
| lame (f) | teh (m) | [tɛh] |

| | | |
|---|---|---|
| bien affilé (adj) | i mprehtë | [i mpréhtə] |
| émoussé (adj) | i topitur | [i topítur] |
| s'émousser (vp) | bëhet e topitur | [béhɛt ɛ topítur] |
| affiler (vt) | mpreh | [mpréh] |

| | | |
|---|---|---|
| boulon (m) | vidë (f) | [vídə] |
| écrou (m) | dado (f) | [dádo] |
| filetage (m) | filetë e vidhës (f) | [filétə ɛ víðɛs] |
| vis (f) à bois | vidhë druri (f) | [víðə drúri] |

| | | |
|---|---|---|
| clou (m) | gozhdë (f) | [góʒdə] |
| tête (f) de clou | kokë gozhde (f) | [kókə góʒdɛ] |

| | | |
|---|---|---|
| règle (f) | vizore (f) | [vizórɛ] |
| mètre (m) à ruban | metër (m) | [métər] |
| niveau (m) à bulle | nivelizues (m) | [nivɛlizúɛs] |
| loupe (f) | lente zmadhuese (f) | [léntɛ zmaðúɛsɛ] |

| | | |
|---|---|---|
| appareil (m) de mesure | mjet matës (m) | [mjét mátəs] |
| mesurer (vt) | mas | [mas] |
| échelle (f) (~ métrique) | gradë (f) | [grádə] |
| relevé (m) | matjet (pl) | [mátjɛt] |

| | | |
|---|---|---|
| compresseur (m) | kompresor (m) | [komprɛsór] |
| microscope (m) | mikroskop (m) | [mikroskóp] |

| | | |
|---|---|---|
| pompe (f) | pompë (f) | [pómpə] |
| robot (m) | robot (m) | [robót] |
| laser (m) | laser (m) | [lasér] |

| | | |
|---|---|---|
| clé (f) de serrage | çelës (m) | [tʃéləs] |
| ruban (m) adhésif | shirit ngjitës (m) | [ʃirít ɲʃítəs] |

| colle (f) | ngjitës (m) | [nɟítəs] |
| papier (m) d'émeri | letër smeril (f) | [létər smɛríl] |
| ressort (m) | sustë (f) | [sústə] |
| aimant (m) | magnet (m) | [magnét] |
| gants (m pl) | dorëza (pl) | [dórəza] |

| corde (f) | litar (m) | [litár] |
| cordon (m) | kordon (m) | [kordón] |
| fil (m) (~ électrique) | tel (m) | [tɛl] |
| câble (m) | kabllo (f) | [kábɫo] |

| masse (f) | çekan i rëndë (m) | [tʃɛkán i rəndə] |
| pic (m) | levë (f) | [lévə] |
| escabeau (m) | shkallë (f) | [ʃkátə] |
| échelle (f) double | shkallëz (f) | [ʃkátəz] |

| visser (vt) | vidhos | [viðós] |
| dévisser (vt) | zhvidhos | [ʒviðós] |
| serrer (vt) | shtrëngoj | [ʃtrəŋój] |
| coller (vt) | ngjes | [nɟés] |
| couper (vt) | pres | [prɛs] |

| défaut (m) | avari (f) | [avarí] |
| réparation (f) | riparim (m) | [riparím] |
| réparer (vt) | riparoj | [riparój] |
| régler (vt) | rregulloj | [rɛguɫój] |

| vérifier (vt) | kontrolloj | [kontroɫój] |
| vérification (f) | kontroll (m) | [kontróɫ] |
| relevé (m) | matjet (pl) | [mátjɛt] |

| fiable (machine ~) | e sigurt | [ɛ sígurt] |
| complexe (adj) | komplekse | [kompléksɛ] |

| rouiller (vi) | ndryshket | [ndrýʃkɛt] |
| rouillé (adj) | e ndryshkur | [ɛ ndrýʃkur] |
| rouille (f) | ndryshk (m) | [ndrýʃk] |

# Les transports

## 169. L'avion

| | | |
|---|---|---|
| avion (m) | avion (m) | [avión] |
| billet (m) d'avion | biletë avioni (f) | [bilétə avióni] |
| compagnie (f) aérienne | kompani ajrore (f) | [kompaní ajrórɛ] |
| aéroport (m) | aeroport (m) | [aɛropórt] |
| supersonique (adj) | supersonik | [supɛrsoník] |
| | | |
| commandant (m) de bord | kapiten (m) | [kapitén] |
| équipage (m) | ekip (m) | [ɛkíp] |
| pilote (m) | pilot (m) | [pilót] |
| hôtesse (f) de l'air | stjuardesë (f) | [stjuardésə] |
| navigateur (m) | navigues (m) | [navigúɛs] |
| | | |
| ailes (f pl) | krahë (pl) | [kráhə] |
| queue (f) | bisht (m) | [biʃt] |
| cabine (f) | kabinë (f) | [kabínə] |
| moteur (m) | motor (m) | [motór] |
| train (m) d'atterrissage | karrel (m) | [karél] |
| turbine (f) | turbinë (f) | [turbínə] |
| | | |
| hélice (f) | helikë (f) | [hɛlíkə] |
| boîte (f) noire | kuti e zezë (f) | [kutí ɛ zézə] |
| gouvernail (m) | timon (m) | [timón] |
| carburant (m) | karburant (m) | [karburánt] |
| | | |
| consigne (f) de sécurité | udhëzime sigurie (pl) | [uðəzímɛ siguríɛ] |
| masque (m) à oxygène | maskë oksigjeni (f) | [máskə oksiɟéni] |
| uniforme (m) | uniformë (f) | [unifórmə] |
| | | |
| gilet (m) de sauvetage | jelek shpëtimi (m) | [jɛlék ʃpətími] |
| parachute (m) | parashutë (f) | [paraʃútə] |
| | | |
| décollage (m) | ngritje (f) | [ŋrítjɛ] |
| décoller (vi) | fluturon | [fluturón] |
| piste (f) de décollage | pista e fluturimit (f) | [písta ɛ fluturímit] |
| | | |
| visibilité (f) | shikueshmëri (f) | [ʃikuɛʃmərí] |
| vol (m) (~ d'oiseau) | fluturim (m) | [fluturím] |
| | | |
| altitude (f) | lartësi (f) | [lartəsí] |
| trou (m) d'air | xhep ajri (m) | [dʒɛp ájri] |
| | | |
| place (f) | karrige (f) | [karígɛ] |
| écouteurs (m pl) | kufje (f) | [kúfjɛ] |
| tablette (f) | tabaka (f) | [tabaká] |
| hublot (m) | dritare avioni (f) | [dritárɛ avióni] |
| couloir (m) | korridor (m) | [koridór] |

## 170. Le train

| | | |
|---|---|---|
| train (m) | tren (m) | [trɛn] |
| train (m) de banlieue | tren elektrik (m) | [trɛn ɛlɛktrík] |
| TGV (m) | tren ekspres (m) | [trɛn ɛksprés] |
| locomotive (f) diesel | lokomotivë me naftë (f) | [lokomótivə mɛ náftə] |
| locomotive (f) à vapeur | lokomotivë me avull (f) | [lokomótivə mɛ ávuɫ] |

| | | |
|---|---|---|
| wagon (m) | vagon (m) | [vagón] |
| wagon-restaurant (m) | vagon restorant (m) | [vagón rɛstoránt] |

| | | |
|---|---|---|
| rails (m pl) | shina (pl) | [ʃína] |
| chemin (m) de fer | hekurudhë (f) | [hɛkurúðə] |
| traverse (f) | traversë (f) | [travérsə] |

| | | |
|---|---|---|
| quai (m) | platformë (f) | [platfórmə] |
| voie (f) | binar (m) | [binár] |
| sémaphore (m) | semafor (m) | [sɛmafór] |
| station (f) | stacion (m) | [statsión] |

| | | |
|---|---|---|
| conducteur (m) de train | makinist (m) | [makiníst] |
| porteur (m) | portier (m) | [portiér] |
| steward (m) | konduktor (m) | [konduktór] |
| passager (m) | pasagjer (m) | [pasaɟér] |
| contrôleur (m) de billets | konduktor (m) | [konduktór] |

| | | |
|---|---|---|
| couloir (m) | korridor (m) | [koridór] |
| frein (m) d'urgence | frena urgjence (f) | [fréna urɟéntsɛ] |

| | | |
|---|---|---|
| compartiment (m) | ndarje (f) | [ndárjɛ] |
| couchette (f) | kat (m) | [kat] |
| couchette (f) d'en haut | kati i sipërm (m) | [káti i sípərm] |
| couchette (f) d'en bas | kati i poshtëm (m) | [káti i póʃtəm] |
| linge (m) de lit | shtroje shtrati (pl) | [ʃtrójɛ ʃtráti] |

| | | |
|---|---|---|
| ticket (m) | biletë (f) | [bilétə] |
| horaire (m) | orar (m) | [orár] |
| tableau (m) d'informations | tabelë e informatave (f) | [tabélə ɛ informátavɛ] |

| | | |
|---|---|---|
| partir (vi) | niset | [nísɛt] |
| départ (m) (du train) | nisje (f) | [nísjɛ] |
| arriver (le train) | arrij | [aríj] |
| arrivée (f) | arritje (f) | [arítjɛ] |

| | | |
|---|---|---|
| arriver en train | arrij me tren | [aríj mɛ trɛn] |
| prendre le train | hip në tren | [hip nə trén] |
| descendre du train | zbres nga treni | [zbrɛs ŋa tréni] |

| | | |
|---|---|---|
| accident (m) ferroviaire | aksident hekurudhor (m) | [aksidént hɛkuruðór] |
| dérailler (vi) | del nga shinat | [dɛl ŋa ʃínat] |

| | | |
|---|---|---|
| locomotive (f) à vapeur | lokomotivë me avull (f) | [lokomótivə mɛ ávuɫ] |
| chauffeur (m) | mbikëqyrës i zjarrit (m) | [mbikəcýrəs i zjárit] |
| chauffe (f) | furrë (f) | [fúrə] |
| charbon (m) | qymyr (m) | [cymýr] |

## 171. Le bateau

| bateau (m) | anije (f) | [aníjɛ] |
| navire (m) | mjet lundrues (m) | [mjét lundrúɛs] |

| bateau (m) à vapeur | anije me avull (f) | [aníjɛ mɛ ávuɬ] |
| paquebot (m) | anije lumi (f) | [aníjɛ lúmi] |
| bateau (m) de croisière | krocierë (f) | [krotsiérə] |
| croiseur (m) | anije luftarake (f) | [aníjɛ luftarákɛ] |

| yacht (m) | jaht (m) | [jáht] |
| remorqueur (m) | anije rimorkiuese (f) | [aníjɛ rimorkiúɛsɛ] |
| péniche (f) | anije transportuese (f) | [aníjɛ transportúɛsɛ] |
| ferry (m) | traget (m) | [tragét] |

| voilier (m) | anije me vela (f) | [aníjɛ mɛ véla] |
| brigantin (m) | brigantinë (f) | [brigantínə] |

| brise-glace (m) | akullthyese (f) | [akuɬθýɛsɛ] |
| sous-marin (m) | nëndetëse (f) | [nəndétəsɛ] |

| canot (m) à rames | barkë (f) | [bárkə] |
| dinghy (m) | gomone (f) | [gomónɛ] |
| canot (m) de sauvetage | varkë shpëtimi (f) | [várkə ʃpətími] |
| canot (m) à moteur | skaf (m) | [skaf] |

| capitaine (m) | kapiten (m) | [kapitén] |
| matelot (m) | marinar (m) | [marinár] |
| marin (m) | marinar (m) | [marinár] |
| équipage (m) | ekip (m) | [ɛkíp] |

| maître (m) d'équipage | kryemarinar (m) | [kryɛmarinár] |
| mousse (m) | djali i anijes (m) | [djáli i aníjɛs] |
| cuisinier (m) du bord | kuzhinier (m) | [kuʒiniér] |
| médecin (m) de bord | doktori i anijes (m) | [doktóri i aníjɛs] |

| pont (m) | kuverta (f) | [kuvérta] |
| mât (m) | direk (m) | [dirék] |
| voile (f) | vela (f) | [véla] |

| cale (f) | bagazh (m) | [bagáʒ] |
| proue (f) | harku sipëror (m) | [hárku sipərór] |
| poupe (f) | pjesa e pasme (f) | [pjésa ɛ pásmɛ] |
| rame (f) | rrem (m) | [rɛm] |
| hélice (f) | helikë (f) | [hɛlíkə] |

| cabine (f) | kabinë (f) | [kabínə] |
| carré (m) des officiers | zyrë e oficerëve (f) | [zýrə ɛ ofitsérəvɛ] |
| salle (f) des machines | salla e motorit (m) | [sáɬa ɛ motórit] |
| passerelle (f) | urë komanduese (f) | [úrə komandúɛsɛ] |
| cabine (f) de T.S.F. | kabina radiotelegrafike (f) | [kabína radiotɛlɛgrafíkɛ] |
| onde (f) | valë (f) | [válə] |
| journal (m) de bord | libri i shënimeve (m) | [líbri i ʃənímɛvɛ] |
| longue-vue (f) | dylbi (f) | [dylbí] |
| cloche (f) | këmbanë (f) | [kəmbánə] |

| pavillon (m) | flamur (m) | [flamúr] |
| grosse corde (f) tressée | pallamar (m) | [paɬamár] |
| nœud (m) marin | nyjë (f) | [nýjə] |

| rampe (f) | parmakë (pl) | [parmákə] |
| passerelle (f) | shkallë (f) | [ʃkáɬə] |

| ancre (f) | spirancë (f) | [spirántsə] |
| lever l'ancre | ngre spirancën | [ŋré spirántsən] |
| jeter l'ancre | hedh spirancën | [hɛð spirántsən] |
| chaîne (f) d'ancrage | zinxhir i spirancës (m) | [zindʒír i spirántsəs] |

| port (m) | port (m) | [port] |
| embarcadère (m) | skelë (f) | [skélə] |
| accoster (vi) | ankoroj | [ankorój] |
| larguer les amarres | niset | [nísɛt] |

| voyage (m) (à l'étranger) | udhëtim (m) | [uðətím] |
| croisière (f) | udhëtim me krocierë (f) | [uðətím mɛ krotsiérə] |
| cap (m) (suivre un ~) | kursi i udhëtimit (m) | [kúrsi i uðətímit] |
| itinéraire (m) | itinerar (m) | [itinɛrár] |

| chenal (m) | ujëra të lundrueshme (f) | [újəra tə lundrúɛʃmɛ] |
| bas-fond (m) | cekëtinë (f) | [tsɛkətínə] |
| échouer sur un bas-fond | bllokohet në rërë | [bɬokóhɛt nə rərə] |

| tempête (f) | stuhi (f) | [stuhí] |
| signal (m) | sinjal (m) | [siɲál] |
| sombrer (vi) | fundoset | [fundósɛt] |
| Un homme à la mer! | Njeri në det! | [ɲɛrí nə dɛt!] |
| SOS (m) | SOS (m) | [sos] |
| bouée (f) de sauvetage | bovë shpëtuese (f) | [bóvə ʃpətúɛsɛ] |

## 172. L'aéroport

| aéroport (m) | aeroport (m) | [aɛropórt] |
| avion (m) | avion (m) | [avión] |
| compagnie (f) aérienne | kompani ajrore (f) | [kompaní ajrórɛ] |
| contrôleur (m) aérien | kontroll i trafikut ajror (m) | [kontróɬ i trafíkut ajrór] |

| départ (m) | nisje (f) | [nísjɛ] |
| arrivée (f) | arritje (f) | [arítjɛ] |
| arriver (par avion) | arrij me avion | [aríj mɛ avión] |

| temps (m) de départ | nisja (f) | [nísja] |
| temps (m) d'arrivée | arritja (f) | [arítja] |

| être retardé | vonesë | [vonésə] |
| retard (m) de l'avion | vonesë avioni (f) | [vonésə avióni] |

| tableau (m) d'informations | ekrani i informacioneve (m) | [ɛkráni i informatsiónɛvɛ] |
| information (f) | informacion (m) | [informatsión] |
| annoncer (vt) | njoftoj | [ɲoftój] |
| vol (m) | fluturim (m) | [fluturím] |

| douane (f) | doganë (f) | [dogánə] |
| douanier (m) | doganier (m) | [doganiér] |

| déclaration (f) de douane | deklarim doganor (m) | [dɛklarím doganór] |
| remplir (vt) | plotësoj | [plotəsój] |
| remplir la déclaration | plotësoj deklaratën | [plotəsój dɛklarátən] |
| contrôle (m) de passeport | kontroll pasaportash (m) | [kontróɫ pasapórtaʃ] |

| bagage (m) | bagazh (m) | [bagáʒ] |
| bagage (m) à main | bagazh dore (m) | [bagáʒ dórɛ] |
| chariot (m) | karrocë bagazhesh (f) | [karótsə bagáʒɛʃ] |

| atterrissage (m) | aterrim (m) | [atɛrím] |
| piste (f) d'atterrissage | pistë aterrimi (f) | [pístə atɛrími] |
| atterrir (vi) | aterroj | [atɛrój] |
| escalier (m) d'avion | shkallë avioni (f) | [ʃkáɫə avióni] |

| enregistrement (m) | regjistrim (m) | [rɛɟistrím] |
| comptoir (m) d'enregistrement | sportel regjistrimi (m) | [sportél rɛɟistrími] |
| s'enregistrer (vp) | regjistrohem | [rɛɟistróhɛm] |
| carte (f) d'embarquement | biletë e hyrjes (f) | [bilétə ɛ hýrjɛs] |
| porte (f) d'embarquement | porta e nisjes (f) | [pórta ɛ nísjɛs] |

| transit (m) | transit (m) | [transít] |
| attendre (vt) | pres | [prɛs] |
| salle (f) d'attente | salla e nisjes (f) | [sáɫa ɛ nísjɛs] |
| raccompagner | përcjell | [pərtsjéɫ] |
| (à l'aéroport, etc.) | | |
| dire au revoir | përshëndetem | [pərʃəndétɛm] |

## 173. Le vélo. La moto

| vélo (m) | biçikletë (f) | [bitʃiklétə] |
| scooter (m) | skuter (m) | [skutér] |
| moto (f) | motoçikletë (f) | [mototʃiklétə] |

| faire du vélo | shkoj me biçikletë | [ʃkoj mɛ bitʃiklétə] |
| guidon (m) | timon (m) | [timón] |
| pédale (f) | pedale (f) | [pɛdálɛ] |
| freins (m pl) | frenat (pl) | [frénat] |
| selle (f) | shalë (f) | [ʃálə] |

| pompe (f) | pompë (f) | [pómpə] |
| porte-bagages (m) | mbajtëse (f) | [mbájtəsɛ] |
| phare (m) | drita e përparme (f) | [dríta ɛ pərpármɛ] |
| casque (m) | helmetë (f) | [hɛlmétə] |

| roue (f) | rrotë (f) | [rótə] |
| garde-boue (m) | parafango (f) | [parafáŋo] |
| jante (f) | rreth i jashtëm i rrotës (m) | [rɛθ i jáʃtəm i rótəs] |
| rayon (m) | telat e diskut (m) | [télat ɛ dískut] |

# La voiture

## 174. Les différents types de voiture

| | | |
|---|---|---|
| automobile (f) | makinë (f) | [makínə] |
| voiture (f) de sport | makinë sportive (f) | [makínə sportívɛ] |
| | | |
| limousine (f) | limuzinë (f) | [limuzínə] |
| tout-terrain (m) | fuoristradë (f) | [fuoristrádə] |
| cabriolet (m) | kabriolet (m) | [kabriolét] |
| minibus (m) | furgon (m) | [furgón] |
| | | |
| ambulance (f) | ambulancë (f) | [ambulántsə] |
| chasse-neige (m) | borëpastruese (f) | [borəpastrúɛsɛ] |
| | | |
| camion (m) | kamion (m) | [kamión] |
| camion-citerne (m) | autocisternë (f) | [autotsistérnə] |
| fourgon (m) | furgon mallrash (m) | [furgón máɫraʃ] |
| tracteur (m) routier | kamionçinë (f) | [kamiontʃínə] |
| remorque (f) | rimorkio (f) | [rimórkio] |
| | | |
| confortable (adj) | i rehatshëm | [i rɛhátʃəm] |
| d'occasion (adj) | i përdorur | [i pərdórur] |

## 175. La voiture. La carrosserie

| | | |
|---|---|---|
| capot (m) | kofano (f) | [kófano] |
| aile (f) | parafango (f) | [parafáŋo] |
| toit (m) | çati (f) | [tʃatí] |
| | | |
| pare-brise (m) | xham i përparmë (m) | [dʒam i pərpármə] |
| rétroviseur (m) | pasqyrë për prapa (f) | [pascýrə pər prápa] |
| lave-glace (m) | larëse xhami (f) | [lárəsɛ dʒámi] |
| essuie-glace (m) | fshirëse xhami (f) | [fʃírəsɛ dʒámi] |
| | | |
| fenêtre (f) latéral | xham anësor (m) | [dʒam anəsór] |
| lève-glace (m) | levë xhami (f) | [lévə dʒámi] |
| antenne (f) | antenë (f) | [anténə] |
| toit (m) ouvrant | çati diellore (f) | [tʃatí diɛɫórɛ] |
| | | |
| pare-chocs (m) | parakolp (m) | [parakólp] |
| coffre (m) | bagazh (m) | [bagáʒ] |
| galerie (f) de toit | bagazh mbi çati (m) | [bagáʒ mbi tʃatí] |
| portière (f) | derë (f) | [dérə] |
| poignée (f) | doreza e derës (m) | [doréza ɛ dérəs] |
| serrure (f) | kyç (m) | [kytʃ] |
| plaque (f) d'immatriculation | targë makine (f) | [tárgə makínɛ] |
| silencieux (m) | silenciator (m) | [silɛntsiatór] |

| | | |
|---|---|---|
| réservoir (m) d'essence | serbator (m) | [sɛrbatór] |
| pot (m) d'échappement | tub shkarkimi (m) | [tub ʃkarkími] |

| | | |
|---|---|---|
| accélérateur (m) | gaz (m) | [gaz] |
| pédale (f) | këmbëz (f) | [kémbəz] |
| pédale (f) d'accélérateur | pedal i gazit (m) | [pɛdál i gázit] |

| | | |
|---|---|---|
| frein (m) | freni (m) | [fréni] |
| pédale (f) de frein | pedal i frenave (m) | [pɛdál i frénavɛ] |
| freiner (vi) | frenoj | [frɛnój] |
| frein (m) à main | freni i dorës (m) | [fréni i dórəs] |

| | | |
|---|---|---|
| embrayage (m) | friksion (m) | [friksión] |
| pédale (f) d'embrayage | pedal i friksionit (m) | [pɛdál i friksiónit] |
| disque (m) d'embrayage | disk i friksionit (m) | [dísk i friksiónit] |
| amortisseur (m) | amortizator (m) | [amortizatór] |

| | | |
|---|---|---|
| roue (f) | rrotë (f) | [rótə] |
| roue (f) de rechange | gomë rezervë (f) | [gómə rɛzérvə] |
| pneu (m) | gomë (f) | [gómə] |
| enjoliveur (m) | mbulesë gome (f) | [mbulésə gómɛ] |

| | | |
|---|---|---|
| roues (f pl) motrices | rrota makine (f) | [róta makínɛ] |
| à traction avant | me rrotat e përparme | [mɛ rotat ɛ pərpármɛ] |
| à traction arrière | me rrotat e pasme | [mɛ rótat ɛ pásmɛ] |
| à traction intégrale | me të gjitha rrotat | [mɛ tə ɟíθa rótat] |

| | | |
|---|---|---|
| boîte (f) de vitesses | kutia e marsheve (f) | [kutía ɛ márʃevɛ] |
| automatique (adj) | automatik | [automatík] |
| mécanique (adj) | mekanik | [mɛkaník] |
| levier (m) de vitesse | levë e marshit (f) | [lévə ɛ márʃit] |

| | | |
|---|---|---|
| phare (m) | dritë e përparme (f) | [drítə ɛ pərpármɛ] |
| feux (m pl) | dritat e përparme (pl) | [drítat ɛ pərpármɛ] |

| | | |
|---|---|---|
| feux (m pl) de croisement | dritat e shkurtra (pl) | [drítat ɛ ʃkúrtra] |
| feux (m pl) de route | dritat e gjata (pl) | [drítat ɛ ɟáta] |
| feux (m pl) stop | dritat e frenave (pl) | [drítat ɛ frénavɛ] |

| | | |
|---|---|---|
| feux (m pl) de position | dritat për parkim (pl) | [drítat pər parkím] |
| feux (m pl) de détresse | sinjal për urgjencë (m) | [siɲál pər urɟéntsə] |
| feux (m pl) de brouillard | drita mjegulle (pl) | [dríta mjéguɬɛ] |
| clignotant (m) | sinjali i kthesës (m) | [siɲáli i kθésəs] |
| feux (m pl) de recul | dritat e prapme (pl) | [drítat ɛ prápmɛ] |

## 176. La voiture. L'habitacle

| | | |
|---|---|---|
| habitacle (m) | interier (m) | [intɛriér] |
| en cuir (adj) | prej lëkure | [prɛj ləkúrɛ] |
| en velours (adj) | kadife | [kadífɛ] |
| revêtement (m) | veshje (f) | [véʃjɛ] |

| | | |
|---|---|---|
| instrument (m) | instrument (m) | [instrumént] |
| tableau (m) de bord | panel instrumentesh (m) | [panél instruméntɛʃ] |

| indicateur (m) de vitesse | matës i shpejtësisë (m) | [mátəs i ʃpɛjtəsísə] |
| aiguille (f) | shigjetë (f) | [ʃiɟétə] |

| compteur (m) de kilomètres | kilometrazh (m) | [kilomɛtráӡ] |
| indicateur (m) | indikator (m) | [indikatór] |
| niveau (m) | nivel (m) | [nivél] |
| témoin (m) | dritë paralajmëruese (f) | [drítə paralajmərúɛsɛ] |

| volant (m) | timon (m) | [timón] |
| klaxon (m) | bori (f) | [borí] |
| bouton (m) | buton (m) | [butón] |
| interrupteur (m) | çelës drite (m) | [tʃéləs drítɛ] |

| siège (m) | karrige (f) | [karígɛ] |
| dossier (m) | shpinore (f) | [ʃpinórɛ] |
| appui-tête (m) | mbështetësja e kokës (m) | [mbəʃtétəsja ɛ kókəs] |
| ceinture (f) de sécurité | rrip i sigurimit (m) | [rip i sigurímit] |
| mettre la ceinture | lidh rripin e sigurimit | [lið rípin ɛ sigurímit] |
| réglage (m) | rregulloj (m) | [rɛguɫój] |

| airbag (m) | jastëk ajri (m) | [jastək ájri] |
| climatiseur (m) | kondicioner (m) | [konditsionér] |

| radio (f) | radio (f) | [rádio] |
| lecteur (m) de CD | disk CD (m) | [dísk tsɛdé] |
| allumer (vt) | ndez | [ndɛz] |
| antenne (f) | antenë (f) | [anténə] |
| boîte (f) à gants | kroskot (m) | [kroskót] |
| cendrier (m) | taketuke (f) | [takɛtúkɛ] |

## 177. La voiture. Le moteur

| moteur (m) | motor (m) | [motór] |
| diesel (adj) | me naftë | [mɛ náftə] |
| à essence (adj) | me benzinë | [mɛ bɛnzínə] |

| capacité (f) du moteur | vëllim i motorit (m) | [vəɫím i motórit] |
| puissance (f) | fuqi (f) | [fucí] |
| cheval-vapeur (m) | kuaj-fuqi (f) | [kúaj-fucí] |
| piston (m) | piston (m) | [pistón] |
| cylindre (m) | cilindër (m) | [tsilíndər] |
| soupape (f) | valvulë (f) | [valvúlə] |

| injecteur (m) | injektor (m) | [iɲɛktór] |
| générateur (m) | gjenerator (m) | [ɟɛnɛratór] |
| carburateur (m) | karburator (m) | [karburatór] |
| huile (f) moteur | vaj i motorit (m) | [vaj i motórit] |

| radiateur (m) | radiator (m) | [radiatór] |
| liquide (m) de refroidissement | antifriz (m) | [antifríz] |
| ventilateur (m) | ventilator (m) | [vɛntilatór] |

| batterie (f) | bateri (f) | [batɛrí] |
| starter (m) | motorino (f) | [motoríno] |

| allumage (m) | kuadër ndezës (m) | [kuádər ndézəs] |
| bougie (f) d'allumage | kandelë (f) | [kandélə] |

| borne (f) | morseta e baterisë (f) | [morséta ɛ batɛrísə] |
| borne (f) positive | kahu pozitiv (m) | [káhu pózitiv] |
| borne (f) négative | kahu negativ (m) | [káhu négativ] |
| fusible (m) | siguresë (f) | [sigurésə] |

| filtre (m) à air | filtri i ajrit (m) | [fíltri i ájrit] |
| filtre (m) à huile | filtri i vajit (m) | [fíltri i vájit] |
| filtre (m) à essence | filtri i karburantit (m) | [fíltri i karburántit] |

## 178. La voiture. La réparation

| accident (m) de voiture | aksident (m) | [aksidént] |
| accident (m) de route | aksident rrugor (m) | [aksidént rúgor] |
| percuter contre … | përplasem në mur | [pərplásɛm nə mur] |
| s'écraser (vp) | aksident i rëndë | [aksidént i rəndə] |
| dégât (m) | dëm (m) | [dəm] |
| intact (adj) | pa dëmtime | [pa dəmtímɛ] |

| panne (f) | avari (f) | [avarí] |
| tomber en panne | prishet | [príʃɛt] |
| corde (f) de remorquage | kabllo rimorkimi (f) | [kábło rimorkími] |

| crevaison (f) | shpim (m) | [ʃpim] |
| crever (vi) (pneu) | shpohet | [ʃpóhɛt] |
| gonfler (vt) | fryj | [fryj] |
| pression (f) | presion (m) | [prɛsión] |
| vérifier (vt) | kontrolloj | [kontrołój] |

| réparation (f) | riparim (m) | [riparím] |
| garage (m) (atelier) | auto servis (m) | [áuto sɛrvís] |
| pièce (f) détachée | pjesë këmbimi (f) | [pjésə kəmbími] |
| pièce (f) | pjesë (f) | [pjésə] |

| boulon (m) | bulona (f) | [bulóna] |
| vis (f) | vida (f) | [vída] |
| écrou (m) | dado (f) | [dádo] |
| rondelle (f) | rondelë (f) | [rondélə] |
| palier (m) | kushineta (f) | [kuʃinéta] |

| tuyau (m) | tub (m) | [tub] |
| joint (m) | rondelë (f) | [rondélə] |
| fil (m) | kabllo (f) | [kábło] |

| cric (m) | krik (m) | [krik] |
| clé (f) de serrage | çelës (m) | [tʃéləs] |
| marteau (m) | çekiç (m) | [tʃɛkítʃ] |
| pompe (f) | pompë (f) | [pómpə] |
| tournevis (m) | kaçavidë (f) | [katʃavídə] |
| extincteur (m) | bombolë kundër zjarrit (f) | [bombólə kúndər zjárit] |
| triangle (m) de signalisation | trekëndësh | [trékəndəʃ |
| | paralajmërues (m) | paralajmərúɛs] |

| caler (vi) | fiket | [fíkɛt] |
| calage (m) | fikje (f) | [fíkjɛ] |
| être en panne | prishet | [príʃɛt] |

| surchauffer (vi) | nxehet | [ndzéhɛt] |
| se boucher (vp) | bllokohet | [bɫokóhɛt] |
| geler (vi) | ngrihet | [ŋríhɛt] |
| éclater (tuyau, etc.) | plas tubi | [plas túbi] |

| pression (f) | presion (m) | [prɛsión] |
| niveau (m) | nivel (m) | [nivél] |
| lâche (courroie ~) | i lirshëm | [i lírʃəm] |

| fosse (f) | shtypje (f) | [ʃtýpjɛ] |
| bruit (m) anormal | zhurmë motori (f) | [ʒúrmə motóri] |
| fissure (f) | çarje (f) | [tʃárjɛ] |
| égratignure (f) | gërvishtje (f) | [gərvíʃtjɛ] |

## 179. La voiture. La route

| route (f) | rrugë (f) | [rúgə] |
| grande route (autoroute) | autostradë (f) | [autostrádə] |
| autoroute (f) | autostradë (f) | [autostrádə] |
| direction (f) | drejtim (m) | [drɛjtím] |
| distance (f) | largësi (f) | [largəsí] |

| pont (m) | urë (f) | [úrə] |
| parking (m) | parking (m) | [parkíŋ] |
| place (f) | shesh (m) | [ʃɛʃ] |
| échangeur (m) | kryqëzim rrugësh (m) | [krycəzím rúgəʃ] |
| tunnel (m) | tunel (m) | [tunél] |

| station-service (f) | pikë karburanti (f) | [píkə karburánti] |
| parking (m) | parking (m) | [parkíŋ] |
| poste (m) d'essence | pompë karburanti (f) | [pómpə karburánti] |
| garage (m) (atelier) | auto servis (m) | [áuto sɛrvís] |
| se ravitailler (vp) | furnizohem me gaz | [furnizóhɛm mɛ gáz] |
| carburant (m) | karburant (m) | [karburánt] |
| jerrycan (m) | bidon (m) | [bidón] |

| asphalte (m) | asfalt (m) | [asfált] |
| marquage (m) | vijëzime të rrugës (pl) | [vijəzímɛ tə rúgəs] |
| bordure (f) | bordurë (f) | [bordúrə] |
| barrière (f) de sécurité | parmakë të sigurisë (pl) | [parmákə tə sigurísə] |
| fossé (m) | kanal (m) | [kanál] |
| bas-côté (m) | shpatull rrugore (f) | [ʃpátuɫ rugórɛ] |
| réverbère (m) | shtyllë dritash (f) | [ʃtýɫə drítaʃ] |

| conduire (une voiture) | ngas | [ŋas] |
| tourner (~ à gauche) | kthej | [kθɛj] |
| faire un demi-tour | marr kthesë U | [mar kθésə u] |
| marche (f) arrière | marsh prapa (m) | [marʃ prápa] |
| klaxonner (vi) | i bie borisë | [i bíɛ borísə] |
| coup (m) de klaxon | tyt (m) | [tyt] |

| s'embourber (vp) | ngec në baltë | [ŋɛts nə báltə] |
|---|---|---|
| déraper (vi) | xhiroj gomat | [dʒirój gómat] |
| couper (le moteur) | fik | [fik] |

| vitesse (f) | shpejtësi (f) | [ʃpɛjtəsí] |
|---|---|---|
| dépasser la vitesse | kaloj minimumin e shpejtësisë | [kalój minimúmin ɛ ʃpɛjtəsísə] |
| mettre une amende | vë gjobë | [və ɟóbə] |
| feux (m pl) de circulation | semafor (m) | [sɛmafór] |
| permis (m) de conduire | patentë shoferi (f) | [paténtə ʃoféri] |

| passage (m) à niveau | kalim hekurudhor (m) | [kalím hɛkuruðór] |
|---|---|---|
| carrefour (m) | kryqëzim (m) | [krycəzím] |
| passage (m) piéton | kalim për këmbësorë (m) | [kalím pər kəmbəsórə] |
| virage (m) | kthesë (f) | [kθésə] |
| zone (f) piétonne | zonë këmbësorësh (f) | [zónə kəmbəsórəʃ] |

## 180. Les panneaux de signalisation

| code (m) de la route | rregullat e trafikut rrugor (pl) | [réguɫat ɛ trafíkut rugór] |
|---|---|---|
| signe (m) | shenjë trafiku (f) | [ʃéɲə trafíku] |
| dépassement (m) | tejkalim | [tɛjkalím] |
| virage (m) | kthesë | [kθésə] |
| demi-tour (m) | kthesë U | [kθésə u] |
| sens (m) giratoire | rrethrrotullim | [rɛθrotuɫím] |

| sens interdit | Ndalohet hyrja | [ndalóhɛt hýrja] |
|---|---|---|
| circulation interdite | Ndalohen automjetet | [ndalóhɛn automjétɛt] |
| interdiction de dépasser | Ndalohet tejkalimi | [ndalóhɛt tɛjkalími] |
| stationnement interdit | Ndalohet parkimi | [ndalóhɛt parkími] |
| arrêt interdit | Ndalohet qëndrimi | [ndalóhɛt cəndrími] |

| virage dangereux | kthesë e rrezikshme | [kθésə ɛ rɛzíkʃmɛ] |
|---|---|---|
| descente dangereuse | pjerrësi e fortë | [pjɛrəsí ɛ fórtə] |
| sens unique | rrugë me një drejtim | [rúgə mɛ ɲə drɛjtím] |
| passage (m) piéton | kalim për këmbësorë (m) | [kalím pər kəmbəsórə] |
| chaussée glissante | rrugë e rrëshqitshme | [rúgə ɛ rəʃcítʃmɛ] |
| cédez le passage | HAP UDHÉN | [hap úðən] |

# LES GENS. LES ÉVÉNEMENTS

## Les grands événements de la vie

### 181. Les fêtes et les événements

| | | |
|---|---|---|
| fête (f) | festë (f) | [féstə] |
| fête (f) nationale | festë kombëtare (f) | [féstə kombətárɛ] |
| jour (m) férié | festë publike (f) | [féstə publíkɛ] |
| fêter (vt) | festoj | [fɛstój] |

| | | |
|---|---|---|
| événement (m) (~ du jour) | ceremoni (f) | [tsɛrɛmoní] |
| événement (m) (soirée, etc.) | eveniment (m) | [ɛvɛnimént] |
| banquet (m) | banket (m) | [bankét] |
| réception (f) | pritje (f) | [prítjɛ] |
| festin (m) | aheng (m) | [ahéŋ] |

| | | |
|---|---|---|
| anniversaire (m) | përvjetor (m) | [pərvjɛtór] |
| jubilé (m) | jubile (m) | [jubilé] |
| célébrer (vt) | festoj | [fɛstój] |

| | | |
|---|---|---|
| Nouvel An (m) | Viti i Ri (m) | [víti i rí] |
| Bonne année! | Gëzuar Vitin e Ri! | [gəzúar vítin ɛ rí!] |
| Père Noël (m) | Santa Klaus (m) | [sánta kláus] |

| | | |
|---|---|---|
| Noël (m) | Krishtlindje (f) | [kriʃtlíndjɛ] |
| Joyeux Noël! | Gëzuar Krishtlindjen! | [gəzúar kriʃtlíndjɛn!] |
| arbre (m) de Noël | péma e Krishtlindjes (f) | [péma ɛ kriʃtlíndjɛs] |
| feux (m pl) d'artifice | fishekzjarrë (m) | [fiʃɛkzjárə] |

| | | |
|---|---|---|
| mariage (m) | dasmë (f) | [dásmə] |
| fiancé (m) | dhëndër (m) | [ðéndər] |
| fiancée (f) | nuse (f) | [núsɛ] |

| | | |
|---|---|---|
| inviter (vt) | ftoj | [ftoj] |
| lettre (f) d'invitation | ftesë (f) | [ftésə] |

| | | |
|---|---|---|
| invité (m) | mysafir (m) | [mysafír] |
| visiter (~ les amis) | vizitoj | [vizitój] |
| accueillir les invités | takoj të ftuarit | [takój tə ftúarit] |

| | | |
|---|---|---|
| cadeau (m) | dhuratë (f) | [ðurátə] |
| offrir (un cadeau) | dhuroj | [ðurój] |
| recevoir des cadeaux | marr dhurata | [mar ðuráta] |
| bouquet (m) | buqetë (f) | [bucétə] |

| | | |
|---|---|---|
| félicitations (f pl) | urime (f) | [urímɛ] |
| féliciter (vt) | përgëzoj | [pərgəzój] |
| carte (f) de veux | kartolinë (f) | [kartolínə] |

| | | |
|---|---|---|
| envoyer une carte | dërgoj kartolinë | [dərgój kartolínə] |
| recevoir une carte | marr kartolinë | [mar kartolínə] |

| | | |
|---|---|---|
| toast (m) | dolli (f) | [dołí] |
| offrir (un verre, etc.) | qeras | [cɛrás] |
| champagne (m) | shampanjë (f) | [ʃampáɲə] |

| | | |
|---|---|---|
| s'amuser (vp) | kënaqem | [kənácɛm] |
| gaieté (f) | gëzim (m) | [gəzím] |
| joie (f) (émotion) | gëzim (m) | [gəzím] |

| | | |
|---|---|---|
| danse (f) | vallëzim (m) | [vałəzím] |
| danser (vi, vt) | vallëzoj | [vałəzój] |

| | | |
|---|---|---|
| valse (f) | vals (m) | [vals] |
| tango (m) | tango (f) | [táŋo] |

## 182. L'enterrement. Le deuil

| | | |
|---|---|---|
| cimetière (m) | varreza (f) | [varéza] |
| tombe (f) | varr (m) | [var] |
| croix (f) | kryq (m) | [kryc] |
| pierre (f) tombale | gur varri (m) | [gur vári] |
| clôture (f) | gardh (m) | [garð] |
| chapelle (f) | kishëz (m) | [kíʃəz] |

| | | |
|---|---|---|
| mort (f) | vdekje (f) | [vdékjɛ] |
| mourir (vi) | vdes | [vdɛs] |
| défunt (m) | i vdekuri (m) | [i vdékuri] |
| deuil (m) | zi (f) | [zi] |

| | | |
|---|---|---|
| enterrer (vt) | varros | [varós] |
| maison (f) funéraire | agjenci funeralesh (f) | [aɟɛntsí funɛráleʃ] |
| enterrement (m) | funeral (m) | [funɛrál] |

| | | |
|---|---|---|
| couronne (f) | kurorë (f) | [kurórə] |
| cercueil (m) | arkivol (m) | [arkivól] |
| corbillard (m) | makinë funebre (f) | [makínə funébrɛ] |
| linceul (m) | qefin (m) | [cɛfín] |

| | | |
|---|---|---|
| cortège (m) funèbre | kortezh (m) | [kortéʒ] |
| urne (f) funéraire | urnë (f) | [úrnə] |
| crématoire (m) | kremator (m) | [krɛmatór] |

| | | |
|---|---|---|
| nécrologue (m) | përkujtim (m) | [pərkujtím] |
| pleurer (vi) | qaj | [caj] |
| sangloter (vi) | qaj me dënesë | [caj mɛ dənésə] |

## 183. La guerre. Les soldats

| | | |
|---|---|---|
| section (f) | togë (f) | [tógə] |
| compagnie (f) | kompani (f) | [kompaní] |

| régiment (m) | regjiment (m) | [rɛɟimént] |
| armée (f) | ushtri (f) | [uʃtrí] |
| division (f) | divizion (m) | [divizión] |

| détachement (m) | skuadër (f) | [skuádər] |
| armée (f) (Moyen Âge) | armatë (f) | [armátə] |

| soldat (m) (un militaire) | ushtar (m) | [uʃtár] |
| officier (m) | oficer (m) | [ofitsér] |

| soldat (m) (grade) | ushtar (m) | [uʃtár] |
| sergent (m) | rreshter (m) | [rɛʃtér] |
| lieutenant (m) | toger (m) | [togér] |
| capitaine (m) | kapiten (m) | [kapitén] |
| commandant (m) | major (m) | [majór] |
| colonel (m) | kolonel (m) | [kolonél] |
| général (m) | gjeneral (m) | [ɟɛnɛrál] |

| marin (m) | marinar (m) | [marinár] |
| capitaine (m) | kapiten (m) | [kapitén] |
| maître (m) d'équipage | kryemarinar (m) | [kryɛmarinár] |

| artilleur (m) | artiljer (m) | [artiljér] |
| parachutiste (m) | parashutist (m) | [paraʃutíst] |
| pilote (m) | pilot (m) | [pilót] |
| navigateur (m) | navigues (m) | [navigúɛs] |
| mécanicien (m) | mekanik (m) | [mɛkaník] |

| démineur (m) | xhenier (m) | [dʒɛniér] |
| parachutiste (m) | parashutist (m) | [paraʃutíst] |
| éclaireur (m) | agjent zbulimi (m) | [aɟént zbulími] |
| tireur (m) d'élite | snajper (m) | [snajpér] |

| patrouille (f) | patrullë (f) | [patrúɬə] |
| patrouiller (vi) | patrulloj | [patruɬój] |
| sentinelle (f) | rojë (f) | [rójə] |

| guerrier (m) | luftëtar (m) | [luftətár] |
| patriote (m) | patriot (m) | [patriót] |

| héros (m) | hero (m) | [hɛró] |
| héroïne (f) | heroinë (f) | [hɛroínə] |

| traître (m) | tradhtar (m) | [traðtár] |
| trahir (vt) | tradhtoj | [traðtój] |

| déserteur (m) | dezertues (m) | [dɛzɛrtúɛs] |
| déserter (vt) | dezertoj | [dɛzɛrtój] |

| mercenaire (m) | mercenar (m) | [mɛrtsɛnár] |
| recrue (f) | rekrut (m) | [rɛkrút] |
| volontaire (m) | vullnetar (m) | [vuɬnɛtár] |

| mort (m) | vdekur (m) | [vdékur] |
| blessé (m) | i plagosur (m) | [i plagósur] |
| prisonnier (m) de guerre | rob lufte (m) | [rob lúftɛ] |

## 184. La guerre. Partie 1

| | | |
|---|---|---|
| guerre (f) | luftë (f) | [lúftə] |
| faire la guerre | në luftë | [nə lúftə] |
| guerre (f) civile | luftë civile (f) | [lúftə tsivílɛ] |

| | | |
|---|---|---|
| perfidement (adv) | pabesisht | [pabɛsíʃt] |
| déclaration (f) de guerre | shpallje lufte (f) | [ʃpátɉɛ lúftɛ] |
| déclarer (la guerre) | shpall | [ʃpał] |
| agression (f) | agresion (m) | [agrɛsión] |
| attaquer (~ un pays) | sulmoj | [sulmój] |

| | | |
|---|---|---|
| envahir (vt) | pushtoj | [puʃtój] |
| envahisseur (m) | pushtues (m) | [puʃtúɛs] |
| conquérant (m) | pushtues (m) | [puʃtúɛs] |

| | | |
|---|---|---|
| défense (f) | mbrojtje (f) | [mbrójtjɛ] |
| défendre (vt) | mbroj | [mbrój] |
| se défendre (vp) | mbrohem | [mbróhɛm] |

| | | |
|---|---|---|
| ennemi (m) | armik (m) | [armík] |
| adversaire (m) | kundërshtar (m) | [kundərʃtár] |
| ennemi (adj) (territoire ~) | armike | [armíkɛ] |

| | | |
|---|---|---|
| stratégie (f) | strategji (f) | [stratɛɟí] |
| tactique (f) | taktikë (f) | [taktíkə] |

| | | |
|---|---|---|
| ordre (m) | urdhër (m) | [úrðər] |
| commande (f) | komandë (f) | [komándə] |
| ordonner (vt) | urdhëroj | [urðərój] |
| mission (f) | mision (m) | [misión] |
| secret (adj) | sekret | [sɛkrét] |

| | | |
|---|---|---|
| bataille (f), combat (m) | betejë (f) | [bɛtéjə] |
| combat (m) | luftim (m) | [luftím] |

| | | |
|---|---|---|
| attaque (f) | sulm (m) | [sulm] |
| assaut (m) | sulm (m) | [sulm] |
| prendre d'assaut | sulmoj | [sulmój] |
| siège (m) | nën rrethim (m) | [nən rɛθím] |

| | | |
|---|---|---|
| offensive (f) | sulm (m) | [sulm] |
| passer à l'offensive | kaloj në sulm | [kalój nə súlm] |

| | | |
|---|---|---|
| retraite (f) | tërheqje (f) | [tərhécjɛ] |
| faire retraite | tërhiqem | [tərhícɛm] |

| | | |
|---|---|---|
| encerclement (m) | rrethim (m) | [rɛθím] |
| encercler (vt) | rrethoj | [rɛθój] |

| | | |
|---|---|---|
| bombardement (m) | bombardim (m) | [bombardím] |
| lancer une bombe | hedh bombë | [hɛð bómbə] |
| bombarder (vt) | bombardoj | [bombardój] |
| explosion (f) | shpërthim (m) | [ʃpərθím] |
| coup (m) de feu | e shtënë (f) | [ɛ ʃténə] |

| tirer un coup de feu | qëlloj | [cətój] |
| fusillade (f) | të shtëna (pl) | [tə ʃténa] |

| viser ... (cible) | vë në shënjestër | [və nə ʃəɲéstər] |
| pointer (sur ...) | drejtoj armën | [drɛjtój ármən] |
| atteindre (cible) | qëlloj | [cətój] |

| faire sombrer | fundos | [fundós] |
| trou (m) (dans un bateau) | vrimë (f) | [vrímə] |
| sombrer (navire) | fundoset | [fundósɛt] |

| front (m) | front (m) | [front] |
| évacuation (f) | evakuim (m) | [ɛvakuím] |
| évacuer (vt) | evakuoj | [ɛvakuój] |

| tranchée (f) | llogore (f) | [togórɛ] |
| barbelés (m pl) | tel me gjemba (m) | [tɛl mɛ ɟémba] |
| barrage (m) (~ antichar) | pengesë (f) | [pɛɲésə] |
| tour (f) de guet | kullë vrojtuese (f) | [kútə vrojtúɛsɛ] |

| hôpital (m) | spital ushtarak (m) | [spitál uʃtarák] |
| blesser (vt) | plagos | [plagós] |
| blessure (f) | plagë (f) | [plágə] |
| blessé (m) | i plagosur (m) | [i plagósur] |
| être blessé | jam i plagosur | [jam i plagósur] |
| grave (blessure) | rëndë | [réndə] |

## 185. La guerre. Partie 2

| captivité (f) | burgosje (f) | [burgósjɛ] |
| captiver (vt) | zë rob | [zə rob] |
| être prisonnier | mbahem rob | [mbáhɛm rób] |
| être fait prisonnier | zihem rob | [zíhɛm rob] |

| camp (m) de concentration | kamp përqendrimi (m) | [kamp pərcɛndrími] |
| prisonnier (m) de guerre | rob lufte (m) | [rob lúftɛ] |
| s'enfuir (vp) | arratisem | [aratísɛm] |

| trahir (vt) | tradhtoj | [traðtój] |
| traître (m) | tradhtar (m) | [traðtár] |
| trahison (f) | tradhti (f) | [traðtí] |

| fusiller (vt) | ekzekutoj | [ɛkzɛkutój] |
| fusillade (f) (exécution) | ekzekutim (m) | [ɛkzɛkutím] |

| équipement (m) (uniforme, etc.) | armatim (m) | [armatím] |
| épaulette (f) | spaletë (f) | [spalétə] |
| masque (m) à gaz | maskë antigaz (f) | [máskə antigáz] |

| émetteur (m) radio | radiomarrëse (f) | [radiomárəsɛ] |
| chiffre (m) (code) | kod sekret (m) | [kód sɛkrét] |
| conspiration (f) | komplot (m) | [komplót] |
| mot (m) de passe | fjalëkalim (m) | [fjaləkalím] |

| | | |
|---|---|---|
| mine (f) terrestre | minë tokësore (f) | [mínə tokəsórɛ] |
| miner (poser des mines) | minoj | [minój] |
| champ (m) de mines | fushë e minuar (f) | [fúʃə ɛ minúar] |

| | | |
|---|---|---|
| alerte (f) aérienne | alarm sulmi ajror (m) | [alárm súlmi ajrór] |
| signal (m) d'alarme | alarm (m) | [alárm] |
| signal (m) | sinjal (m) | [siɲál] |
| fusée signal (f) | sinjalizues (m) | [siɲalizúɛs] |

| | | |
|---|---|---|
| état-major (m) | selia qendrore (f) | [sɛlía cɛndrórɛ] |
| reconnaissance (f) | zbulim (m) | [zbulím] |
| situation (f) | gjendje (f) | [ɟéndjɛ] |
| rapport (m) | raport (m) | [rapórt] |
| embuscade (f) | pritë (f) | [prítə] |
| renfort (m) | përforcim (m) | [pərfortsím] |

| | | |
|---|---|---|
| cible (f) | shënjestër (f) | [ʃəɲéstər] |
| polygone (m) | poligon (m) | [poligón] |
| manœuvres (f pl) | manovra ushtarake (f) | [manóvra uʃtarákɛ] |

| | | |
|---|---|---|
| panique (f) | panik (m) | [paník] |
| dévastation (f) | shkatërrim (m) | [ʃkatərím] |
| destructions (f pl) (ruines) | gërmadha (pl) | [gərmáða] |
| détruire (vt) | shkatërroj | [ʃkatərój] |

| | | |
|---|---|---|
| survivre (vi) | mbijetoj | [mbijɛtój] |
| désarmer (vt) | çarmatos | [tʃarmatós] |
| manier (une arme) | manovroj | [manovrój] |

| | | |
|---|---|---|
| Garde-à-vous! Fixe! | Gatitu! | [gatitú!] |
| Repos! | Qetësohu! | [cɛtəsóhu!] |

| | | |
|---|---|---|
| exploit (m) | akt heroik (m) | [ákt hɛroík] |
| serment (m) | betim (m) | [bɛtím] |
| jurer (de faire qch) | betohem | [bɛtóhɛm] |

| | | |
|---|---|---|
| décoration (f) | dekoratë (f) | [dɛkorátə] |
| décorer (de la médaille) | dekoroj | [dɛkorój] |
| médaille (f) | medalje (f) | [mɛdáljɛ] |
| ordre (m) (~ du Mérite) | urdhër medalje (m) | [úrðər mɛdáljɛ] |

| | | |
|---|---|---|
| victoire (f) | fitore (f) | [fitórɛ] |
| défaite (f) | humbje (f) | [húmbjɛ] |
| armistice (m) | armëpushim (m) | [arməpuʃím] |

| | | |
|---|---|---|
| drapeau (m) | flamur beteje (m) | [flamúr bɛtéjɛ] |
| gloire (f) | famë (f) | [fámə] |
| défilé (m) | paradë (f) | [parádə] |
| marcher (défiler) | marshoj | [marʃój] |

## 186. Les armes

| | | |
|---|---|---|
| arme (f) | armë (f) | [ármə] |
| armes (f pl) à feu | armë zjarri (f) | [ármə zjári] |

| armes (f pl) blanches | armë të ftohta (pl) | [árma ta ftóhta] |
| arme (f) chimique | armë kimike (f) | [árma kimíkɛ] |
| nucléaire (adj) | nukleare | [nuklɛárɛ] |
| arme (f) nucléaire | armë nukleare (f) | [árma nuklɛárɛ] |

| bombe (f) | bombë (f) | [bómba] |
| bombe (f) atomique | bombë atomike (f) | [bómba atomíkɛ] |

| pistolet (m) | pistoletë (f) | [pistoléta] |
| fusil (m) | pushkë (f) | [púʃka] |
| mitraillette (f) | mitraloz (m) | [mitralóz] |
| mitrailleuse (f) | mitraloz (m) | [mitralóz] |

| bouche (f) | grykë (f) | [grýka] |
| canon (m) | tytë pushke (f) | [týta púʃkɛ] |
| calibre (m) | kalibër (m) | [kalíbar] |

| gâchette (f) | këmbëz (f) | [kémbaz] |
| mire (f) | shënjestër (f) | [ʃanéstar] |
| magasin (m) | karikator (m) | [karikatór] |
| crosse (f) | qytë (f) | [cýta] |

| grenade (f) à main | bombë dore (f) | [bómba dórɛ] |
| explosif (m) | eksploziv (m) | [ɛksplozív] |

| balle (f) | plumb (m) | [plúmb] |
| cartouche (f) | fishek (m) | [fiʃék] |
| charge (f) | karikim (m) | [karikím] |
| munitions (f pl) | municion (m) | [munitsión] |

| bombardier (m) | avion bombardues (m) | [avión bombardúɛs] |
| avion (m) de chasse | avion luftarak (m) | [avión luftarák] |
| hélicoptère (m) | helikopter (m) | [hɛlikoptér] |

| pièce (f) de D.C.A. | armë anti-ajrore (f) | [árma ánti-ajrórɛ] |
| char (m) | tank (m) | [tank] |
| canon (m) d'un char | top tanku (m) | [top tánku] |

| artillerie (f) | artileri (f) | [artilɛrí] |
| canon (m) | top (m) | [top] |
| pointer (~ l'arme) | vë në shënjestër | [va na ʃanéstar] |

| obus (m) | mortajë (f) | [mortája] |
| obus (m) de mortier | bombë mortaje (f) | [bómba mortájɛ] |
| mortier (m) | mortajë (f) | [mortája] |
| éclat (m) d'obus | copëz mortaje (f) | [tsópaz mortájɛ] |

| sous-marin (m) | nëndetëse (f) | [nandétasɛ] |
| torpille (f) | silurë (f) | [silúra] |
| missile (m) | raketë (f) | [rakéta] |

| charger (arme) | mbush | [mbúʃ] |
| tirer (vi) | qëlloj | [catój] |
| viser ... (cible) | drejtoj | [drɛjtój] |
| baïonnette (f) | bajonetë (f) | [bajonéta] |
| épée (f) | shpatë (f) | [ʃpáta] |

167

| | | |
|---|---|---|
| sabre (m) | shpatë (f) | [ʃpátə] |
| lance (f) | shtizë (f) | [ʃtízə] |
| arc (m) | hark (m) | [hárk] |
| flèche (f) | shigjetë (f) | [ʃiɟétə] |
| mousquet (m) | musketë (f) | [muskétə] |
| arbalète (f) | pushkë-shigjetë (f) | [púʃkə-ʃiɟétə] |

## 187. Les hommes préhistoriques

| | | |
|---|---|---|
| primitif (adj) | prehistorik | [prɛhistorík] |
| préhistorique (adj) | prehistorike | [prɛhistoríkɛ] |
| ancien (adj) | i lashtë | [i láʃtə] |
| | | |
| Âge (m) de pierre | Epoka e Gurit (f) | [ɛpóka ɛ gúrit] |
| Âge (m) de bronze | Epoka e Bronzit (f) | [ɛpóka ɛ brónzit] |
| période (f) glaciaire | Epoka e akullit (f) | [ɛpóka ɛ ákuɫit] |
| | | |
| tribu (f) | klan (m) | [klan] |
| cannibale (m) | kanibal (m) | [kanibál] |
| chasseur (m) | gjahtar (m) | [ɟahtár] |
| chasser (vi, vt) | dal për gjah | [dál pər ɟáh] |
| mammouth (m) | mamut (m) | [mamút] |
| | | |
| caverne (f) | shpellë (f) | [ʃpéɫə] |
| feu (m) | zjarr (m) | [zjar] |
| feu (m) de bois | zjarr kampingu (m) | [zjar kampíŋu] |
| dessin (m) rupestre | vizatim në shpella (m) | [vizatím nə ʃpéɫa] |
| | | |
| outil (m) | vegël (f) | [végəl] |
| lance (f) | shtizë (f) | [ʃtízə] |
| hache (f) en pierre | sëpatë guri (f) | [səpátə gúri] |
| faire la guerre | në luftë | [nə lúftə] |
| domestiquer (vt) | zbus | [zbus] |
| | | |
| idole (f) | idhull (m) | [íðuɫ] |
| adorer, vénérer (vt) | adhuroj | [aðurój] |
| | | |
| superstition (f) | besëtytni (f) | [bɛsətytní] |
| rite (m) | rit (m) | [rit] |
| | | |
| évolution (f) | evolucion (m) | [ɛvolutsión] |
| développement (m) | zhvillim (m) | [ʒviɫím] |
| | | |
| disparition (f) | zhdukje (f) | [ʒdúkjɛ] |
| s'adapter (vp) | përshtatem | [pərʃtátɛm] |
| | | |
| archéologie (f) | arkeologji (f) | [arkɛoloɟí] |
| archéologue (m) | arkeolog (m) | [arkɛológ] |
| archéologique (adj) | arkeologjike | [arkɛoloɟíkɛ] |
| | | |
| site (m) d'excavation | vendi i gërmimeve (m) | [véndi i gərmímɛvɛ] |
| fouilles (f pl) | gërmime (pl) | [gərmímɛ] |
| trouvaille (f) | zbulim (m) | [zbulím] |
| fragment (m) | fragment (m) | [fragmént] |

## 188. Le Moyen Âge

| peuple (m) | popull (f) | [pópuɫ] |
| peuples (m pl) | popuj (pl) | [pópuj] |
| tribu (f) | klan (m) | [klan] |
| tribus (f pl) | klane (pl) | [klánɛ] |

| Barbares (m pl) | barbarë (pl) | [barbárə] |
| Gaulois (m pl) | Galët (pl) | [gálət] |
| Goths (m pl) | Gotët (pl) | [gótət] |
| Slaves (m pl) | Sllavët (pl) | [sɫávət] |
| Vikings (m pl) | Vikingët (pl) | [vikíɲət] |

| Romains (m pl) | Romakët (pl) | [romákət] |
| romain (adj) | romak | [romák] |

| byzantins (m pl) | Bizantinët (pl) | [bizantínət] |
| Byzance (f) | Bizanti (m) | [bizánti] |
| byzantin (adj) | bizantine | [bizantínɛ] |

| empereur (m) | perandor (m) | [pɛrandór] |
| chef (m) | prijës (m) | [príjəs] |
| puissant (adj) | i fuqishëm | [i fucíʃəm] |
| roi (m) | mbret (m) | [mbrét] |
| gouverneur (m) | sundimtar (m) | [sundimtár] |

| chevalier (m) | kalorës (m) | [kalórəs] |
| féodal (m) | lord feudal (m) | [lórd fɛudál] |
| féodal (adj) | feudal | [fɛudál] |
| vassal (m) | vasal (m) | [vasál] |

| duc (m) | dukë (f) | [dúkə] |
| comte (m) | kont (m) | [kont] |
| baron (m) | baron (m) | [barón] |
| évêque (m) | peshkop (m) | [pɛʃkóp] |

| armure (f) | parzmore (f) | [parzmórɛ] |
| bouclier (m) | mburojë (f) | [mburójə] |
| glaive (m) | shpatë (f) | [ʃpátə] |
| visière (f) | ballnik (m) | [baɫník] |
| cotte (f) de mailles | thurak (m) | [θurák] |

| croisade (f) | Kryqëzata (f) | [krycəzáta] |
| croisé (m) | kryqtar (m) | [kryctár] |

| territoire (m) | territor (m) | [tɛritór] |
| attaquer (~ un pays) | sulmoj | [sulmój] |
| conquérir (vt) | mposht | [mpóʃt] |
| occuper (envahir) | pushtoj | [puʃtój] |

| siège (m) | nën rrethim (m) | [nən rɛθím] |
| assiégé (adj) | i rrethuar | [i rɛθúar] |
| assiéger (vt) | rrethoj | [rɛθój] |
| inquisition (f) | inkuizicion (m) | [inkuizitsión] |
| inquisiteur (m) | inkuizitor (m) | [inkuizitór] |

| torture (f) | torturë (f) | [tortúrə] |
| cruel (adj) | mizor | [mizór] |
| hérétique (m) | heretik (m) | [hɛrɛtík] |
| hérésie (f) | herezi (f) | [hɛrɛzí] |

| navigation (f) en mer | lundrim (m) | [lundrím] |
| pirate (m) | pirat (m) | [pirát] |
| piraterie (f) | pirateri (f) | [piratɛrí] |
| abordage (m) | sulm me anije (m) | [sulm mɛ aníjɛ] |
| butin (m) | plaçkë (f) | [plátʃkə] |
| trésor (m) | thesare (pl) | [θɛsárɛ] |

| découverte (f) | zbulim (m) | [zbulím] |
| découvrir (vt) | zbuloj | [zbulój] |
| expédition (f) | ekspeditë (f) | [ɛkspɛdítə] |

| mousquetaire (m) | musketar (m) | [muskɛtár] |
| cardinal (m) | kardinal (m) | [kardinál] |
| héraldique (f) | heraldikë (f) | [hɛraldíkə] |
| héraldique (adj) | heraldik | [hɛraldík] |

## 189. Les dirigeants. Les responsables. Les autorités

| roi (m) | mbret (m) | [mbrét] |
| reine (f) | mbretëreshë (f) | [mbrɛtəréʃə] |
| royal (adj) | mbretërore | [mbrɛtərórɛ] |
| royaume (m) | mbretëri (f) | [mbrɛtərí] |

| prince (m) | princ (m) | [prints] |
| princesse (f) | princeshë (f) | [printséʃə] |

| président (m) | president (m) | [prɛsidént] |
| vice-président (m) | zëvendës president (m) | [zəvéndəs prɛsidént] |
| sénateur (m) | senator (m) | [sɛnatór] |

| monarque (m) | monark (m) | [monárk] |
| gouverneur (m) | sundimtar (m) | [sundimtár] |
| dictateur (m) | diktator (m) | [diktatór] |
| tyran (m) | tiran (m) | [tirán] |
| magnat (m) | manjat (m) | [maɲát] |

| directeur (m) | drejtor (m) | [drɛjtór] |
| chef (m) | udhëheqës (m) | [uðehécəs] |
| gérant (m) | drejtor (m) | [drɛjtór] |
| boss (m) | bos (m) | [bos] |
| patron (m) | pronar (m) | [pronár] |

| leader (m) | lider (m) | [lidér] |
| chef (m) (~ d'une délégation) | kryetar (m) | [kryɛtár] |
| autorités (f pl) | autoritetet (pl) | [autoritétɛt] |
| supérieurs (m pl) | eprorët (pl) | [ɛprórət] |

| gouverneur (m) | guvernator (m) | [guvɛrnatór] |
| consul (m) | konsull (m) | [kónsuɫ] |

| diplomate (m) | diplomat (m) | [diplomát] |
| maire (m) | kryetar komune (m) | [kryɛtár komúnɛ] |
| shérif (m) | sherif (m) | [ʃɛríf] |

| empereur (m) | perandor (m) | [pɛrandór] |
| tsar (m) | car (m) | [tsár] |
| pharaon (m) | faraon (m) | [faraón] |
| khan (m) | khan (m) | [khán] |

## 190. L'itinéraire. La direction. Le chemin

| route (f) | rrugë (f) | [rúgə] |
| voie (f) | drejtim (m) | [drɛjtím] |

| autoroute (f) | autostradë (f) | [autostrádə] |
| grande route (autoroute) | autostradë (f) | [autostrádə] |
| route (f) nationale | rrugë nacionale (f) | [rúgə natsionálɛ] |

| route (f) principale | rrugë kryesore (f) | [rúgə kryɛsórɛ] |
| route (f) de campagne | rrugë fushe (f) | [rúgə fúʃɛ] |

| chemin (m) (sentier) | shteg (m) | [ʃtɛg] |
| sentier (m) | shteg (m) | [ʃtɛg] |

| Où? | Ku? | [ku?] |
| Où? (~ vas-tu?) | Për ku? | [pər ku?] |
| D'où? | Nga ku? | [ŋa ku?] |

| direction (f) | drejtim (m) | [drɛjtím] |
| indiquer (le chemin) | tregoj | [trɛgój] |

| à gauche (tournez ~) | në të majtë | [nə tə májtə] |
| à droite (tournez ~) | në të djathtë | [nə tə djáθtə] |
| tout droit (adv) | drejt | [dréjt] |
| en arrière (adv) | pas | [pas] |

| virage (m) | kthesë (f) | [kθésə] |
| tourner (~ à gauche) | kthej | [kθɛj] |
| faire un demi-tour | marr kthesë U | [mar kθésə u] |

| se dessiner (vp) | të dukshme | [tə dúkʃmɛ] |
| apparaître (vi) | shfaq | [ʃfac] |

| halte (f) | ndalesë (f) | [ndalésə] |
| se reposer (vp) | pushoj | [puʃój] |
| repos (m) | pushim (m) | [puʃím] |

| s'égarer (vp) | humb rrugën | [húmb rúgən] |
| mener à ... (le chemin) | të çon | [tə tʃon] |
| arriver à ... | dal | [dal] |
| tronçon (m) (de chemin) | copëz (m) | [tsópəz] |

| asphalte (m) | asfalt (m) | [asfált] |
| bordure (f) | bordurë (f) | [bordúrə] |

| fossé (m) | kanal (m) | [kanál] |
| bouche (f) d'égout | pusetë (f) | [pusétə] |
| bas-côté (m) | shpatull rrugore (f) | [ʃpátuɫ rugórɛ] |
| nid-de-poule (m) | gropë (f) | [grópə] |

| aller (à pied) | ec në këmbë | [ɛts nə kə́mbə] |
| dépasser (vt) | tejkaloj | [tɛjkalój] |

| pas (m) | hap (m) | [hap] |
| à pied | në këmbë | [nə kə́mbə] |

| barrer (vt) | bllokoj | [bɫokój] |
| barrière (f) | postbllok (m) | [postbɫók] |
| impasse (f) | rrugë pa krye (f) | [rúgə pa krýɛ] |

## 191. Les crimes. Les criminels. Partie 1

| bandit (m) | bandit (m) | [bandít] |
| crime (m) | krim (m) | [krim] |
| criminel (m) | kriminel (m) | [kriminél] |

| voleur (m) | hajdut (m) | [hajdút] |
| voler (qch à qn) | vjedh | [vjɛð] |
| vol (m) | vjedhje (f) | [vjéðjɛ] |

| kidnapper (vt) | rrëmbej | [rəmbéj] |
| kidnapping (m) | rrëmbim (m) | [rəmbím] |
| kidnappeur (m) | rrëmbyes (m) | [rəmbýɛs] |

| rançon (f) | shpërblesë (f) | [ʃpərblésə] |
| exiger une rançon | kërkoj shpërblesë | [kərkój ʃpərblésə] |

| cambrioler (vt) | grabis | [grabís] |
| cambriolage (m) | grabitje (f) | [grabítjɛ] |
| cambrioleur (m) | grabitës (m) | [grabítəs] |

| extorquer (vt) | zhvat | [ʒvat] |
| extorqueur (m) | zhvatës (m) | [ʒvátəs] |
| extorsion (f) | zhvatje (f) | [ʒvátjɛ] |

| tuer (vt) | vras | [vras] |
| meurtre (m) | vrasje (f) | [vrásjɛ] |
| meurtrier (m) | vrasës (m) | [vrásəs] |

| coup (m) de feu | e shtënë (f) | [ɛ ʃtə́nə] |
| tirer un coup de feu | qëlloj | [cəɫój] |
| abattre (par balle) | qëlloj për vdekje | [cəɫój pər vdékjɛ] |
| tirer (vi) | qëlloj | [cəɫój] |
| coups (m pl) de feu | të shtëna (pl) | [tə ʃtə́na] |

| incident (m) | incident (m) | [intsidént] |
| bagarre (f) | përleshje (f) | [pərléʃjɛ] |
| Au secours! | Ndihmë! | [ndíhmə!] |
| victime (f) | viktimë (f) | [viktímə] |

| endommager (vt) | dëmtoj | [dəmtój] |
| dommage (m) | dëm (m) | [dəm] |
| cadavre (m) | kufomë (f) | [kufómə] |
| grave (~ crime) | i rëndë | [i réndə] |

| attaquer (vt) | sulmoj | [sulmój] |
| battre (frapper) | rrah | [rah] |
| passer à tabac | sakatoj | [sakatój] |
| prendre (voler) | rrëmbej | [rəmbéj] |
| poignarder (vt) | ther për vdekje | [θεr pər vdékjɛ] |
| mutiler (vt) | gjymtoj | [ɟymtój] |
| blesser (vt) | plagos | [plagós] |

| chantage (m) | shantazh (m) | [ʃantáʒ] |
| faire chanter | bëj shantazh | [bəj ʃantáʒ] |
| maître (m) chanteur | shantazhist (m) | [ʃantaʒíst] |

| racket (m) de protection | rrjet mashtrimi (m) | [rjét maʃtrími] |
| racketteur (m) | mashtrues (m) | [maʃtrúɛs] |
| gangster (m) | gangster (m) | [gaŋstér] |
| mafia (f) | mafia (f) | [máfia] |

| pickpocket (m) | vjedhës xhepash (m) | [vjéðəs dʒépaʃ] |
| cambrioleur (m) | hajdut (m) | [hajdút] |
| contrebande (f) (trafic) | trafikim (m) | [trafikím] |
| contrebandier (m) | trafikues (m) | [trafikúɛs] |

| contrefaçon (f) | falsifikim (m) | [falsifikím] |
| falsifier (vt) | falsifikoj | [falsifikój] |
| faux (falsifié) | fals | [fáls] |

## 192. Les crimes. Les criminels. Partie 2

| viol (m) | përdhunim (m) | [pərðuním] |
| violer (vt) | përdhunoj | [pərðunój] |
| violeur (m) | përdhunues (m) | [pərðunúɛs] |
| maniaque (m) | maniak (m) | [maniák] |

| prostituée (f) | prostitutë (f) | [prostitútə] |
| prostitution (f) | prostitucion (m) | [prostitutsión] |
| souteneur (m) | tutor (m) | [tutór] |

| drogué (m) | narkoman (m) | [narkomán] |
| trafiquant (m) de drogue | trafikant droge (m) | [trafikánt drógɛ] |

| faire exploser | shpërthej | [ʃpərθéj] |
| explosion (f) | shpërthim (m) | [ʃpərθím] |
| mettre feu | vë flakën | [və flákən] |
| incendiaire (m) | zjarrvënës (m) | [zjarvénəs] |

| terrorisme (m) | terrorizëm (m) | [tɛrorízəm] |
| terroriste (m) | terrorist (m) | [tɛroríst] |
| otage (m) | peng (m) | [pɛŋ] |
| escroquer (vt) | mashtroj | [maʃtrój] |

| escroquerie (f) | mashtrim (m) | [maʃtrím] |
| escroc (m) | mashtrues (m) | [maʃtrúɛs] |

| soudoyer (vt) | jap ryshfet | [jap ryʃfét] |
| corruption (f) | ryshfet (m) | [ryʃfét] |
| pot-de-vin (m) | ryshfet (m) | [ryʃfét] |

| poison (m) | helm (m) | [hɛlm] |
| empoisonner (vt) | helmoj | [hɛlmój] |
| s'empoisonner (vp) | helmohem | [hɛlmóhɛm] |

| suicide (m) | vetëvrasje (f) | [vɛtəvrásjɛ] |
| suicidé (m) | vetëvrasës (m) | [vɛtəvrásəs] |

| menacer (vt) | kërcënoj | [kərtsənój] |
| menace (f) | kërcënim (m) | [kərtsəním] |
| attenter (vt) | tentoj | [tɛntój] |
| attentat (m) | atentat (m) | [atɛntát] |

| voler (un auto) | vjedh | [vjɛð] |
| détourner (un avion) | rrëmbej | [rəmbéj] |

| vengeance (f) | hakmarrje (f) | [hakmárjɛ] |
| se venger (vp) | hakmerrem | [hakmérɛm] |

| torturer (vt) | torturoj | [torturój] |
| torture (f) | torturë (f) | [tortúrə] |
| tourmenter (vt) | torturoj | [torturój] |

| pirate (m) | pirat (m) | [pirát] |
| voyou (m) | huligan (m) | [huligán] |
| armé (adj) | i armatosur | [i armatósur] |
| violence (f) | dhunë (f) | [ðúnə] |
| illégal (adj) | ilegal | [ilɛgál] |

| espionnage (m) | spiunazh (m) | [spiunáʒ] |
| espionner (vt) | spiunoj | [spiunój] |

## 193. La police. La justice. Partie 1

| justice (f) | drejtësi (f) | [drɛjtəsí] |
| tribunal (m) | gjykatë (f) | [ɟykátə] |

| juge (m) | gjykatës (m) | [ɟykátəs] |
| jury (m) | anëtar jurie (m) | [anətár juríɛ] |
| cour (f) d'assises | gjyq me juri (m) | [ɟýc mɛ jurí] |
| juger (vt) | gjykoj | [ɟykój] |

| avocat (m) | avokat (m) | [avokát] |
| accusé (m) | pandehur (m) | [pandéhur] |
| banc (m) des accusés | bankë e të pandehurit (f) | [bánkə ɛ tə pandéhurit] |

| inculpation (f) | akuzë (f) | [akúzə] |
| inculpé (m) | i akuzuar (m) | [i akuzúar] |

| condamnation (f) | vendim (m) | [vɛndím] |
| condamner (vt) | dënoj | [dənój] |

| coupable (m) | fajtor (m) | [fajtór] |
| punir (vt) | ndëshkoj | [ndəʃkój] |
| punition (f) | ndëshkim (m) | [ndəʃkím] |

| amende (f) | gjobë (f) | [ɟóbə] |
| détention (f) à vie | burgim i përjetshëm (m) | [burgím i pərjétʃəm] |
| peine (f) de mort | dënim me vdekje (m) | [dəním mɛ vdékjɛ] |
| chaise (f) électrique | karrige elektrike (f) | [karígɛ ɛlɛktríkɛ] |
| potence (f) | varje (f) | [várjɛ] |

| exécuter (vt) | ekzekutoj | [ɛkzɛkutój] |
| exécution (f) | ekzekutim (m) | [ɛkzɛkutím] |

| prison (f) | burg (m) | [búrg] |
| cellule (f) | qeli (f) | [cɛlí] |

| escorte (f) | eskortë (f) | [ɛskórtə] |
| gardien (m) de prison | gardian burgu (m) | [gardián búrgu] |
| prisonnier (m) | i burgosur (m) | [i burgósur] |

| menottes (f pl) | pranga (f) | [práŋa] |
| mettre les menottes | vë prangat | [və práŋat] |

| évasion (f) | arratisje nga burgu (f) | [aratísjɛ ŋa búrgu] |
| s'évader (vp) | arratisem | [aratísɛm] |
| disparaître (vi) | zhduk | [ʒduk] |
| libérer (vt) | dal nga burgu | [dál ŋa búrgu] |
| amnistie (f) | amnisti (f) | [amnistí] |

| police (f) | polici (f) | [politsí] |
| policier (m) | polic (m) | [políts] |
| commissariat (m) de police | komisariat (m) | [komisariát] |
| matraque (f) | shkop gome (m) | [ʃkop gómɛ] |
| haut parleur (m) | altoparlant (m) | [altoparlánt] |

| voiture (f) de patrouille | makinë patrullimi (f) | [makínə patruɫími] |
| sirène (f) | alarm (m) | [alárm] |
| enclencher la sirène | ndez sirenën | [ndɛz sirénən] |
| hurlement (m) de la sirène | zhurmë alarmi (f) | [ʒúrmə alármi] |

| lieu (m) du crime | skenë krimi (f) | [skénə krími] |
| témoin (m) | dëshmitar (m) | [dəʃmitár] |
| liberté (f) | liri (f) | [lirí] |
| complice (m) | bashkëpunëtor (m) | [baʃkəpunətór] |
| s'enfuir (vp) | zhdukem | [ʒdúkɛm] |
| trace (f) | gjurmë (f) | [ɟúrmə] |

## 194. La police. La justice. Partie 2

| recherche (f) | kërkim (m) | [kərkím] |
| rechercher (vt) | kërkoj ... | [kərkój ...] |

| suspicion (f) | dyshim (m) | [dyʃím] |
| suspect (adj) | i dyshuar | [i dyʃúar] |
| arrêter (dans la rue) | ndaloj | [ndalój] |
| détenir (vt) | mbaj të ndaluar | [mbáj tə ndalúar] |

| affaire (f) (~ pénale) | padi (f) | [padí] |
| enquête (f) | hetim (m) | [hɛtím] |
| détective (m) | detektiv (m) | [dɛtɛktív] |
| enquêteur (m) | hetues (m) | [hɛtúɛs] |
| hypothèse (f) | hipotezë (f) | [hipotézə] |

| motif (m) | motiv (m) | [motív] |
| interrogatoire (m) | marrje në pyetje (f) | [márjɛ nə pýɛtjɛ] |
| interroger (vt) | marr në pyetje | [mar nə pýɛtjɛ] |
| interroger (~ les voisins) | pyes | [pýɛs] |
| inspection (f) | verifikim (m) | [vɛrifikím] |

| rafle (f) | kontroll në grup (m) | [kontróɫ nə grúp] |
| perquisition (f) | bastisje (f) | [bastísjɛ] |
| poursuite (f) | ndjekje (f) | [ndjékjɛ] |
| poursuivre (vt) | ndjek | [ndjék] |
| dépister (vt) | ndjek | [ndjék] |

| arrestation (f) | arrestim (m) | [arɛstím] |
| arrêter (vt) | arrestoj | [arɛstój] |
| attraper (~ un criminel) | kap | [kap] |
| capture (f) | kapje (f) | [kápjɛ] |

| document (m) | dokument (m) | [dokumént] |
| preuve (f) | provë (f) | [próvə] |
| prouver (vt) | dëshmoj | [dəʃmój] |
| empreinte (f) de pied | gjurmë (f) | [ɟúrmə] |
| empreintes (f pl) digitales | shenja gishtash (pl) | [ʃéɲa gíʃtaʃ] |
| élément (m) de preuve | provë (f) | [próvə] |

| alibi (m) | alibi (f) | [alibí] |
| innocent (non coupable) | i pafajshëm | [i pafájʃəm] |
| injustice (f) | padrejtësi (f) | [padrɛjtəsí] |
| injuste (adj) | i padrejtë | [i padréjtə] |

| criminel (adj) | kriminale | [kriminálɛ] |
| confisquer (vt) | konfiskoj | [konfiskój] |
| drogue (f) | drogë (f) | [drógə] |
| arme (f) | armë (f) | [ármə] |
| désarmer (vt) | çarmatos | [tʃarmatós] |
| ordonner (vt) | urdhëroj | [urðərój] |
| disparaître (vi) | zhduk | [ʒduk] |

| loi (f) | ligj (m) | [liɟ] |
| légal (adj) | ligjor | [liɟór] |
| illégal (adj) | i paligjshëm | [i paliɟʃəm] |

| responsabilité (f) | përgjegjësi (f) | [pərɟɛɟəsí] |
| responsable (adj) | përgjegjës | [pərɟéɟəs] |

# LA NATURE

## La Terre. Partie 1

### 195. L'espace cosmique

| | | |
|---|---|---|
| cosmos (m) | hapësirë (f) | [hapəsírə] |
| cosmique (adj) | hapësinor | [hapəsinór] |
| espace (m) cosmique | kozmos (m) | [kozmós] |
| | | |
| monde (m) | botë (f) | [bótə] |
| univers (m) | univers | [univérs] |
| galaxie (f) | galaksi (f) | [galaksí] |
| | | |
| étoile (f) | yll (m) | [yɬ] |
| constellation (f) | yllësi (f) | [yɬəsí] |
| planète (f) | planet (m) | [planét] |
| satellite (m) | satelit (m) | [satɛlít] |
| | | |
| météorite (m) | meteor (m) | [mɛtɛór] |
| comète (f) | kometë (f) | [kométə] |
| astéroïde (m) | asteroid (m) | [astɛroíd] |
| | | |
| orbite (f) | orbitë (f) | [orbítə] |
| tourner (vi) | rrotullohet | [rrotuɬóhɛt] |
| atmosphère (f) | atmosferë (f) | [atmosférə] |
| | | |
| Soleil (m) | Dielli (m) | [diéɬi] |
| système (m) solaire | sistemi diellor (m) | [sistémi diɛɬór] |
| éclipse (f) de soleil | eklips diellor (m) | [ɛklíps diɛɬór] |
| | | |
| Terre (f) | Toka (f) | [tóka] |
| Lune (f) | Hëna (f) | [hɛ́na] |
| | | |
| Mars (m) | Marsi (m) | [mársi] |
| Vénus (f) | Venera (f) | [vɛnéra] |
| Jupiter (m) | Jupiteri (m) | [jupitéri] |
| Saturne (m) | Saturni (m) | [satúrni] |
| | | |
| Mercure (m) | Merkuri (m) | [mɛrkúri] |
| Uranus (m) | Urani (m) | [uráni] |
| Neptune | Neptuni (m) | [nɛptúni] |
| Pluton (m) | Pluto (f) | [plúto] |
| | | |
| la Voie Lactée | Rruga e Qumështit (f) | [rúga ɛ cúməʃtit] |
| la Grande Ours | Arusha e Madhe (f) | [arúʃa ɛ máðɛ] |
| la Polaire | ylli i Veriut (m) | [ýɬi i vériut] |
| martien (m) | Marsian (m) | [marsián] |
| extraterrestre (m) | jashtëtokësor (m) | [jaʃtətokəsór] |

| alien (m) | alien (m) | [alién] |
| soucoupe (f) volante | disk fluturues (m) | [dísk fluturúɛs] |

| vaisseau (m) spatial | anije kozmike (f) | [aníjɛ kozmíkɛ] |
| station (f) orbitale | stacion kozmik (m) | [statsión kozmík] |
| lancement (m) | ngritje (f) | [ŋrítjɛ] |

| moteur (m) | motor (m) | [motór] |
| tuyère (f) | dizë (f) | [dízə] |
| carburant (m) | karburant (m) | [karburánt] |

| cabine (f) | kabinë pilotimi (f) | [kabínə pilotími] |
| antenne (f) | antenë (f) | [anténə] |
| hublot (m) | dritare anësore (f) | [dritárɛ anəsórɛ] |
| batterie (f) solaire | panel solar (m) | [panél solár] |
| scaphandre (m) | veshje astronauti (f) | [véʃjɛ astronáuti] |

| apesanteur (f) | mungesë graviteti (f) | [muŋésə gravitéti] |
| oxygène (m) | oksigjen (m) | [oksiɟén] |

| arrimage (m) | ndërlidhje në hapësirë (f) | [ndərlíðjɛ nə hapəsírə] |
| s'arrimer à … | stacionohem | [statsionóhɛm] |

| observatoire (m) | observator (m) | [obsɛrvatór] |
| télescope (m) | teleskop (m) | [tɛlɛskóp] |
| observer (vt) | vëzhgoj | [vəʒgój] |
| explorer (un cosmos) | eksploroj | [ɛksplorój] |

## 196. La Terre

| Terre (f) | Toka (f) | [tóka] |
| globe (m) terrestre | globi (f) | [glóbi] |
| planète (f) | planet (m) | [planét] |

| atmosphère (f) | atmosferë (f) | [atmosférə] |
| géographie (f) | gjeografi (f) | [ɟɛografí] |
| nature (f) | natyrë (f) | [natýrə] |

| globe (m) de table | glob (m) | [glob] |
| carte (f) | hartë (f) | [hártə] |
| atlas (m) | atlas (m) | [atlás] |

| Europe (f) | Evropa (f) | [ɛvrópa] |
| Asie (f) | Azia (f) | [azía] |

| Afrique (f) | Afrika (f) | [afríka] |
| Australie (f) | Australia (f) | [australía] |

| Amérique (f) | Amerika (f) | [amɛríka] |
| Amérique (f) du Nord | Amerika Veriore (f) | [amɛríka vɛriórɛ] |
| Amérique (f) du Sud | Amerika Jugore (f) | [amɛríka jugórɛ] |

| l'Antarctique (m) | Antarktika (f) | [antarktíka] |
| l'Arctique (m) | Arktiku (m) | [arktíku] |

## 197. Les quatre parties du monde

| | | |
|---|---|---|
| nord (m) | veri (m) | [vɛrí] |
| vers le nord | drejt veriut | [dréjt vériut] |
| au nord | në veri | [nə vɛrí] |
| du nord (adj) | verior | [vɛriór] |
| | | |
| sud (m) | jug (m) | [jug] |
| vers le sud | drejt jugut | [dréjt júgut] |
| au sud | në jug | [nə jug] |
| du sud (adj) | jugor | [jugór] |
| | | |
| ouest (m) | perëndim (m) | [pɛrəndím] |
| vers l'occident | drejt perëndimit | [dréjt pɛrəndímit] |
| à l'occident | në perëndim | [nə pɛrəndím] |
| occidental (adj) | perëndimor | [pɛrəndimór] |
| | | |
| est (m) | lindje (f) | [líndjɛ] |
| vers l'orient | drejt lindjes | [dréjt líndjɛs] |
| à l'orient | në lindje | [nə líndjɛ] |
| oriental (adj) | lindor | [lindór] |

## 198. Les océans et les mers

| | | |
|---|---|---|
| mer (f) | det (m) | [dét] |
| océan (m) | oqean (m) | [ocɛán] |
| golfe (m) | gji (m) | [ɟi] |
| détroit (m) | ngushticë (f) | [ŋuʃtítsə] |
| | | |
| terre (f) ferme | tokë (f) | [tókə] |
| continent (m) | kontinent (m) | [kontinént] |
| | | |
| île (f) | ishull (m) | [íʃuɬ] |
| presqu'île (f) | gadishull (m) | [gadíʃuɬ] |
| archipel (m) | arkipelag (m) | [arkipɛlág] |
| | | |
| baie (f) | gji (m) | [ɟi] |
| port (m) | port (m) | [port] |
| lagune (f) | lagunë (f) | [lagúnə] |
| cap (m) | kep (m) | [kɛp] |
| | | |
| atoll (m) | atol (m) | [atól] |
| récif (m) | shkëmb nënujor (m) | [ʃkəmb nənujór] |
| corail (m) | koral (m) | [korál] |
| récif (m) de corail | korale nënujorë (f) | [korálɛ nənujórə] |
| | | |
| profond (adj) | i thellë | [i θéɬə] |
| profondeur (f) | thellësi (f) | [θɛɬəsí] |
| abîme (m) | humnerë (f) | [humnérə] |
| fosse (f) océanique | hendek (m) | [hɛndék] |
| | | |
| courant (m) | rrymë (f) | [rýmə] |
| baigner (vt) (mer) | rrethohet | [rɛθóhɛt] |

| | | |
|---|---|---|
| littoral (m) | breg (m) | [brɛg] |
| côte (f) | bregdet (m) | [brɛgdét] |

| | | |
|---|---|---|
| marée (f) haute | batica (f) | [batítsa] |
| marée (f) basse | zbaticë (f) | [zbatítsə] |
| banc (m) de sable | cekëtinë (f) | [tsɛkətínə] |
| fond (m) | fund i detit (m) | [fúnd i détit] |

| | | |
|---|---|---|
| vague (f) | dallgë (f) | [dáɫgə] |
| crête (f) de la vague | kreshtë (f) | [kréʃtə] |
| mousse (f) | shkumë (f) | [ʃkúmə] |

| | | |
|---|---|---|
| tempête (f) en mer | stuhi (f) | [stuhí] |
| ouragan (m) | uragan (m) | [uragán] |
| tsunami (m) | cunam (m) | [tsunám] |
| calme (m) | qetësi (f) | [cɛtəsí] |
| calme (tranquille) | i qetë | [i cétə] |

| | | |
|---|---|---|
| pôle (m) | pol (m) | [pol] |
| polaire (adj) | polar | [polár] |

| | | |
|---|---|---|
| latitude (f) | gjerësi (f) | [ɟɛrəsí] |
| longitude (f) | gjatësi (f) | [ɟatəsí] |
| parallèle (f) | paralele (f) | [paralélɛ] |
| équateur (m) | ekuator (m) | [ɛkuatór] |

| | | |
|---|---|---|
| ciel (m) | qiell (m) | [cíɛɫ] |
| horizon (m) | horizont (m) | [horizónt] |
| air (m) | ajër (m) | [ájər] |

| | | |
|---|---|---|
| phare (m) | fanar (m) | [fanár] |
| plonger (vi) | zhytem | [ʒýtɛm] |
| sombrer (vi) | fundosje | [fundósjɛ] |
| trésor (m) | thesare (pl) | [θɛsárɛ] |

## 199. Les noms des mers et des océans

| | | |
|---|---|---|
| océan (m) Atlantique | Oqeani Atlantik (m) | [ocɛáni atlantík] |
| océan (m) Indien | Oqeani Indian (m) | [ocɛáni indián] |
| océan (m) Pacifique | Oqeani Paqësor (m) | [ocɛáni pacəsór] |
| océan (m) Glacial | Oqeani Arktik (m) | [ocɛáni arktík] |

| | | |
|---|---|---|
| mer (f) Noire | Deti i Zi (m) | [déti i zí] |
| mer (f) Rouge | Deti i Kuq (m) | [déti i kúc] |
| mer (f) Jaune | Deti i Verdhë (m) | [déti i vérðə] |
| mer (f) Blanche | Deti i Bardhë (m) | [déti i bárðə] |

| | | |
|---|---|---|
| mer (f) Caspienne | Deti Kaspik (m) | [déti kaspík] |
| mer (f) Morte | Deti i Vdekur (m) | [déti i vdékur] |
| mer (f) Méditerranée | Deti Mesdhe (m) | [déti mɛsðé] |

| | | |
|---|---|---|
| mer (f) Égée | Deti Egje (m) | [déti ɛɟé] |
| mer (f) Adriatique | Deti Adriatik (m) | [déti adriatík] |
| mer (f) Arabique | Deti Arab (m) | [déti aráb] |

| mer (f) du Japon | Deti i Japonisë (m) | [déti i japonísə] |
| mer (f) de Béring | Deti Bering (m) | [déti bériŋ] |
| mer (f) de Chine Méridionale | Deti i Kinës Jugore (m) | [déti i kínəs jugórɛ] |

| mer (f) de Corail | Deti Koral (m) | [déti korál] |
| mer (f) de Tasman | Deti Tasman (m) | [déti tasmán] |
| mer (f) Caraïbe | Deti i Karaibeve (m) | [déti i karaíbɛvɛ] |

| mer (f) de Barents | Deti Barents (m) | [déti barénts] |
| mer (f) de Kara | Deti Kara (m) | [déti kára] |

| mer (f) du Nord | Deti i Veriut (m) | [déti i vériut] |
| mer (f) Baltique | Deti Baltik (m) | [déti baltík] |
| mer (f) de Norvège | Deti Norvegjez (m) | [déti norvɛɟéz] |

## 200. Les montagnes

| montagne (f) | mal (m) | [mal] |
| chaîne (f) de montagnes | vargmal (m) | [vargmál] |
| crête (f) | kresht malor (m) | [kréʃt malór] |

| sommet (m) | majë (f) | [májə] |
| pic (m) | maja më e lartë (f) | [mája mə ɛ lártə] |
| pied (m) | rrëza e malit (f) | [rəza ɛ málit] |
| pente (f) | shpat (m) | [ʃpat] |

| volcan (m) | vullkan (m) | [vuɫkán] |
| volcan (m) actif | vullkan aktiv (m) | [vuɫkán aktív] |
| volcan (m) éteint | vullkan i fjetur (m) | [vuɫkán i fjétur] |

| éruption (f) | shpërthim (m) | [ʃpərθím] |
| cratère (m) | krater (m) | [kratér] |
| magma (m) | magmë (f) | [mágmə] |
| lave (f) | llavë (f) | [ɫávə] |
| en fusion (lave ~) | i shkrirë | [i ʃkrírə] |

| canyon (m) | kanion (m) | [kanión] |
| défilé (m) (gorge) | grykë (f) | [grýkə] |
| crevasse (f) | çarje (f) | [tʃárjɛ] |
| précipice (m) | humnerë (f) | [humnérə] |

| col (m) de montagne | kalim (m) | [kalím] |
| plateau (m) | pllajë (f) | [pɫájə] |
| rocher (m) | shkëmb (m) | [ʃkəmb] |
| colline (f) | kodër (f) | [kódər] |

| glacier (m) | akullnajë (f) | [akuɫnájə] |
| chute (f) d'eau | ujëvarë (f) | [ujəvárə] |
| geyser (m) | gejzer (m) | [gɛjzér] |
| lac (m) | liqen (m) | [licén] |

| plaine (f) | fushë (f) | [fúʃə] |
| paysage (m) | peizazh (m) | [pɛizáʒ] |
| écho (m) | jehonë (f) | [jɛhónə] |

| | | |
|---|---|---|
| alpiniste (m) | alpinist (m) | [alpiníst] |
| varappeur (m) | alpinist shkëmbßinjsh (m) | [alpiníst ʃkəmbiɲʃ] |
| conquérir (vt) | pushtoj majën | [puʃtój májən] |
| ascension (f) | ngjitje (f) | [ɲítjɛ] |

## 201. Les noms des chaînes de montagne

| | | |
|---|---|---|
| Alpes (f pl) | Alpet (pl) | [alpét] |
| Mont Blanc (m) | Montblanc (m) | [montblánk] |
| Pyrénées (f pl) | Pirenejet (pl) | [pirɛnéjɛt] |
| | | |
| Carpates (f pl) | Karpatet (m) | [karpátɛt] |
| Monts Oural (m pl) | Malet Urale (pl) | [málɛt urálɛ] |
| Caucase (m) | Malet Kaukaze (pl) | [málɛt kaukázɛ] |
| Elbrous (m) | Mali Elbrus (m) | [máli ɛlbrús] |
| | | |
| Altaï (m) | Malet Altai (pl) | [málɛt altái] |
| Tian Chan (m) | Tian Shani (m) | [tían ʃáni] |
| Pamir (m) | Malet e Pamirit (m) | [málɛt ɛ pamírit] |
| Himalaya (m) | Himalajet (pl) | [himalájɛt] |
| Everest (m) | Mali Everest (m) | [máli ɛvɛrést] |
| | | |
| Andes (f pl) | andet (pl) | [ándɛt] |
| Kilimandjaro (m) | Mali Kilimanxharo (m) | [máli kilimandʒáro] |

## 202. Les fleuves

| | | |
|---|---|---|
| rivière (f), fleuve (m) | lum (m) | [lum] |
| source (f) | burim (m) | [burím] |
| lit (m) (d'une rivière) | shtrat lumi (m) | [ʃtrat lúmi] |
| bassin (m) | basen (m) | [basén] |
| se jeter dans ... | rrjedh ... | [rjéð ...] |
| | | |
| affluent (m) | derdhje (f) | [dérðjɛ] |
| rive (f) | breg (m) | [brɛg] |
| | | |
| courant (m) | rrymë (f) | [rýmə] |
| en aval | rrjedhje e poshtme | [rjéðjɛ ɛ póʃtmɛ] |
| en amont | rrjedhje e sipërme | [rjéðjɛ ɛ sípərmɛ] |
| | | |
| inondation (f) | vërshim (m) | [vərʃím] |
| les grandes crues | përmbytje (f) | [pərmbýtjɛ] |
| déborder (vt) | vërshon | [vərʃón] |
| inonder (vt) | përmbytet | [pərmbýtɛt] |
| | | |
| bas-fond (m) | cekëtinë (f) | [tsɛkətínə] |
| rapide (m) | rrjedhë (f) | [rjéðə] |
| | | |
| barrage (m) | digë (f) | [dígə] |
| canal (m) | kanal (m) | [kanál] |
| lac (m) de barrage | rezervuar (m) | [rɛzɛrvuár] |
| écluse (f) | pendë ujore (f) | [péndə ujórɛ] |

| plan (m) d'eau | plan hidrik (m) | [plan hidrík] |
| marais (m) | kënetë (f) | [kənétə] |
| fondrière (f) | moçal (m) | [motʃál] |
| tourbillon (m) | vorbull (f) | [vórbuɫ] |

| ruisseau (m) | përrua (f) | [pərúa] |
| potable (adj) | i pijshëm | [i píjʃəm] |
| douce (l'eau ~) | i freskët | [i fréskət] |

| glace (f) | akull (m) | [ákuɫ] |
| être gelé | ngrihet | [ŋríhɛt] |

## 203. Les noms des fleuves

| Seine (f) | Sena (f) | [séna] |
| Loire (f) | Loire (f) | [luar] |

| Tamise (f) | Temza (f) | [témza] |
| Rhin (m) | Rajnë (m) | [rájnə] |
| Danube (m) | Danubi (m) | [danúbi] |

| Volga (f) | Volga (f) | [vólga] |
| Don (m) | Doni (m) | [dóni] |
| Lena (f) | Lena (f) | [léna] |

| Huang He (m) | Lumi i Verdhë (m) | [lúmi i vérðə] |
| Yangzi Jiang (m) | Jangce (f) | [jaɲtsé] |
| Mékong (m) | Mekong (m) | [mɛkóŋ] |
| Gange (m) | Gang (m) | [gaŋ] |

| Nil (m) | Lumi Nil (m) | [lúmi nil] |
| Congo (m) | Lumi Kongo (m) | [lúmi kóŋo] |
| Okavango (m) | Lumi Okavango (m) | [lúmi okaváŋo] |
| Zambèze (m) | Lumi Zambezi (m) | [lúmi zambézi] |
| Limpopo (m) | Lumi Limpopo (m) | [lúmi limpópo] |
| Mississippi (m) | Lumi Misisipi (m) | [lúmi misisípi] |

## 204. La forêt

| forêt (f) | pyll (m) | [pyɫ] |
| forestier (adj) | pyjor | [pyjór] |

| fourré (m) | pyll i ngjeshur (m) | [pyɫ i nɟéʃur] |
| bosquet (m) | zabel (m) | [zabél] |
| clairière (f) | lëndinë (f) | [ləndínə] |

| broussailles (f pl) | pyllëz (m) | [pýɫəz] |
| taillis (m) | shkurre (f) | [ʃkúrɛ] |

| sentier (m) | shteg (m) | [ʃtɛg] |
| ravin (m) | hon (m) | [hon] |
| arbre (m) | pemë (f) | [pémə] |

| feuille (f) | gjeth (m) | [ɟɛθ] |
| feuillage (m) | gjethe (pl) | [ɟéθɛ] |

| chute (f) de feuilles | rënie e gjetheve (f) | [rəníɛ ɛ ɟéθɛvɛ] |
| tomber (feuilles) | bien | [bíɛn] |
| sommet (m) | maje (f) | [májɛ] |

| rameau (m) | degë (f) | [dégə] |
| branche (f) | degë (f) | [dégə] |
| bourgeon (m) | syth (m) | [syθ] |
| aiguille (f) | shtiza pishe (f) | [ʃtíza píʃɛ] |
| pomme (f) de pin | lule pishe (f) | [lúlɛ píʃɛ] |

| creux (m) | zgavër (f) | [zgávər] |
| nid (m) | fole (f) | [folé] |
| terrier (m) (~ d'un renard) | strofull (f) | [strófuɫ] |

| tronc (m) | trung (m) | [truŋ] |
| racine (f) | rrënjë (f) | [réɲə] |
| écorce (f) | lëvore (f) | [ləvórɛ] |
| mousse (f) | myshk (m) | [myʃk] |

| déraciner (vt) | shkul | [ʃkul] |
| abattre (un arbre) | pres | [prɛs] |
| déboiser (vt) | shpyllëzoj | [ʃpyɫəzój] |
| souche (f) | cung (m) | [tsúŋ] |

| feu (m) de bois | zjarr kampingu (m) | [zjar kampíŋu] |
| incendie (m) | zjarr në pyll (m) | [zjar nə pyɫ] |
| éteindre (feu) | shuaj | [ʃúaj] |

| garde (m) forestier | roje pyjore (f) | [rójɛ pyjórɛ] |
| protection (f) | mbrojtje (f) | [mbrójtjɛ] |
| protéger (vt) | mbroj | [mbrój] |
| braconnier (m) | gjahtar i jashtëligjshëm (m) | [ɟahtár i jaʃtəliɟʃəm] |
| piège (m) à mâchoires | grackë (f) | [grátskə] |

| cueillir (vt) | mbledh | [mbléð] |
| s'égarer (vp) | humb rrugën | [húmb rúgən] |

## 205. Les ressources naturelles

| ressources (f pl) naturelles | burime natyrore (pl) | [burímɛ natyrórɛ] |
| minéraux (m pl) | minerale (pl) | [minɛrálɛ] |
| gisement (m) | depozita (pl) | [dɛpozíta] |
| champ (m) (~ pétrolifère) | fushë (f) | [fúʃə] |

| extraire (vt) | nxjerr | [ndzjér] |
| extraction (f) | nxjerrje mineralesh (f) | [ndzjérjɛ minɛrálɛʃ] |
| minerai (m) | xehe (f) | [dzéhɛ] |
| mine (f) (site) | minierë (f) | [miniérə] |
| puits (m) de mine | nivel (m) | [nivél] |
| mineur (m) | minator (m) | [minatór] |
| gaz (m) | gaz (m) | [gaz] |

| | | |
|---|---|---|
| gazoduc (m) | gazsjellës (m) | [gazsjéłəs] |
| pétrole (m) | naftë (f) | [náftə] |
| pipeline (m) | naftësjellës (f) | [naftəsjéłəs] |
| tour (f) de forage | pus nafte (m) | [pus náftɛ] |
| derrick (m) | burim nafte (m) | [burím náftɛ] |
| pétrolier (m) | anije-cisternë (f) | [aníjɛ-tsistérnə] |

| | | |
|---|---|---|
| sable (m) | rërë (f) | [rérə] |
| calcaire (m) | gur gëlqeror (m) | [gur gəlcɛrór] |
| gravier (m) | zhavorr (m) | [ʒavór] |
| tourbe (f) | torfë (f) | [tórfə] |
| argile (f) | argjilë (f) | [arɟílə] |
| charbon (m) | qymyr (m) | [cymýr] |

| | | |
|---|---|---|
| fer (m) | hekur (m) | [hékuɾ] |
| or (m) | ar (m) | [áɾ] |
| argent (m) | argjend (m) | [arɟénd] |
| nickel (m) | nikel (m) | [nikél] |
| cuivre (m) | bakër (m) | [bákəɾ] |

| | | |
|---|---|---|
| zinc (m) | zink (m) | [zink] |
| manganèse (m) | mangan (m) | [maŋán] |
| mercure (m) | merkur (m) | [mɛrkúɾ] |
| plomb (m) | plumb (m) | [plúmb] |

| | | |
|---|---|---|
| minéral (m) | mineral (m) | [minɛrál] |
| cristal (m) | kristal (m) | [kristál] |
| marbre (m) | mermer (m) | [mɛrmér] |
| uranium (m) | uranium (m) | [uraniúm] |

# La Terre. Partie 2

## 206. Le temps

| | | |
|---|---|---|
| temps (m) | moti (m) | [móti] |
| météo (f) | parashikimi i motit (m) | [paraʃikími i mótit] |
| température (f) | temperaturë (f) | [tɛmpɛratúrə] |
| thermomètre (m) | termometër (m) | [tɛrmométər] |
| baromètre (m) | barometër (m) | [barométər] |
| | | |
| humide (adj) | i lagësht | [i lágəʃt] |
| humidité (f) | lagështi (f) | [lagəʃtí] |
| | | |
| chaleur (f) (canicule) | vapë (f) | [vápə] |
| torride (adj) | shumë nxehtë | [ʃúmə ndzéhtə] |
| il fait très chaud | është nxehtë | [əʃtə ndzéhtə] |
| | | |
| il fait chaud | është ngrohtë | [əʃtə ŋróhtə] |
| chaud (modérément) | ngrohtë | [ŋróhtə] |
| | | |
| il fait froid | bën ftohtë | [bən ftóhtə] |
| froid (adj) | i ftohtë | [i ftóhtə] |
| | | |
| soleil (m) | diell (m) | [díɛɫ] |
| briller (soleil) | ndriçon | [ndritʃón] |
| ensoleillé (jour ~) | me diell | [mɛ díɛɫ] |
| se lever (vp) | agon | [agón] |
| se coucher (vp) | perëndon | [pɛrəndón] |
| | | |
| nuage (m) | re (f) | [rɛ] |
| nuageux (adj) | vranët | [vránət] |
| nuée (f) | re shiu (f) | [rɛ ʃíu] |
| sombre (adj) | vranët | [vránət] |
| | | |
| pluie (f) | shi (m) | [ʃi] |
| il pleut | bie shi | [bíɛ ʃi] |
| pluvieux (adj) | me shi | [mɛ ʃi] |
| bruiner (v imp) | shi i imët | [ʃi i ímət] |
| | | |
| pluie (f) torrentielle | shi litar (m) | [ʃi litár] |
| averse (f) | stuhi shiu (f) | [stuhí ʃíu] |
| forte (la pluie ~) | i fortë | [i fórtə] |
| | | |
| flaque (f) | brakë (f) | [brákə] |
| se faire mouiller | lagem | [lágɛm] |
| | | |
| brouillard (m) | mjegull (f) | [mjéguɫ] |
| brumeux (adj) | e mjegullt | [ɛ mjéguɫt] |
| neige (f) | borë (f) | [bórə] |
| il neige | bie borë | [bíɛ bórə] |

## 207. Les intempêries. Les catastrophes naturelles

| orage (m) | stuhi (f) | [stuhĺ] |
| éclair (m) | vetëtimë (f) | [vɛtətímə] |
| éclater (foudre) | vetëton | [vɛtətón] |

| tonnerre (m) | bubullimë (f) | [bubuɫímə] |
| gronder (tonnerre) | bubullon | [bubuɫón] |
| le tonnerre gronde | bubullon | [bubuɫón] |

| grêle (f) | breshër (m) | [bréʃər] |
| il grêle | po bie breshër | [po biɛ bréʃər] |

| inonder (vt) | përmbytet | [pərmbýtɛt] |
| inondation (f) | përmbytje (f) | [pərmbýtjɛ] |

| tremblement (m) de terre | tërmet (m) | [tərmét] |
| secousse (f) | lëkundje (f) | [ləkúndjɛ] |
| épicentre (m) | epiqendër (f) | [ɛpicéndər] |

| éruption (f) | shpërthim (m) | [ʃpərθím] |
| lave (f) | llavë (f) | [ɫávə] |

| tourbillon (m) | vorbull (f) | [vórbuɫ] |
| tornade (f) | tornado (f) | [tornádo] |
| typhon (m) | tajfun (m) | [tajfún] |

| ouragan (m) | uragan (m) | [uragán] |
| tempête (f) | stuhi (f) | [stuhĺ] |
| tsunami (m) | cunam (m) | [tsunám] |

| cyclone (m) | ciklon (m) | [tsiklón] |
| intempéries (f pl) | mot i keq (m) | [mot i kɛc] |
| incendie (m) | zjarr (m) | [zjar] |
| catastrophe (f) | fatkeqësi (f) | [fatkɛcəsĺ] |
| météorite (m) | meteor (m) | [mɛtɛór] |

| avalanche (f) | ortek (m) | [orték] |
| éboulement (m) | rrëshqitje bore (f) | [rəʃcítjɛ bórɛ] |
| blizzard (m) | stuhi bore (f) | [stuhĺ bórɛ] |
| tempête (f) de neige | stuhi bore (f) | [stuhĺ bórɛ] |

## 208. Les bruits. Les sons

| silence (m) | qetësi (f) | [cɛtəsĺ] |
| son (m) | tingull (m) | [tíŋuɫ] |
| bruit (m) | zhurmë (f) | [ʒúrmə] |
| faire du bruit | bëj zhurmë | [bəj ʒúrmə] |
| bruyant (adj) | i zhurmshëm | [i ʒúrmʃəm] |

| fort (adv) | me zë të lartë | [mɛ zə tə lártə] |
| fort (voix ~e) | i lartë | [i lártə] |
| constant (bruit, etc.) | e përhershme | [ɛ pərhérʃmɛ] |

| | | |
|---|---|---|
| cri (m) | britmë (f) | [brítmə] |
| crier (vi) | bërtas | [bərtás] |
| chuchotement (m) | pëshpërimë (f) | [pəʃpərímə] |
| chuchoter (vi, vt) | pëshpëris | [pəʃpərís] |

| | | |
|---|---|---|
| aboiement (m) | lehje (f) | [léhjɛ] |
| aboyer (vi) | leh | [lɛh] |

| | | |
|---|---|---|
| gémissement (m) | rënkim (m) | [rənkím] |
| gémir (vi) | rënkoj | [rənkój] |
| toux (f) | kollë (f) | [kótə] |
| tousser (vi) | kollitem | [kotítɛm] |

| | | |
|---|---|---|
| sifflement (m) | fishkëllimë (f) | [fiʃkətímə] |
| siffler (vi) | fishkëlloj | [fiʃkətój] |
| coups (m pl) à la porte | trokitje (f) | [trokítjɛ] |
| frapper (~ à la porte) | trokas | [trokás] |

| | | |
|---|---|---|
| craquer (vi) | çahet | [tʃáhɛt] |
| craquement (m) | krisje (f) | [krísjɛ] |

| | | |
|---|---|---|
| sirène (f) | alarm (m) | [alárm] |
| sifflement (m) (de train) | fishkëllimë (f) | [fiʃkətímə] |
| siffler (train, etc.) | fishkëllen | [fiʃkətén] |
| coup (m) de klaxon | bori (f) | [borí] |
| klaxonner (vi) | i bie borisë | [i bíɛ borísə] |

## 209. L'hiver

| | | |
|---|---|---|
| hiver (m) | dimër (m) | [dímər] |
| d'hiver (adj) | dimëror | [dimərór] |
| en hiver | në dimër | [nə dímər] |

| | | |
|---|---|---|
| neige (f) | borë (f) | [bórə] |
| il neige | bie borë | [bíɛ bórə] |
| chute (f) de neige | reshje bore (f) | [réʃjɛ bórɛ] |
| congère (f) | mal dëbore (m) | [mal dəbórɛ] |

| | | |
|---|---|---|
| flocon (m) de neige | flok bore (m) | [flók bórɛ] |
| boule (f) de neige | top bore (m) | [top bórɛ] |
| bonhomme (m) de neige | dordolec (m) | [dordoléts] |
| glaçon (m) | akull (m) | [ákuł] |

| | | |
|---|---|---|
| décembre (m) | Dhjetor (m) | [ðjɛtór] |
| janvier (m) | Janar (m) | [janár] |
| février (m) | Shkurt (m) | [ʃkurt] |

| | | |
|---|---|---|
| gel (m) | ngricë (f) | [ŋrítsə] |
| glacial (nuit ~) | me ngrica | [mɛ ŋrítsa] |

| | | |
|---|---|---|
| au-dessous de zéro | nën zero | [nən zéro] |
| premières gelées (f pl) | ngrica e parë (f) | [ŋrítsa ɛ párə] |
| givre (m) | brymë (f) | [brýmə] |
| froid (m) | ftohtë (f) | [ftóhtə] |

188

| il fait froid | bën ftohtë | [bən ftóhtə] |
| manteau (m) de fourrure | gëzof (m) | [gəzóf] |
| moufles (f pl) | doreza (f) | [doréza] |

| tomber malade | sëmurem | [səmúrɛm] |
| refroidissement (m) | ftohje (f) | [ftóhjɛ] |
| prendre froid | ftohem | [ftóhɛm] |

| glace (f) | akull (m) | [ákuɫ] |
| verglas (m) | akull transparent (m) | [ákuɫ transparént] |
| être gelé | ngrihet | [ŋríhɛt] |
| bloc (m) de glace | bllok akulli (m) | [bɫók ákuɫi] |

| skis (m pl) | ski (pl) | [ski] |
| skieur (m) | skiator (m) | [skiatór] |
| faire du ski | bëj ski | [bəj skí] |
| patiner (vi) | bëj patinazh | [bəj patináʒ] |

# La faune

## 210. Les mammifères. Les prédateurs

| | | |
|---|---|---|
| prédateur (m) | grabitqar (m) | [grabitcár] |
| tigre (m) | tigër (m) | [tígər] |
| lion (m) | luan (m) | [luán] |
| loup (m) | ujk (m) | [ujk] |
| renard (m) | dhelpër (f) | [ðélpər] |
| jaguar (m) | jaguar (m) | [jaguár] |
| léopard (m) | leopard (m) | [lɛopárd] |
| guépard (m) | gepard (m) | [gɛpárd] |
| panthère (f) | panterë e zezë (f) | [pantérə ɛ zézə] |
| puma (m) | puma (f) | [púma] |
| léopard (m) de neiges | leopard i borës (m) | [lɛopárd i bórəs] |
| lynx (m) | rrëqebull (m) | [rəcébuɫ] |
| coyote (m) | kojotë (f) | [kojótə] |
| chacal (m) | çakall (m) | [tʃakáɫ] |
| hyène (f) | hienë (f) | [hiénə] |

## 211. Les animaux sauvages

| | | |
|---|---|---|
| animal (m) | kafshë (f) | [káfʃə] |
| bête (f) | bishë (f) | [bíʃə] |
| écureuil (m) | ketër (m) | [kétər] |
| hérisson (m) | iriq (m) | [iríc] |
| lièvre (m) | lepur i egër (m) | [lépur i égər] |
| lapin (m) | lepur (m) | [lépur] |
| blaireau (m) | vjedull (f) | [vjéduɫ] |
| raton (m) | rakun (m) | [rakún] |
| hamster (m) | hamster (m) | [hamstér] |
| marmotte (f) | marmot (m) | [marmót] |
| taupe (f) | urith (m) | [uríθ] |
| souris (f) | mi (m) | [mi] |
| rat (m) | mi (m) | [mi] |
| chauve-souris (f) | lakuriq (m) | [lakuríc] |
| hermine (f) | herminë (f) | [hɛrmínə] |
| zibeline (f) | kunadhe (f) | [kunáðɛ] |
| martre (f) | shqarth (m) | [ʃcarθ] |
| belette (f) | nuselalë (f) | [nusɛlálə] |
| vison (m) | vizon (m) | [vizón] |

| castor (m) | kastor (m) | [kastór] |
| loutre (f) | vidër (f) | [vídər] |

| cheval (m) | kali (m) | [káli] |
| élan (m) | dre brilopatë (m) | [drɛ brilopátə] |
| cerf (m) | dre (f) | [drɛ] |
| chameau (m) | deve (f) | [dévɛ] |

| bison (m) | bizon (m) | [bizón] |
| aurochs (m) | bizon evropian (m) | [bizón ɛvropián] |
| buffle (m) | buall (m) | [búaɫ] |

| zèbre (m) | zebër (f) | [zébər] |
| antilope (f) | antilopë (f) | [antilópə] |
| chevreuil (m) | dre (f) | [drɛ] |
| biche (f) | dre ugar (m) | [drɛ ugár] |
| chamois (m) | kamosh (m) | [kamóʃ] |
| sanglier (m) | derr i egër (m) | [dér i égər] |

| baleine (f) | balenë (f) | [balénə] |
| phoque (m) | fokë (f) | [fókə] |
| morse (m) | lopë deti (f) | [lópə déti] |
| ours (m) de mer | fokë (f) | [fókə] |
| dauphin (m) | delfin (m) | [dɛlfín] |

| ours (m) | ari (m) | [arí] |
| ours (m) blanc | ari polar (m) | [arí polár] |
| panda (m) | panda (f) | [pánda] |

| singe (m) | majmun (m) | [majmún] |
| chimpanzé (m) | shimpanze (f) | [ʃimpánzɛ] |
| orang-outang (m) | orangutan (m) | [oraŋután] |
| gorille (m) | gorillë (f) | [goríɫə] |
| macaque (m) | majmun makao (m) | [majmún makáo] |
| gibbon (m) | gibon (m) | [gibón] |

| éléphant (m) | elefant (m) | [ɛlɛfánt] |
| rhinocéros (m) | rinoqeront (m) | [rinocɛrónt] |
| girafe (f) | gjirafë (f) | [ɟiráfə] |
| hippopotame (m) | hipopotam (m) | [hipopotám] |

| kangourou (m) | kangur (m) | [kaŋúr] |
| koala (m) | koala (f) | [koála] |

| mangouste (f) | mangustë (f) | [maŋústə] |
| chinchilla (m) | çinçila (f) | [tʃintʃíla] |
| mouffette (f) | qelbës (m) | [célbəs] |
| porc-épic (m) | ferrëgjatë (m) | [fɛrəɟátə] |

## 212. Les animaux domestiques

| chat (m) (femelle) | mace (f) | [mátsɛ] |
| chat (m) (mâle) | maçok (m) | [matʃók] |
| chien (m) | qen (m) | [cɛn] |

| | | |
|---|---|---|
| cheval (m) | kali (m) | [káli] |
| étalon (m) | hamshor (m) | [hamʃór] |
| jument (f) | pelë (f) | [pélə] |

| | | |
|---|---|---|
| vache (f) | lopë (f) | [lópə] |
| taureau (m) | dem (m) | [dém] |
| bœuf (m) | ka (m) | [ka] |

| | | |
|---|---|---|
| brebis (f) | dele (f) | [délɛ] |
| mouton (m) | dash (m) | [daʃ] |
| chèvre (f) | dhi (f) | [ði] |
| bouc (m) | cjap (m) | [tsjáp] |

| | | |
|---|---|---|
| âne (m) | gomar (m) | [gomár] |
| mulet (m) | mushkë (f) | [múʃkə] |

| | | |
|---|---|---|
| cochon (m) | derr (m) | [dɛr] |
| pourceau (m) | derrkuc (m) | [dɛrkúts] |
| lapin (m) | lepur (m) | [lépur] |

| | | |
|---|---|---|
| poule (f) | pulë (f) | [púlə] |
| coq (m) | gjel (m) | [ɟél] |

| | | |
|---|---|---|
| canard (m) | rosë (f) | [rósə] |
| canard (m) mâle | rosak (m) | [rosák] |
| oie (f) | patë (f) | [pátə] |

| | | |
|---|---|---|
| dindon (m) | gjel deti i egër (m) | [ɟél déti i égər] |
| dinde (f) | gjel deti (m) | [ɟél déti] |

| | | |
|---|---|---|
| animaux (m pl) domestiques | kafshë shtëpiake (f) | [káfʃə ʃtəpiákɛ] |
| apprivoisé (adj) | i zbutur | [i zbútur] |
| apprivoiser (vt) | zbus | [zbus] |
| élever (vt) | rrit | [rit] |

| | | |
|---|---|---|
| ferme (f) | fermë (f) | [férmə] |
| volaille (f) | pulari (f) | [pularí] |
| bétail (m) | bagëti (f) | [bagətí] |
| troupeau (m) | kope (f) | [kopé] |

| | | |
|---|---|---|
| écurie (f) | stallë (f) | [státə] |
| porcherie (f) | stallë e derrave (f) | [státə ɛ déravɛ] |
| vacherie (f) | stallë e lopëve (f) | [státə ɛ lópəvɛ] |
| cabane (f) à lapins | kolibe lepujsh (f) | [kolíbɛ lépujʃ] |
| poulailler (m) | kotec (m) | [kotéts] |

## 213. Le chien. Les races

| | | |
|---|---|---|
| chien (m) | qen (m) | [cɛn] |
| berger (m) | qen dhensh (m) | [cɛn ðɛnʃ] |
| berger (m) allemand | pastor gjerman (m) | [pastór ɟɛrmán] |
| caniche (f) | pudël (f) | [púdəl] |
| teckel (m) | dakshund (m) | [dákshund] |
| bouledogue (m) | bulldog (m) | [buɫdóg] |

| boxer (m) | bokser (m) | [boksér] |
| mastiff (m) | mastif (m) | [mastíf] |
| rottweiler (m) | rotvailer (m) | [rotvailér] |
| doberman (m) | doberman (m) | [dobɛrmán] |

| basset (m) | baset (m) | [basét] |
| bobtail (m) | bishtshkurtër (m) | [biʃtʃkúrtər] |
| dalmatien (m) | dalmat (m) | [dalmát] |
| cocker (m) | koker spaniel (m) | [kokér spaniél] |

| terre-neuve (m) | terranova (f) | [tɛranóva] |
| saint-bernard (m) | Seint-Bernard (m) | [séint-bɛrnárd] |

| husky (m) | haski (m) | [háski] |
| chow-chow (m) | çau çau (m) | [tʃáu tʃáu] |
| spitz (m) | dhelpërush (m) | [ðɛlpərúʃ] |
| carlin (m) | karlino (m) | [karlíno] |

## 214. Les cris des animaux

| aboiement (m) | lehje (f) | [léhjɛ] |
| aboyer (vi) | leh | [lɛh] |
| miauler (vi) | mjaullin | [mjauɫín] |
| ronronner (vi) | gërhimë | [gərhímə] |

| meugler (vi) | bën mu | [bən mú] |
| beugler (taureau) | pëllet | [pəɫét] |
| rugir (chien) | hungërin | [huŋərín] |

| hurlement (m) | hungërimë (f) | [huŋərímə] |
| hurler (loup) | hungëroj | [huŋərój] |
| geindre (vi) | angullin | [aŋuɫín] |

| bêler (vi) | blegërin | [blɛgərín] |
| grogner (cochon) | hungërin | [huŋərín] |
| glapir (cochon) | klith | [kliθ] |

| coasser (vi) | bën kuak | [bən kuák] |
| bourdonner (vi) | zukat | [zukát] |
| striduler (vi) | gumëzhin | [guməʒín] |

## 215. Les jeunes animaux

| bébé (m) (≈ lapin) | këlysh (m) | [kəlýʃ] |
| chaton (m) | kotele (f) | [kotélɛ] |
| souriceau (m) | miush (m) | [miúʃ] |
| chiot (m) | këlysh qeni (m) | [kəlýʃ céni] |

| levraut (m) | lepurush (m) | [lɛpurúʃ] |
| lapereau (m) | lepurush i butë (m) | [lɛpurúʃ i bútə] |
| louveteau (m) | këlysh ujku (m) | [kəlýʃ újku] |
| renardeau (m) | këlysh dhelpre (m) | [kəlýʃ ðélprɛ] |

| | | |
|---|---|---|
| ourson (m) | këlysh ariu (m) | [kəlýʃ aríu] |
| lionceau (m) | këlysh luani (m) | [kəlýʃ luáni] |
| bébé (m) tigre | këlysh tigri (m) | [kəlýʃ tígri] |
| éléphanteau (m) | këlysh elefanti (m) | [kəlýʃ ɛlɛfánti] |
| | | |
| pourceau (m) | derrkuc (m) | [dɛrkúts] |
| veau (m) | viç (m) | [vitʃ] |
| chevreau (m) | kec (m) | [kéts] |
| agneau (m) | qengj (m) | [cɛɲʃ] |
| faon (m) | kaproll (m) | [kaprółt] |
| bébé (m) chameau | këlysh deveje (m) | [kəlýʃ dɛvéjɛ] |
| | | |
| serpenteau (m) | gjarpër i vogël (m) | [ɟárpər i vógəl] |
| bébé (m) grenouille | këlysh bretkose (m) | [kəlýʃ brɛtkósɛ] |
| | | |
| oisillon (m) | zog i vogël (m) | [zog i vógəl] |
| poussin (m) | zog pule (m) | [zog púlɛ] |
| canardeau (m) | zog rose (m) | [zog rósɛ] |

## 216. Les oiseaux

| | | |
|---|---|---|
| oiseau (m) | zog (m) | [zog] |
| pigeon (m) | pëllumb (m) | [pəłúmb] |
| moineau (m) | harabel (m) | [harabél] |
| mésange (f) | xhixhimës (m) | [dʒidʒimés] |
| pie (f) | laraskë (f) | [laráskə] |
| | | |
| corbeau (m) | korb (m) | [korb] |
| corneille (f) | sorrë (f) | [sórə] |
| choucas (m) | galë (f) | [gálə] |
| freux (m) | sorrë (f) | [sórə] |
| | | |
| canard (m) | rosë (f) | [rósə] |
| oie (f) | patë (f) | [pátə] |
| faisan (m) | fazan (m) | [fazán] |
| | | |
| aigle (m) | shqiponjë (f) | [ʃcipóɲə] |
| épervier (m) | gjeraqinë (f) | [ɟɛracínə] |
| faucon (m) | fajkua (f) | [fajkúa] |
| vautour (m) | hutë (f) | [hútə] |
| condor (m) | kondor (m) | [kondór] |
| | | |
| cygne (m) | mjellmë (f) | [mjéłmə] |
| grue (f) | lejlek (m) | [lɛjlék] |
| cigogne (f) | lejlek (m) | [lɛjlék] |
| | | |
| perroquet (m) | papagall (m) | [papagáł] |
| colibri (m) | kolibri (m) | [kolíbri] |
| paon (m) | pallua (m) | [pałúa] |
| | | |
| autruche (f) | struc (m) | [struts] |
| héron (m) | çafkë (f) | [tʃáfkə] |
| flamant (m) | flamingo (m) | [flamíŋo] |
| pélican (m) | pelikan (m) | [pɛlikán] |

| rossignol (m) | bilbil (m) | [bilbíl] |
| hirondelle (f) | dallëndyshe (f) | [daɫəndýʃɛ] |

| merle (m) | mëllenjë (f) | [məɫéɲə] |
| grive (f) | grifsha (f) | [gríʃʃa] |
| merle (m) noir | mëllenjë (f) | [məɫéɲə] |

| martinet (m) | dallëndyshe (f) | [daɫəndýʃɛ] |
| alouette (f) des champs | thëllëzë (f) | [θəɫézə] |
| caille (f) | trumcak (m) | [trumtsák] |

| pivert (m) | qukapik (m) | [cukapík] |
| coucou (m) | kukuvajkë (f) | [kukuvájkə] |
| chouette (f) | buf (m) | [buf] |
| hibou (m) | buf mbretëror (m) | [buf mbrɛtərór] |
| tétras (m) | fazan i pyllit (m) | [fazán i pýɫit] |
| tétras-lyre (m) | fazan i zi (m) | [fazán i zí] |
| perdrix (f) | thëllëzë (f) | [θəɫézə] |

| étourneau (m) | gargull (m) | [gárguɫ] |
| canari (m) | kanarinë (f) | [kanarínə] |
| gélinotte (f) des bois | fazan mali (m) | [fazán máli] |
| pinson (m) | trishtil (m) | [triʃtíl] |
| bouvreuil (m) | trishtil dimri (m) | [triʃtíl dímri] |

| mouette (f) | pulëbardhë (f) | [puləbárðə] |
| albatros (m) | albatros (m) | [albatrós] |
| pingouin (m) | penguin (m) | [pɛŋuín] |

## 217. Les oiseaux. Le chant, les cris

| chanter (vi) | këndoj | [kəndój] |
| crier (vi) | thërras | [θərás] |
| chanter (le coq) | kakaris | [kakarís] |
| cocorico (m) | kikiriku | [kikiríku] |

| glousser (vi) | kakaris | [kakarís] |
| croasser (vi) | krokas | [krokás] |
| cancaner (vi) | bën kuak kuak | [bən kuák kuák] |
| piauler (vi) | pisket | [piskét] |
| pépier (vi) | cicëroj | [tsitsərój] |

## 218. Les poissons. Les animaux marins

| brème (f) | krapuliq (m) | [krapulíc] |
| carpe (f) | krap (m) | [krap] |
| perche (f) | perç (m) | [pɛrtʃ] |
| silure (m) | mustak (m) | [musták] |
| brochet (m) | mlysh (m) | [mlýʃ] |

| saumon (m) | salmon (m) | [salmón] |
| esturgeon (m) | bli (m) | [blí] |

| | | |
|---|---|---|
| hareng (m) | harengë (f) | [haréŋə] |
| saumon (m) atlantique | salmon Atlantiku (m) | [salmón atlantíku] |
| maquereau (m) | skumbri (m) | [skúmbri] |
| flet (m) | shojzë (f) | [ʃójzə] |

| | | |
|---|---|---|
| sandre (f) | troftë (f) | [tróftə] |
| morue (f) | merluc (m) | [mɛrlúts] |
| thon (m) | tunë (f) | [túnə] |
| truite (f) | troftë (f) | [tróftə] |

| | | |
|---|---|---|
| anguille (f) | ngjalë (f) | [ɲálə] |
| torpille (f) | peshk elektrik (m) | [pɛʃk ɛlɛktrík] |
| murène (f) | ngjalë morel (f) | [ɲálə morél] |
| piranha (m) | piranja (f) | [piráɲa] |

| | | |
|---|---|---|
| requin (m) | peshkaqen (m) | [pɛʃkacén] |
| dauphin (m) | delfin (m) | [dɛlfín] |
| baleine (f) | balenë (f) | [balénə] |

| | | |
|---|---|---|
| crabe (m) | gaforre (f) | [gafórɛ] |
| méduse (f) | kandil deti (m) | [kandíl déti] |
| pieuvre (f), poulpe (m) | oktapod (m) | [oktapód] |

| | | |
|---|---|---|
| étoile (f) de mer | yll deti (m) | [yɫ déti] |
| oursin (m) | iriq deti (m) | [iríc déti] |
| hippocampe (m) | kalë deti (m) | [kálə déti] |

| | | |
|---|---|---|
| huître (f) | midhje (f) | [míðjɛ] |
| crevette (f) | karkalec (m) | [karkaléts] |
| homard (m) | karavidhe (f) | [karavíðɛ] |
| langoustine (f) | karavidhe (f) | [karavíðɛ] |

## 219. Les amphibiens. Les reptiles

| | | |
|---|---|---|
| serpent (m) | gjarpër (m) | [ɟárpər] |
| venimeux (adj) | helmues | [hɛlmúɛs] |

| | | |
|---|---|---|
| vipère (f) | nepërka (f) | [nɛpérka] |
| cobra (m) | kobra (f) | [kóbra] |
| python (m) | piton (m) | [pitón] |
| boa (m) | boa (f) | [bóa] |

| | | |
|---|---|---|
| couleuvre (f) | kular (m) | [kulár] |
| serpent (m) à sonnettes | gjarpër me zile (m) | [ɟárpər mɛ zílɛ] |
| anaconda (m) | anakonda (f) | [anakónda] |

| | | |
|---|---|---|
| lézard (m) | hardhucë (f) | [harðútsə] |
| iguane (m) | iguana (f) | [iguána] |
| varan (m) | varan (m) | [varán] |
| salamandre (f) | salamandër (f) | [salamándər] |
| caméléon (m) | kameleon (m) | [kamɛlɛón] |
| scorpion (m) | akrep (m) | [akrép] |
| tortue (f) | breshkë (f) | [bréʃkə] |
| grenouille (f) | bretkosë (f) | [brɛtkósə] |

| crapaud (m) | zhabë (f) | [ʒábə] |
| crocodile (m) | krokodil (m) | [krokodíl] |

## 220. Les insectes

| insecte (m) | insekt (m) | [insékt] |
| papillon (m) | flutur (f) | [flútuɾ] |
| fourmi (f) | milingonë (f) | [miliŋónə] |
| mouche (f) | mizë (f) | [mízə] |
| moustique (m) | mushkonjë (f) | [muʃkóɲə] |
| scarabée (m) | brumbull (m) | [brúmbuɫ] |

| guêpe (f) | grerëz (f) | [grérəz] |
| abeille (f) | bletë (f) | [blétə] |
| bourdon (m) | greth (m) | [grɛθ] |
| œstre (m) | zekth (m) | [zɛkθ] |

| araignée (f) | merimangë (f) | [mɛrimáŋə] |
| toile (f) d'araignée | rrjetë merimange (f) | [rjétə mɛrimáŋɛ] |

| libellule (f) | pilivesë (f) | [pilivésə] |
| sauterelle (f) | karkalec (m) | [karkaléts] |
| papillon (m) | molë (f) | [mólə] |

| cafard (m) | kacabu (f) | [katsabú] |
| tique (f) | rriqër (m) | [rícəɾ] |
| puce (f) | plesht (m) | [plɛʃt] |
| moucheron (m) | mushicë (f) | [muʃítsə] |

| criquet (m) | gjinkallë (f) | [ɟinkáɫə] |
| escargot (m) | kërmill (m) | [kərmíɫ] |
| grillon (m) | bulkth (m) | [búlkθ] |
| luciole (f) | xixëllonjë (f) | [dzidzəɫóɲə] |
| coccinelle (f) | mollëkuqe (f) | [moɫəkúcɛ] |
| hanneton (m) | vizhë (f) | [víʒə] |

| sangsue (f) | shushunjë (f) | [ʃuʃúɲə] |
| chenille (f) | vemje (f) | [vémjɛ] |
| ver (m) | krimb toke (m) | [krímb tókɛ] |
| larve (f) | larvë (f) | [lárvə] |

## 221. Les parties du corps des animaux

| bec (m) | sqep (m) | [scɛp] |
| ailes (f pl) | flatra (pl) | [flátra] |
| patte (f) | këmbë (f) | [kémbə] |
| plumage (m) | pupla (pl) | [púpla] |
| plume (f) | pupël (f) | [púpəl] |
| houppe (f) | kreshtë (f) | [kréʃtə] |

| ouïes (f pl) | velëz (f) | [véləz] |
| œufs (m pl) | vezë peshku (f) | [vézə péʃku] |

| larve (f) | larvë (f) | [lárvə] |
| nageoire (f) | krah (m) | [krah] |
| écaille (f) | luspë (f) | [lúspə] |

| croc (m) | dhëmb prerës (m) | [ðəmb prérəs] |
| patte (f) | shputë (f) | [ʃpútə] |
| museau (m) | turi (m) | [turí] |
| gueule (f) | gojë (f) | [gójə] |
| queue (f) | bisht (m) | [biʃt] |
| moustaches (f pl) | mustaqe (f) | [mustácɛ] |

| sabot (m) | thundër (f) | [θúndər] |
| corne (f) | bri (m) | [brí] |

| carapace (f) | karapaks (m) | [karapáks] |
| coquillage (m) | guaskë (f) | [guáskə] |
| coquille (f) d'œuf | lëvozhgë veze (f) | [ləvóʒgə vézɛ] |

| poil (m) | qime (f) | [címɛ] |
| peau (f) | lëkurë kafshe (f) | [ləkúrə káfʃɛ] |

## 222. Les mouvements des animaux

| voler (vi) | fluturoj | [fluturój] |
| faire des cercles | fluturoj përreth | [fluturój pəréθ] |

| s'envoler (vp) | fluturoj tutje | [fluturój tútjɛ] |
| battre des ailes | rrah | [rah] |

| picorer (vt) | qukas | [cukás] |
| couver (vt) | ngroh vezët | [ŋróh vézət] |

| éclore (vt) | çelin vezët | [tʃélin vézət] |
| faire un nid | ngre fole | [ŋré folé] |

| ramper (vi) | gjarpëroj | [ɟarpərój] |
| piquer (insecte) | pickoj | [pitskój] |
| mordre (animal) | kafshoj | [kafʃój] |

| flairer (vt) | nuhas | [nuhás] |
| aboyer (vi) | leh | [lɛh] |
| siffler (serpent) | fërshëllej | [fərʃətéj] |

| effrayer (vt) | tremb | [trɛmb] |
| attaquer (vt) | sulmoj | [sulmój] |

| ronger (vt) | brej | [brɛj] |
| griffer (vt) | gërvisht | [gərvíʃt] |
| se cacher (vp) | fsheh | [fʃéh] |

| jouer (chatons, etc.) | luaj | [lúaj] |
| chasser (vi, vt) | dal për gjah | [dál pər ɟáh] |
| être en hibernation | fle gjumë letargjik | [flɛ ɟúmə lɛtaɟík] |
| disparaître (dinosaures) | zhdukem | [ʒdúkɛm] |

## 223. Les habitats des animaux

| | | |
|---|---|---|
| habitat (m) naturel | banesë (f) | [banése] |
| migration (f) | migrim (m) | [migrím] |
| | | |
| montagne (f) | mal (m) | [mal] |
| récif (m) | shkëmb nënujor (m) | [ʃkəmb nənujór] |
| rocher (m) | shkëmb (m) | [ʃkəmb] |
| | | |
| forêt (f) | pyll (m) | [pyɫ] |
| jungle (f) | xhungël (f) | [dʒúŋəl] |
| savane (f) | savana (f) | [savána] |
| toundra (f) | tundra (f) | [túndra] |
| | | |
| steppe (f) | stepa (f) | [stépa] |
| désert (m) | shkretëtirë (f) | [ʃkrɛtətírə] |
| oasis (f) | oazë (f) | [oázə] |
| | | |
| mer (f) | det (m) | [dét] |
| lac (m) | liqen (m) | [licén] |
| océan (m) | oqean (m) | [ocɛán] |
| | | |
| marais (m) | kënetë (f) | [kənétə] |
| d'eau douce (adj) | ujëra të ëmbla | [újəra tə əmbla] |
| étang (m) | pellg (m) | [pɛɫg] |
| rivière (f), fleuve (m) | lum (m) | [lum] |
| | | |
| tanière (f) | strofull (f) | [strófuɫ] |
| nid (m) | fole (f) | [folé] |
| creux (m) | zgavër (f) | [zgávər] |
| terrier (m) (~ d'un renard) | strofull (f) | [strófuɫ] |
| fourmilière (f) | mal milingonash (m) | [mal miliŋónaʃ] |

## 224. Les soins aux animaux

| | | |
|---|---|---|
| zoo (m) | kopsht zoologjik (m) | [kópʃt zooloɟík] |
| réserve (f) naturelle | rezervat natyror (m) | [rɛzɛrvát natyrór] |
| | | |
| pépinière (f) | mbarështues (m) | [mbarəʃtúɛs] |
| volière (f) | kafaz i hapur (m) | [kafáz i hápur] |
| cage (f) | kafaz (m) | [kafáz] |
| niche (f) | kolibe qeni (f) | [kolíbɛ céni] |
| | | |
| pigeonnier (m) | kafaz pëllumbash (m) | [kafáz pəɫúmbaʃ] |
| aquarium (m) | akuarium (m) | [akuariúm] |
| delphinarium (m) | akuarium për delfinë (m) | [akuariúm pər dɛlfínə] |
| | | |
| élever (vt) | mbarështoj | [mbarəʃtój] |
| nichée (f), portée (f) | këlysh (m) | [kəlýʃ] |
| apprivoiser (vt) | zbus | [zbus] |
| dresser (un chien) | stërvit | [stərvít] |
| aliments (pl) pour animaux | ushqim (m) | [uʃcím] |
| nourrir (vt) | ushqej | [uʃcéj] |

| | | |
|---|---|---|
| magasin (m) d'animaux | **dyqan kafshësh** (m) | [dycán káfʃəʃ] |
| muselière (f) | **maskë turiri** (f) | [máskə turíri] |
| collier (m) | **kollare** (f) | [koɫárɛ] |
| nom (m) (d'un animal) | **emri** (m) | [émri] |
| pedigree (m) | **raca** (f) | [rátsa] |

## 225. Les animaux. Divers

| | | |
|---|---|---|
| meute (f) (~ de loups) | **tufë** (f) | [túfə] |
| volée (f) d'oiseaux | **tufë** (f) | [túfə] |
| banc (m) de poissons | **grup** (m) | [grup] |
| troupeau (m) | **tufë** (f) | [túfə] |
| | | |
| mâle (m) | **mashkull** (m) | [máʃkuɫ] |
| femelle (f) | **femër** (f) | [fémər] |
| | | |
| affamé (adj) | **i uritur** | [i urítur] |
| sauvage (adj) | **i egër** | [i égər] |
| dangereux (adj) | **i rrezikshëm** | [i rɛzíkʃəm] |

## 226. Les chevaux

| | | |
|---|---|---|
| cheval (m) | **kali** (m) | [káli] |
| race (f) | **raca** (f) | [rátsa] |
| | | |
| poulain (m) | **mëzi** (m) | [mézi] |
| jument (f) | **pelë** (f) | [pélə] |
| | | |
| mustang (m) | **kalë mustang** (m) | [kálə mustáŋ] |
| poney (m) | **poni** (m) | [póni] |
| cheval (m) de trait | **kalë pune** (f) | [kálə púnɛ] |
| | | |
| crin (m) | **kreshtë** (f) | [kréʃtə] |
| queue (f) | **bisht** (m) | [biʃt] |
| | | |
| sabot (m) | **thundër** (f) | [θúndər] |
| fer (m) à cheval | **patkua** (f) | [patkúa] |
| ferrer (vt) | **mbath** | [mbáθ] |
| maréchal-ferrant (m) | **farkëtar** (m) | [farkətár] |
| | | |
| selle (f) | **shalë** (f) | [ʃálə] |
| étrier (m) | **yzengji** (f) | [yzɛnɟí] |
| bride (f) | **gojëz** (f) | [gójəz] |
| rênes (f pl) | **frenat** (pl) | [frénat] |
| fouet (m) | **kamxhik** (m) | [kamdʒík] |
| | | |
| cavalier (m) | **kalorës** (m) | [kalórəs] |
| seller (vt) | **shaloj** | [ʃalój] |
| se mettre en selle | **hip në kalë** | [hip nə kálə] |
| | | |
| galop (m) | **galop** (m) | [galóp] |
| aller au galop | **ec me galop** | [ɛts mɛ galóp] |

| trot (m) | trok (m) | [trok] |
| au trot (adv) | me trok | [mɛ trók] |
| aller au trot | ec me trok | [ɛts mɛ trók] |

| cheval (m) de course | kalë garash (m) | [kálə gáraʃ] |
| courses (f pl) à chevaux | garë kuajsh (f) | [gárə kúajʃ] |

| écurie (f) | stallë (f) | [státə] |
| nourrir (vt) | ushqej | [uʃcéj] |
| foin (m) | kashtë (f) | [káʃtə] |
| abreuver (vt) | i jap ujë | [i jap újə] |
| laver (le cheval) | laj | [laj] |

| charrette (f) | karrocë me kalë (f) | [karótsə mɛ kálə] |
| paître (vi) | kullos | [kutós] |
| hennir (vi) | hingëlloj | [hiŋətój] |
| ruer (vi) | gjuaj me shkelma | [ɟúaj mɛ ʃkélma] |

# La flore

## 227. Les arbres

| arbre (m) | pemë (f) | [pémə] |
| à feuilles caduques | gjethor | [ɟɛθór] |
| conifère (adj) | halor | [halór] |
| à feuilles persistantes | përherë të gjelbra | [pərhérə tə ɟélbra] |

| pommier (m) | pemë molle (f) | [pémə mółɛ] |
| poirier (m) | pemë dardhe (f) | [pémə dárðɛ] |
| merisier (m) | pemë qershie (f) | [pémə cɛɾʃíɛ] |
| cerisier (m) | pemë qershi vishnje (f) | [pémə cɛɾʃí víʃɲɛ] |
| prunier (m) | pemë kumbulle (f) | [pémə kúmbułɛ] |

| bouleau (m) | mështekna (f) | [məʃtékna] |
| chêne (m) | lis (m) | [lis] |
| tilleul (m) | bli (m) | [blí] |
| tremble (m) | plep i egër (m) | [plɛp i égər] |
| érable (m) | panjë (f) | [páɲə] |
| épicéa (m) | bredh (m) | [brɛð] |
| pin (m) | pishë (f) | [píʃə] |
| mélèze (m) | larsh (m) | [lárʃ] |
| sapin (m) | bredh i bardhë (m) | [brɛð i bárðə] |
| cèdre (m) | kedër (m) | [kédər] |

| peuplier (m) | plep (m) | [plɛp] |
| sorbier (m) | vadhë (f) | [váðə] |
| saule (m) | shelg (m) | [ʃɛlg] |
| aune (m) | verr (m) | [vɛr] |
| hêtre (m) | ah (m) | [ah] |
| orme (m) | elm (m) | [élm] |
| frêne (m) | shelg (m) | [ʃɛlg] |
| marronnier (m) | gështenjë (f) | [gəʃtéɲə] |

| magnolia (m) | manjolia (f) | [maɲólia] |
| palmier (m) | palma (f) | [pálma] |
| cyprès (m) | qiparis (m) | [ciparís] |

| palétuvier (m) | rizoforë (f) | [rizofórə] |
| baobab (m) | baobab (m) | [baobáb] |
| eucalyptus (m) | eukalipt (m) | [ɛukalípt] |
| séquoia (m) | sekuojë (f) | [sɛkuójə] |

## 228. Les arbustes

| buisson (m) | shkurre (f) | [ʃkúrɛ] |
| arbrisseau (m) | kaçube (f) | [katʃúbɛ] |

| vigne (f) | hardhi (f) | [harðí] |
| vigne (f) (vignoble) | vreshtë (f) | [vréʃtə] |

| framboise (f) | mjedër (f) | [mjédər] |
| cassis (m) | kaliboba e zezë (f) | [kalibóba ɛ zézə] |
| groseille (f) rouge | kaliboba e kuqe (f) | [kalibóba ɛ kúcɛ] |
| groseille (f) verte | shkurre kulumbrie (f) | [ʃkúrɛ kulumbríɛ] |

| acacia (m) | akacie (f) | [akátsiɛ] |
| berbéris (m) | krespinë (f) | [krɛspínə] |
| jasmin (m) | jasemin (m) | [jasɛmín] |

| genévrier (m) | dëllinjë (f) | [dəɫíɲə] |
| rosier (m) | trëndafil (m) | [trəndafíl] |
| églantier (m) | trëndafil i egër (m) | [trəndafíl i égər] |

## 229. Les champignons

| champignon (m) | kërpudhë (f) | [kərpúðə] |
| champignon (m) comestible | kërpudhë ushqyese (f) | [kərpúðə uʃcýɛsɛ] |
| champignon (m) vénéneux | kërpudhë helmuese (f) | [kərpúðə hɛlmúɛsɛ] |
| chapeau (m) | koka e kërpudhës (f) | [kóka ɛ kərpúðəs] |
| pied (m) | bishti i kërpudhës (m) | [bíʃti i kərpúðəs] |

| cèpe (m) | porcini (m) | [portsíni] |
| bolet (m) orangé | kërpudhë kapuç-verdhë (f) | [kərpúðə kapútʃ-vérðə] |
| bolet (m) bai | porcinia (f) | [portsinéla] |
| girolle (f) | shanterele (f) | [ʃantɛrélɛ] |
| russule (f) | rusula (f) | [rúsula] |

| morille (f) | morele (f) | [morélɛ] |
| amanite (f) tue-mouches | kësulkuqe (f) | [kəsulkúcɛ] |
| oronge (f) verte | kërpudha e vdekjes (f) | [kərpúða ɛ vdékjɛs] |

## 230. Les fruits. Les baies

| fruit (m) | frut (m) | [frut] |
| fruits (m pl) | fruta (pl) | [frúta] |

| pomme (f) | mollë (f) | [móɫə] |
| poire (f) | dardhë (f) | [dárðə] |
| prune (f) | kumbull (f) | [kúmbuɫ] |

| fraise (f) | luleshtrydhe (f) | [lulɛʃtrýðɛ] |
| cerise (f) | qershi vishnje (f) | [cɛrʃí víʃɲɛ] |
| merise (f) | qershi (f) | [cɛrʃí] |
| raisin (m) | rrush (m) | [ruʃ] |

| framboise (f) | mjedër (f) | [mjédər] |
| cassis (m) | kaliboba e zezë (f) | [kalibóba ɛ zézə] |
| groseille (f) rouge | kaliboba e kuqe (f) | [kalibóba ɛ kúcɛ] |
| groseille (f) verte | kulumbri (f) | [kulumbrí] |

| | | |
|---|---|---|
| canneberge (f) | **boronica** (f) | [boronítsa] |
| orange (f) | **portokall** (m) | [portokáł] |
| mandarine (f) | **mandarinë** (f) | [mandarínǝ] |
| ananas (m) | **ananas** (m) | [ananás] |
| banane (f) | **banane** (f) | [banánɛ] |
| datte (f) | **hurmë** (f) | [húrmǝ] |

| | | |
|---|---|---|
| citron (m) | **limon** (m) | [limón] |
| abricot (m) | **kajsi** (f) | [kajsí] |
| pêche (f) | **pjeshkë** (f) | [pjéʃkǝ] |
| kiwi (m) | **kivi** (m) | [kívi] |
| pamplemousse (m) | **grejpfrut** (m) | [grɛjpfrút] |

| | | |
|---|---|---|
| baie (f) | **manë** (f) | [mánǝ] |
| baies (f pl) | **mana** (f) | [mána] |
| airelle (f) rouge | **boronicë mirtile** (f) | [boronítsǝ mirtílɛ] |
| fraise (f) des bois | **luleshtrydhe e egër** (f) | [lulɛʃtrýðɛ ɛ égǝr] |
| myrtille (f) | **boronicë** (f) | [boronítsǝ] |

## 231. Les fleurs. Les plantes

| | | |
|---|---|---|
| fleur (f) | **lule** (f) | [lúlɛ] |
| bouquet (m) | **buqetë** (f) | [bucétǝ] |

| | | |
|---|---|---|
| rose (f) | **trëndafil** (m) | [trǝndafíl] |
| tulipe (f) | **tulipan** (m) | [tulipán] |
| oeillet (m) | **karafil** (m) | [karafíl] |
| glaïeul (m) | **gladiolë** (f) | [gladiólǝ] |

| | | |
|---|---|---|
| bleuet (m) | **lule misri** (f) | [lúlɛ mísri] |
| campanule (f) | **lule këmborë** (f) | [lúlɛ kǝmbórǝ] |
| dent-de-lion (f) | **luleradhiqe** (f) | [lulɛraðícɛ] |
| marguerite (f) | **kamomil** (m) | [kamomíl] |

| | | |
|---|---|---|
| aloès (m) | **aloe** (f) | [alóɛ] |
| cactus (m) | **kaktus** (m) | [kaktús] |
| ficus (m) | **fikus** (m) | [fíkus] |

| | | |
|---|---|---|
| lis (m) | **zambak** (m) | [zambák] |
| géranium (m) | **barbarozë** (f) | [barbarózǝ] |
| jacinthe (f) | **zymbyl** (m) | [zymbýl] |

| | | |
|---|---|---|
| mimosa (m) | **mimoza** (f) | [mimóza] |
| jonquille (f) | **narcis** (m) | [nartsís] |
| capucine (f) | **lule këmbore** (f) | [lúlɛ kǝmbórɛ] |

| | | |
|---|---|---|
| orchidée (f) | **orkide** (f) | [orkidé] |
| pivoine (f) | **bozhure** (f) | [boʒúrɛ] |
| violette (f) | **vjollcë** (f) | [vjółtsǝ] |

| | | |
|---|---|---|
| pensée (f) | **lule vjollca** (f) | [lúlɛ vjółtsa] |
| myosotis (m) | **mosmëharro** (f) | [mosmǝharó] |
| pâquerette (f) | **margaritë** (f) | [margarítǝ] |
| coquelicot (m) | **lulëkuqe** (f) | [lulǝkúcɛ] |

| chanvre (m) | kërp (m) | [kérp] |
| menthe (f) | mendër (f) | [méndər] |

| muguet (m) | zambak i fushës (m) | [zambák i fúʃəs] |
| perce-neige (f) | luleborë (f) | [lulɛbórə] |

| ortie (f) | hithra (f) | [híθra] |
| oseille (f) | lëpjeta (f) | [ləpjéta] |
| nénuphar (m) | zambak uji (m) | [zambák úji] |
| fougère (f) | fier (m) | [fíɛr] |
| lichen (m) | likene (f) | [likénɛ] |

| serre (f) tropicale | serrë (f) | [sérə] |
| gazon (m) | lëndinë (f) | [ləndínə] |
| parterre (m) de fleurs | kënd lulishteje (m) | [kənd lulíʃtɛjɛ] |

| plante (f) | bimë (f) | [bímə] |
| herbe (f) | bar (m) | [bar] |
| brin (m) d'herbe | fije bari (f) | [fíjɛ bári] |

| feuille (f) | gjeth (m) | [ɟɛθ] |
| pétale (m) | petale (f) | [pɛtálɛ] |
| tige (f) | bisht (m) | [biʃt] |
| tubercule (m) | zhardhok (m) | [ʒarðók] |

| pousse (f) | filiz (m) | [filíz] |
| épine (f) | gjemb (m) | [ɟémb] |

| fleurir (vi) | lulëzoj | [lulǝzój] |
| se faner (vp) | vyshket | [výʃkɛt] |
| odeur (f) | aromë (f) | [arómə] |
| couper (vt) | pres lulet | [prɛs lúlɛt] |
| cueillir (fleurs) | mbledh lule | [mbléð lúlɛ] |

## 232. Les cérêales

| grains (m pl) | drithë (m) | [dríθə] |
| céréales (f pl) (plantes) | drithëra (pl) | [dríθəra] |
| épi (m) | kaush (m) | [kaúʃ] |

| blé (m) | grurë (f) | [grúrə] |
| seigle (m) | thekër (f) | [θékər] |
| avoine (f) | tërshërë (f) | [tərʃérə] |
| millet (m) | mel (m) | [mɛl] |
| orge (f) | elb (m) | [ɛlb] |
| maïs (m) | misër (m) | [mísər] |
| riz (m) | oriz (m) | [oríz] |
| sarrasin (m) | hikërr (m) | [híkər] |

| pois (m) | bizele (f) | [bizélɛ] |
| haricot (m) | groshë (f) | [gróʃə] |
| soja (m) | sojë (f) | [sójə] |
| lentille (f) | thjerrëz (f) | [θjérəz] |
| fèves (f pl) | fasule (f) | [fasúlɛ] |

## 233. Les lêgumes

| légumes (m pl) | perime (pl) | [pɛrímɛ] |
| verdure (f) | zarzavate (pl) | [zarzavátɛ] |

| tomate (f) | domate (f) | [domátɛ] |
| concombre (m) | kastravec (m) | [kastravéts] |
| carotte (f) | karotë (f) | [karótǝ] |
| pomme (f) de terre | patate (f) | [patátɛ] |
| oignon (m) | qepë (f) | [cépǝ] |
| ail (m) | hudhër (f) | [húðǝr] |

| chou (m) | lakër (f) | [lákǝr] |
| chou-fleur (m) | lulelakër (f) | [lulɛlákǝr] |
| chou (m) de Bruxelles | lakër Brukseli (f) | [lákǝr brukséli] |
| brocoli (m) | brokoli (m) | [brókoli] |

| betterave (f) | panxhar (m) | [pandʒár] |
| aubergine (f) | patëllxhan (m) | [patǝɫdʒán] |
| courgette (f) | kungulleshë (m) | [kuŋuɫéʃǝ] |
| potiron (m) | kungull (m) | [kúŋuɫ] |
| navet (m) | rrepë (f) | [répǝ] |

| persil (m) | majdanoz (m) | [majdanóz] |
| fenouil (m) | kopër (f) | [kópǝr] |
| laitue (f) (salade) | sallatë jeshile (f) | [saɫátǝ jɛʃílɛ] |
| céleri (m) | selino (f) | [sɛlíno] |
| asperge (f) | asparagus (m) | [asparágus] |
| épinard (m) | spinaq (m) | [spinác] |

| pois (m) | bizele (f) | [bizélɛ] |
| fèves (f pl) | fasule (f) | [fasúlɛ] |
| maïs (m) | misër (m) | [mísǝr] |
| haricot (m) | groshë (f) | [gróʃǝ] |

| poivron (m) | spec (m) | [spɛts] |
| radis (m) | rrepkë (f) | [répkǝ] |
| artichaut (m) | angjinare (f) | [aɲinárɛ] |

# LA GÉOGRAPHIE RÉGIONALE

## Les pays du monde. Les nationalités

### 234. L'Europe de l'Ouest

| | | |
|---|---|---|
| Europe (f) | Evropa (f) | [ɛvrópa] |
| Union (f) européenne | Bashkimi Evropian (m) | [baʃkími ɛvropián] |
| européen (m) | Evropian (m) | [ɛvropián] |
| européen (adj) | evropian | [ɛvropián] |
| | | |
| Autriche (f) | Austri (f) | [austrí] |
| Autrichien (m) | Austriak (m) | [austriák] |
| Autrichienne (f) | Austriake (f) | [austriákɛ] |
| autrichien (adj) | austriak | [austriák] |
| | | |
| Grande-Bretagne (f) | Britani e Madhe (f) | [brítani ɛ máðɛ] |
| Angleterre (f) | Angli (f) | [aŋlí] |
| Anglais (m) | Britanik (m) | [britaník] |
| Anglaise (f) | Britanike (f) | [britaníkɛ] |
| anglais (adj) | anglez | [aŋléz] |
| | | |
| Belgique (f) | Belgjikë (f) | [bɛʎíkə] |
| Belge (m) | Belg (m) | [bɛlg] |
| Belge (f) | Belge (f) | [bélgɛ] |
| belge (adj) | belg | [bɛlg] |
| | | |
| Allemagne (f) | Gjermani (f) | [ɟɛrmaní] |
| Allemand (m) | Gjerman (m) | [ɟɛrmán] |
| Allemande (f) | Gjermane (f) | [ɟɛrmánɛ] |
| allemand (adj) | gjerman | [ɟɛrmán] |
| | | |
| Pays-Bas (m) | Holandë (f) | [holándə] |
| Hollande (f) | Holandë (f) | [holándə] |
| Hollandais (m) | Holandez (m) | [holandéz] |
| Hollandaise (f) | Holandeze (f) | [holandézɛ] |
| hollandais (adj) | holandez | [holandéz] |
| | | |
| Grèce (f) | Greqi (f) | [grɛcí] |
| Grec (m) | Grek (m) | [grɛk] |
| Grecque (f) | Greke (f) | [grékɛ] |
| grec (adj) | grek | [grɛk] |
| | | |
| Danemark (m) | Danimarkë (f) | [danimárkə] |
| Danois (m) | Danez (m) | [danéz] |
| Danoise (f) | Daneze (f) | [danézɛ] |
| danois (adj) | danez | [danéz] |
| Irlande (f) | Irlandë (f) | [irlándə] |
| Irlandais (m) | Irlandez (m) | [irlandéz] |

| Irlandaise (f) | **Irlandeze** (f) | [irlandézɛ] |
| irlandais (adj) | **irlandez** | [irlandéz] |

| Islande (f) | **Islandë** (f) | [islándə] |
| Islandais (m) | **Islandez** (m) | [islandéz] |
| Islandaise (f) | **Islandeze** (f) | [islandézɛ] |
| islandais (adj) | **islandez** | [islandéz] |

| Espagne (f) | **Spanjë** (f) | [spáɲə] |
| Espagnol (m) | **Spanjoll** (m) | [spaɲóɬ] |
| Espagnole (f) | **Spanjolle** (f) | [spaɲóɬɛ] |
| espagnol (adj) | **spanjoll** | [spaɲóɬ] |

| Italie (f) | **Itali** (f) | [italí] |
| Italien (m) | **Italian** (m) | [italián] |
| Italienne (f) | **Italiane** (f) | [italiánɛ] |
| italien (adj) | **italian** | [italián] |

| Chypre (m) | **Qipro** (f) | [cípro] |
| Chypriote (m) | **Qipriot** (m) | [cipriót] |
| Chypriote (f) | **Qipriote** (f) | [cipriótɛ] |
| chypriote (adj) | **qipriot** | [cipriót] |

| Malte (f) | **Maltë** (f) | [máltə] |
| Maltais (m) | **Maltez** (m) | [maltéz] |
| Maltaise (f) | **Malteze** (f) | [maltézɛ] |
| maltais (adj) | **maltez** | [maltéz] |

| Norvège (f) | **Norvegji** (f) | [norvɛɟí] |
| Norvégien (m) | **Norvegjez** (m) | [norvɛɟéz] |
| Norvégienne (f) | **Norvegjeze** (f) | [norvɛɟézɛ] |
| norvégien (adj) | **norvegjez** | [norvɛɟéz] |

| Portugal (m) | **Portugali** (f) | [portugalí] |
| Portugais (m) | **Portugez** (m) | [portugéz] |
| Portugaise (f) | **Portugeze** (f) | [portugézɛ] |
| portugais (adj) | **portugez** | [portugéz] |

| Finlande (f) | **Finlandë** (f) | [finlándə] |
| Finlandais (m) | **Finlandez** (m) | [finlandéz] |
| Finlandaise (f) | **Finlandeze** (f) | [finlandézɛ] |
| finlandais (adj) | **finlandez** | [finlandéz] |

| France (f) | **Francë** (f) | [frántsə] |
| Français (m) | **Francez** (m) | [frantséz] |
| Française (f) | **Franceze** (f) | [frantsézɛ] |
| français (adj) | **francez** | [frantséz] |

| Suède (f) | **Suedi** (f) | [suɛdí] |
| Suédois (m) | **Suedez** (m) | [suɛdéz] |
| Suédoise (f) | **Suedeze** (f) | [suɛdézɛ] |
| suédois (adj) | **suedez** | [suɛdéz] |

| Suisse (f) | **Zvicër** (f) | [zvítsər] |
| Suisse (m) | **Zviceran** (m) | [zvitsɛrán] |
| Suissesse (f) | **Zvicerane** (f) | [zvitsɛránɛ] |

| suisse (adj) | zviceran | [zvitsɛrán] |
| Écosse (f) | Skoci (f) | [skotsí] |
| Écossais (m) | Skocez (m) | [skotséz] |
| Écossaise (f) | Skoceze (f) | [skotsézɛ] |
| écossais (adj) | skocez | [skotséz] |

| Vatican (m) | Vatikan (m) | [vatikán] |
| Liechtenstein (m) | Lichtenstein (m) | [litshtɛnstéin] |
| Luxembourg (m) | Luksemburg (m) | [luksɛmbúrg] |
| Monaco (m) | Monako (f) | [monáko] |

## 235. L'Europe Centrale et l'Europe de l'Est

| Albanie (f) | Shqipëri (f) | [ʃcipərí] |
| Albanais (m) | Shqiptar (m) | [ʃciptár] |
| Albanaise (f) | Shqiptare (f) | [ʃciptárɛ] |
| albanais (adj) | shqiptar | [ʃciptár] |

| Bulgarie (f) | Bullgari (f) | [buɫgarí] |
| Bulgare (m) | Bullgar (m) | [buɫgár] |
| Bulgare (f) | Bullgare (f) | [buɫgárɛ] |
| bulgare (adj) | bullgar | [buɫgár] |

| Hongrie (f) | Hungari (f) | [huŋarí] |
| Hongrois (m) | Hungarez (m) | [huŋaréz] |
| Hongroise (f) | Hungareze (f) | [huŋarézɛ] |
| hongrois (adj) | hungarez | [huŋaréz] |

| Lettonie (f) | Letoni (f) | [lɛtoní] |
| Letton (m) | Letonez (m) | [lɛtonéz] |
| Lettonne (f) | Letoneze (f) | [lɛtonézɛ] |
| letton (adj) | letonez | [lɛtonéz] |

| Lituanie (f) | Lituani (f) | [lituaní] |
| Lituanien (m) | Lituanez (m) | [lituanéz] |
| Lituanienne (f) | Lituaneze (f) | [lituanézɛ] |
| lituanien (adj) | lituanez | [lituanéz] |

| Pologne (f) | Poloni (f) | [poloní] |
| Polonais (m) | Polak (m) | [polák] |
| Polonaise (f) | Polake (f) | [polákɛ] |
| polonais (adj) | polak | [polák] |

| Roumanie (f) | Rumani (f) | [rumaní] |
| Roumain (m) | Rumun (m) | [rumún] |
| Roumaine (f) | Rumune (f) | [rumúnɛ] |
| roumain (adj) | rumun | [rumún] |

| Serbie (f) | Serbi (f) | [sɛrbí] |
| Serbe (m) | Serb (m) | [sɛrb] |
| Serbe (f) | Serbe (f) | [sérbɛ] |
| serbe (adj) | serb | [sɛrb] |
| Slovaquie (f) | Sllovaki (f) | [sɫovakí] |
| Slovaque (m) | Sllovak (m) | [sɫovák] |

| Slovaque (f) | Sllovake (f) | [słováke] |
| slovaque (adj) | sllovak | [słovák] |

| Croatie (f) | Kroaci (f) | [kroatsí] |
| Croate (m) | Kroat (m) | [kroát] |
| Croate (f) | Kroate (f) | [kroáte] |
| croate (adj) | kroat | [kroát] |

| République (f) Tchèque | Republika Çeke (f) | [republíka tʃéke] |
| Tchèque (m) | Çek (m) | [tʃek] |
| Tchèque (f) | Çeke (f) | [tʃéke] |
| tchèque (adj) | çek | [tʃek] |

| Estonie (f) | Estoni (f) | [estoní] |
| Estonien (m) | Estonez (m) | [estonéz] |
| Estonienne (f) | Estoneze (f) | [estonéze] |
| estonien (adj) | estonez | [estonéz] |

| Bosnie (f) | Bosnje Herzegovina (f) | [bósɲe hɛrzegovína] |
| Macédoine (f) | Maqedonia (f) | [macedonía] |
| Slovénie (f) | Sllovenia (f) | [słovenía] |
| Monténégro (m) | Mali i Zi (m) | [máli i zí] |

## 236. Les pays de l'ex-U.R.S.S.

| Azerbaïdjan (m) | Azerbajxhan (m) | [azerbajdʒán] |
| Azerbaïdjanais (m) | Azerbajxhanas (m) | [azerbajdʒánas] |
| Azerbaïdjanaise (f) | Azerbajxhanase (f) | [azerbajdʒánase] |
| azerbaïdjanais (adj) | azerbajxhanas | [azerbajdʒánas] |

| Arménie (f) | Armeni (f) | [armɛní] |
| Arménien (m) | Armen (m) | [armén] |
| Arménienne (f) | Armene (f) | [arménɛ] |
| arménien (adj) | armen | [armén] |

| Biélorussie (f) | Bjellorusi (f) | [bjɛłorusí] |
| Biélorusse (m) | Bjellorus (m) | [bjɛłorús] |
| Biélorusse (f) | Bjelloruse (f) | [bjɛłorúse] |
| biélorusse (adj) | bjellorus | [bjɛłorús] |

| Géorgie (f) | Gjeorgji (f) | [ɟeorɟí] |
| Géorgien (m) | Gjeorgjian (m) | [ɟeorɟián] |
| Géorgienne (f) | Gjeorgjiane (f) | [ɟeorɟiánɛ] |
| géorgien (adj) | gjeorgjian | [ɟeorɟián] |

| Kazakhstan (m) | Kazakistan (m) | [kazakistán] |
| Kazakh (m) | Kazakistanez (m) | [kazakistanéz] |
| Kazakhe (f) | Kazakistaneze (f) | [kazakistanéze] |
| kazakh (adj) | kazakistanez | [kazakistanéz] |

| Kirghizistan (m) | Kirgistan (m) | [kirgistán] |
| Kirghiz (m) | Kirgistanez (m) | [kirgistanéz] |
| Kirghize (f) | Kirgistaneze (f) | [kirgistanéze] |
| kirghiz (adj) | kirgistanez | [kirgistanéz] |

| Moldavie (f) | Moldavi (f) | [moldaví] |
| Moldave (m) | Moldav (m) | [moldáv] |
| Moldave (f) | Moldave (f) | [moldávɛ] |
| moldave (adj) | moldav | [moldáv] |

| Russie (f) | Rusi (f) | [rusí] |
| Russe (m) | Rus (m) | [rus] |
| Russe (f) | Ruse (f) | [rúsɛ] |
| russe (adj) | rus | [rus] |

| Tadjikistan (m) | Taxhikistan (m) | [tadʒikistán] |
| Tadjik (m) | Taxhikistanez (m) | [tadʒikistanéz] |
| Tadjik (f) | Taxhikistaneze (f) | [tadʒikistanézɛ] |
| tadjik (adj) | taxhikistanez | [tadʒikistanéz] |

| Turkménistan (m) | Turkmenistan (m) | [turkmɛnistán] |
| Turkmène (m) | Turkmen (m) | [turkmén] |
| Turkmène (f) | Turkmene (f) | [turkménɛ] |
| turkmène (adj) | Turkmen | [turkmén] |

| Ouzbékistan (m) | Uzbekistan (m) | [uzbɛkistán] |
| Ouzbek (m) | Uzbek (m) | [uzbék] |
| Ouzbek (f) | Uzbeke (f) | [uzbékɛ] |
| ouzbek (adj) | uzbek | [uzbék] |

| Ukraine (f) | Ukrainë (f) | [ukraínə] |
| Ukrainien (m) | Ukrainas (m) | [ukraínas] |
| Ukrainienne (f) | Ukrainase (f) | [ukraínasɛ] |
| ukrainien (adj) | ukrainas | [ukraínas] |

## 237. L'Asie

| Asie (f) | Azia (f) | [azía] |
| asiatique (adj) | Aziatik | [aziatík] |

| Vietnam (m) | Vietnam (m) | [viɛtnám] |
| Vietnamien (m) | Vietnamez (m) | [viɛtnaméz] |
| Vietnamienne (f) | Vietnameze (f) | [viɛtnamézɛ] |
| vietnamien (adj) | vietnamez | [viɛtnaméz] |

| Inde (f) | Indi (f) | [indí] |
| Indien (m) | Indian (m) | [indián] |
| Indienne (f) | Indiane (f) | [indiánɛ] |
| indien (adj) | indian | [indián] |

| Israël (m) | Izrael (m) | [izraél] |
| Israélien (m) | Izaelit (m) | [izaɛlít] |
| Israélienne (f) | Izraelite (f) | [izraɛlítɛ] |
| israélien (adj) | izraelit | [izraɛlít] |

| Juif (m) | hebre (m) | [hɛbré] |
| Juive (f) | hebre (f) | [hɛbré] |
| juif (adj) | hebraike | [hɛbraíkɛ] |
| Chine (f) | Kinë (f) | [kínə] |

| Chinois (m) | Kinez (m) | [kinéz] |
| Chinoise (f) | Kineze (f) | [kinézɛ] |
| chinois (adj) | kinez | [kinéz] |

| Coréen (m) | Korean (m) | [korɛán] |
| Coréenne (f) | Koreane (f) | [korɛánɛ] |
| coréen (adj) | korean | [korɛán] |

| Liban (m) | Liban (m) | [libán] |
| Libanais (m) | Libanez (m) | [libanéz] |
| Libanaise (f) | Libaneze (f) | [libanézɛ] |
| libanais (adj) | libanez | [libanéz] |

| Mongolie (f) | Mongoli (f) | [moŋolí] |
| Mongole (m) | Mongol (m) | [moŋól] |
| Mongole (f) | Mongole (f) | [moŋólɛ] |
| mongole (adj) | mongol | [moŋól] |

| Malaisie (f) | Malajzi (f) | [malajzí] |
| Malaisien (m) | Malajzian (m) | [malajzián] |
| Malaisienne (f) | Malajziane (f) | [malajziánɛ] |
| malais (adj) | malajzian | [malajzián] |

| Pakistan (m) | Pakistan (m) | [pakistán] |
| Pakistanais (m) | Pakistanez (m) | [pakistanéz] |
| Pakistanaise (f) | Pakistaneze (f) | [pakistanézɛ] |
| pakistanais (adj) | pakistanez | [pakistanéz] |

| Arabie (f) Saoudite | Arabia Saudite (f) | [arabía saudítɛ] |
| Arabe (m) | Arab (m) | [aráb] |
| Arabe (f) | Arabe (f) | [arábɛ] |
| arabe (adj) | arabik | [arabík] |

| Thaïlande (f) | Tajlandë (f) | [tajlándə] |
| Thaïlandais (m) | Tajlandez (m) | [tajlandéz] |
| Thaïlandaise (f) | Tajlandeze (f) | [tajlandézɛ] |
| thaïlandais (adj) | tajlandez | [tajlandéz] |

| Taïwan (m) | Tajvan (m) | [tajván] |
| Taïwanais (m) | Tajvanez (m) | [tajvanéz] |
| Taïwanaise (f) | Tajvaneze (f) | [tajvanézɛ] |
| taïwanais (adj) | tajvanez | [tajvanéz] |

| Turquie (f) | Turqi (f) | [turcí] |
| Turc (m) | Turk (m) | [turk] |
| Turque (f) | Turke (f) | [túrkɛ] |
| turc (adj) | turk | [turk] |

| Japon (m) | Japoni (f) | [japoní] |
| Japonais (m) | Japonez (m) | [japonéz] |
| Japonaise (f) | Japoneze (f) | [japonézɛ] |
| japonais (adj) | japonez | [japonéz] |

| Afghanistan (m) | Afganistan (m) | [afganistán] |
| Bangladesh (m) | Bangladesh (m) | [baŋladéʃ] |
| Indonésie (f) | Indonezi (f) | [indonɛzí] |

| Jordanie (f) | Jordani (f) | [jordaní] |
| Iraq (m) | Irak (m) | [irak] |
| Iran (m) | Iran (m) | [irán] |
| Cambodge (m) | Kamboxhia (f) | [kambódʒia] |
| Koweït (m) | Kuvajt (m) | [kuvájt] |

| Laos (m) | Laos (m) | [láos] |
| Myanmar (m) | Mianmar (m) | [mianmár] |
| Népal (m) | Nepal (m) | [nɛpál] |
| Fédération (f) des Émirats Arabes Unis | Emiratet e Bashkuara Arabe (pl) | [ɛmirátɛt ɛ baʃkúara arábɛ] |

| Syrie (f) | Siri (f) | [sirí] |
| Palestine (f) | Palestinë (f) | [palɛstínə] |
| Corée (f) du Sud | Korea e Jugut (f) | [koréa ɛ júgut] |
| Corée (f) du Nord | Korea e Veriut (f) | [koréa ɛ vériut] |

## 238. L'Amérique du Nord

| Les États Unis | Shtetet e Bashkuara të Amerikës | [ʃtétɛt ɛ baʃkúara tə amɛríkəs] |
| Américain (m) | Amerikan (m) | [amɛrikán] |
| Américaine (f) | Amerikane (f) | [amɛrikánɛ] |
| américain (adj) | amerikan | [amɛrikán] |

| Canada (m) | Kanada (f) | [kanadá] |
| Canadien (m) | Kanadez (m) | [kanadéz] |
| Canadienne (f) | Kanadeze (f) | [kanadézɛ] |
| canadien (adj) | kanadez | [kanadéz] |

| Mexique (m) | Meksikë (f) | [mɛksíkə] |
| Mexicain (m) | Meksikan (m) | [mɛksikán] |
| Mexicaine (f) | Meksikane (f) | [mɛksikánɛ] |
| mexicain (adj) | meksikan | [mɛksikán] |

## 239. L'Amérique Centrale et l'Amérique du Sud

| Argentine (f) | Argjentinë (f) | [arɟentínə] |
| Argentin (m) | Argjentinas (m) | [arɟentínas] |
| Argentine (f) | Argjentinase (f) | [arɟentínasɛ] |
| argentin (adj) | argjentinas | [arɟentínas] |

| Brésil (m) | Brazil (m) | [brazíl] |
| Brésilien (m) | Brazilian (m) | [brazilián] |
| Brésilienne (f) | Braziliane (f) | [braziliánɛ] |
| brésilien (adj) | brazilian | [brazilián] |

| Colombie (f) | Kolumbi (f) | [kolumbí] |
| Colombien (m) | Kolumbian (m) | [kolumbián] |
| Colombienne (f) | Kolumbiane (f) | [kolumbiánɛ] |
| colombien (adj) | kolumbian | [kolumbián] |
| Cuba (f) | Kuba (f) | [kúba] |

| Cubain (m) | Kuban (m) | [kubán] |
| Cubaine (f) | Kubane (f) | [kubánɛ] |
| cubain (adj) | kuban | [kubán] |

| Chili (m) | Kili (m) | [kíli] |
| Chilien (m) | Kilian (m) | [kilián] |
| Chilienne (f) | Kiliane (f) | [kiliánɛ] |
| chilien (adj) | kilian | [kilián] |

| Bolivie (f) | Bolivi (f) | [bolivĺ] |
| Venezuela (f) | Venezuelë (f) | [vɛnɛzuélə] |
| Paraguay (m) | Paraguai (m) | [paraguái] |
| Pérou (m) | Peru (f) | [pɛrú] |
| Surinam (m) | Surinam (m) | [surinám] |
| Uruguay (m) | Uruguai (m) | [uruguái] |
| Équateur (m) | Ekuador (m) | [ɛkuadór] |

| Bahamas (f pl) | Bahamas (m) | [bahámas] |
| Haïti (m) | Haiti (m) | [haíti] |
| République (f) Dominicaine | Republika Dominikane (f) | [rɛpublíka dominikánɛ] |
| Panamá (m) | Panama (f) | [panamá] |
| Jamaïque (f) | Xhamajka (f) | [dʒamájka] |

## 240. L'Afrique

| Égypte (f) | Egjipt (m) | [ɛɟípt] |
| Égyptien (m) | Egjiptian (m) | [ɛɟiptián] |
| Égyptienne (f) | Egjiptiane (f) | [ɛɟiptiánɛ] |
| égyptien (adj) | egjiptian | [ɛɟiptián] |

| Maroc (m) | Marok (m) | [marók] |
| Marocain (m) | Maroken (m) | [marokén] |
| Marocaine (f) | Marokene (f) | [marokénɛ] |
| marocain (adj) | maroken | [marokén] |

| Tunisie (f) | Tunizi (f) | [tunizĺ] |
| Tunisien (m) | Tunizian (m) | [tunizián] |
| Tunisienne (f) | Tuniziane (f) | [tuniziánɛ] |
| tunisien (adj) | tunizian | [tunizián] |

| Ghana (m) | Gana (f) | [gána] |
| Zanzibar (m) | Zanzibar (m) | [zanzibár] |
| Kenya (m) | Kenia (f) | [kénia] |
| Libye (f) | Libia (f) | [libía] |
| Madagascar (f) | Madagaskar (m) | [madagaskár] |

| Namibie (f) | Namibia (f) | [namíbia] |
| Sénégal (m) | Senegal (m) | [sɛnɛgál] |
| Tanzanie (f) | Tanzani (f) | [tanzaní] |
| République (f) Sud-africaine | Afrika e Jugut (f) | [afríka ɛ júgut] |

| Africain (m) | Afrikan (m) | [afrikán] |
| Africaine (f) | Afrikane (f) | [afrikánɛ] |
| africain (adj) | Afrikan | [afrikán] |

## 241. L'Australie et Océanie

| | | |
|---|---|---|
| Australie (f) | **Australia** (f) | [australía] |
| Australien (m) | **Australian** (m) | [australián] |
| Australienne (f) | **Australiane** (f) | [australiánɛ] |
| australien (adj) | **australian** | [australián] |
| | | |
| Nouvelle Zélande (f) | **Zelandë e Re** (f) | [zɛlándə ɛ ré] |
| Néo-Zélandais (m) | **Zelandez** (m) | [zɛlandéz] |
| Néo-Zélandaise (f) | **Zelandeze** (f) | [zɛlandézɛ] |
| néo-zélandais (adj) | **zelandez** | [zɛlandéz] |
| | | |
| Tasmanie (f) | **Tasmani** (f) | [tasmaní] |
| Polynésie (f) Française | **Polinezia Franceze** (f) | [polinɛzía frantsézɛ] |

## 242. Les grandes villes

| | | |
|---|---|---|
| Amsterdam (f) | **Amsterdam** (m) | [amstɛrdám] |
| Ankara (m) | **Ankara** (f) | [ankará] |
| Athènes (m) | **Athinë** (f) | [aθínə] |
| | | |
| Bagdad (m) | **Bagdad** (m) | [bagdád] |
| Bangkok (m) | **Bangkok** (m) | [baŋkók] |
| Barcelone (f) | **Barcelonë** (f) | [bartsɛlónə] |
| Berlin (m) | **Berlin** (m) | [bɛrlín] |
| Beyrouth (m) | **Bejrut** (m) | [bɛjrút] |
| | | |
| Bombay (m) | **Mumbai** (m) | [mumbái] |
| Bonn (f) | **Bon** (m) | [bon] |
| Bordeaux (f) | **Bordo** (f) | [bordó] |
| Bratislava (m) | **Bratislavë** (f) | [bratislávə] |
| Bruxelles (m) | **Bruksel** (m) | [bruksél] |
| Bucarest (m) | **Bukuresht** (m) | [bukuréʃt] |
| Budapest (m) | **Budapest** (m) | [budapést] |
| | | |
| Caire (m) | **Kajro** (f) | [kájro] |
| Calcutta (f) | **Kalkutë** (f) | [kalkútə] |
| Chicago (f) | **Çikago** (f) | [tʃikágo] |
| Copenhague (f) | **Kopenhagen** (m) | [kopɛnhágɛn] |
| | | |
| Dar es-Salaam (f) | **Dar es Salam** (m) | [dar ɛs salám] |
| Delhi (f) | **Delhi** (f) | [délhi] |
| Dubaï (f) | **Dubai** (m) | [dubái] |
| Dublin (f) | **Dublin** (m) | [dúblin] |
| Düsseldorf (f) | **Dyseldorf** (m) | [dysɛldórf] |
| | | |
| Florence (f) | **Firence** (f) | [firéntsɛ] |
| Francfort (f) | **Frankfurt** (m) | [frankfúrt] |
| Genève (f) | **Gjenevë** (f) | [ɟɛnévə] |
| | | |
| Hague (f) | **Hagë** (f) | [hágə] |
| Hambourg (f) | **Hamburg** (m) | [hambúrg] |
| Hanoi (f) | **Hanoi** (m) | [hanói] |

| Havane (f) | Havana (f) | [havána] |
| Helsinki (f) | Helsinki (m) | [hɛlsínki] |
| Hiroshima (f) | Hiroshimë (f) | [hiroʃímə] |
| Hong Kong (m) | Hong Kong (m) | [hoŋ kóŋ] |
| Istanbul (f) | Stamboll (m) | [stambóɫ] |
| Jérusalem (f) | Jerusalem (m) | [jɛrusalém] |
| Kiev (f) | Kiev (m) | [kíɛv] |
| Kuala Lumpur (f) | Kuala Lumpur (m) | [kuála lumpúr] |
| Lisbonne (f) | Lisbonë (f) | [lisbónə] |
| Londres (m) | Londër (f) | [lóndər] |
| Los Angeles (f) | Los Anxhelos (m) | [lós andʒɛlós] |
| Lyon (f) | Lion (m) | [lión] |

| Madrid (f) | Madrid (m) | [madríd] |
| Marseille (f) | Marsejë (f) | [marséjə] |
| Mexico (f) | Meksiko Siti (m) | [méksiko síti] |
| Miami (f) | Majami (m) | [majámi] |
| Montréal (f) | Montreal (m) | [montrɛál] |
| Moscou (f) | Moskë (f) | [móskə] |
| Munich (f) | Munih (m) | [muníh] |

| Nairobi (f) | Najrobi (m) | [najróbi] |
| Naples (f) | Napoli (m) | [nápoli] |
| New York (f) | Nju Jork (m) | [ɲu jork] |
| Nice (f) | Nisë (m) | [nísə] |
| Oslo (m) | oslo (f) | [óslo] |
| Ottawa (m) | Otava (f) | [otáva] |

| Paris (m) | Paris (m) | [parís] |
| Pékin (m) | Pekin (m) | [pɛkín] |
| Prague (m) | Pragë (f) | [prágə] |
| Rio de Janeiro (m) | Rio de Zhaneiro (m) | [río dɛ ʒanéiro] |
| Rome (f) | Romë (f) | [rómə] |

| Saint-Pétersbourg (m) | Shën Petersburg (m) | [ʃən pɛtɛrsbúrg] |
| Séoul (m) | Seul (m) | [sɛúl] |
| Shanghai (m) | Shangai (m) | [ʃaɲái] |
| Sidney (m) | Sidney (m) | [sidnéy] |
| Singapour (f) | Singapor (m) | [siŋapór] |
| Stockholm (m) | Stokholm (m) | [stokhólm] |

| Taipei (m) | Taipei (m) | [taipéi] |
| Tokyo (m) | Tokio (f) | [tókio] |
| Toronto (m) | Toronto (f) | [torónto] |

| Varsovie (f) | Varshavë (f) | [varʃávə] |
| Venise (f) | Venecia (f) | [vɛnétsia] |
| Vienne (f) | Vjenë (f) | [vjénə] |
| Washington (f) | Uashington (m) | [vaʃiŋtón] |

## 243. La politique. Le gouvernement. Partie 1

| politique (f) | politikë (f) | [politíkə] |
| politique (adj) | politike | [politíkɛ] |

| | | |
|---|---|---|
| homme (m) politique | politikan (m) | [politikán] |
| état (m) | shtet (m) | [ʃtɛt] |
| citoyen (m) | nënshtetas (m) | [nənʃtétas] |
| citoyenneté (f) | nënshtetësi (f) | [nənʃtɛtəsí] |

| | | |
|---|---|---|
| armoiries (f pl) nationales | simbol kombëtar (m) | [simból kombətár] |
| hymne (m) national | himni kombëtar (m) | [hímni kombətár] |

| | | |
|---|---|---|
| gouvernement (m) | qeveri (f) | [cɛvɛrí] |
| chef (m) d'état | kreu i shtetit (m) | [kréu i ʃtétit] |
| parlement (m) | parlament (m) | [parlamént] |
| parti (m) | parti (f) | [partí] |

| | | |
|---|---|---|
| capitalisme (m) | kapitalizëm (m) | [kapitalízəm] |
| capitaliste (adj) | kapitalist | [kapitalíst] |

| | | |
|---|---|---|
| socialisme (m) | socializëm (m) | [sotsialízəm] |
| socialiste (adj) | socialist | [sotsialíst] |

| | | |
|---|---|---|
| communisme (m) | komunizëm (m) | [komunízəm] |
| communiste (adj) | komunist | [komuníst] |
| communiste (m) | komunist (m) | [komuníst] |

| | | |
|---|---|---|
| démocratie (f) | demokraci (f) | [dɛmokratsí] |
| démocrate (m) | demokrat (m) | [dɛmokrát] |
| démocratique (adj) | demokratik | [dɛmokratík] |
| parti (m) démocratique | parti demokratike (f) | [partí dɛmokratíkɛ] |

| | | |
|---|---|---|
| libéral (m) | liberal (m) | [libɛrál] |
| libéral (adj) | liberal | [libɛrál] |

| | | |
|---|---|---|
| conservateur (m) | konservativ (m) | [konsɛrvatív] |
| conservateur (adj) | konservativ | [konsɛrvatív] |

| | | |
|---|---|---|
| république (f) | republikë (f) | [rɛpublíkə] |
| républicain (m) | republikan (m) | [rɛpublikán] |
| parti (m) républicain | parti republikane (f) | [partí rɛpublikánɛ] |

| | | |
|---|---|---|
| élections (f pl) | zgjedhje (f) | [zɟéðjɛ] |
| élire (vt) | zgjedh | [zɟɛð] |
| électeur (m) | zgjedhës (m) | [zɟéðəs] |
| campagne (f) électorale | fushatë zgjedhore (f) | [fuʃátə zɟɛðórɛ] |

| | | |
|---|---|---|
| vote (m) | votim (m) | [votím] |
| voter (vi) | votoj | [votój] |
| droit (m) de vote | e drejta e votës (f) | [ɛ dréjta ɛ vótəs] |

| | | |
|---|---|---|
| candidat (m) | kandidat (m) | [kandidát] |
| poser sa candidature | jam kandidat | [jam kandidát] |
| campagne (f) | fushatë (f) | [fuʃátə] |

| | | |
|---|---|---|
| d'opposition (adj) | opozitar | [opozitár] |
| opposition (f) | opozitë (f) | [opozítə] |

| | | |
|---|---|---|
| visite (f) | vizitë (f) | [vizítə] |
| visite (f) officielle | vizitë zyrtare (f) | [vizítə zyrtárɛ] |

| international (adj) | ndërkombëtar | [ndərkombətár] |
| négociations (f pl) | negociata (f) | [nɛgotsiáta] |
| négocier (vi) | negocioj | [nɛgotsiój] |

## 244. La politique. Le gouvernement. Partie 2

| société (f) | shoqëri (f) | [ʃocərí] |
| constitution (f) | kushtetutë (f) | [kuʃtɛtútə] |
| pouvoir (m) | pushtet (m) | [puʃtét] |
| corruption (f) | korrupsion (m) | [korupsión] |

| loi (f) | ligj (m) | [liɟ] |
| légal (adj) | ligjor | [liɟór] |

| justice (f) | drejtësi (f) | [drɛjtəsí] |
| juste (adj) | e drejtë | [ɛ dréjtə] |

| comité (m) | komitet (m) | [komitét] |
| projet (m) de loi | projektligj (m) | [projɛktlíɟ] |
| budget (m) | buxhet (m) | [budʒét] |
| politique (f) | politikë (f) | [politíkə] |
| réforme (f) | reformë (f) | [rɛfórmə] |
| radical (adj) | radikal | [radikál] |

| puissance (f) | fuqi (f) | [fucí] |
| puissant (adj) | i fuqishëm | [i fucíʃəm] |
| partisan (m) | mbështetës (m) | [mbəʃtétəs] |
| influence (f) | ndikim (m) | [ndikím] |

| régime (m) | regjim (m) | [rɛɟím] |
| conflit (m) | konflikt (m) | [konflíkt] |
| complot (m) | komplot (m) | [komplót] |
| provocation (f) | provokim (m) | [provokím] |

| renverser (le régime) | rrëzoj | [rəzój] |
| renversement (m) | rrëzim (m) | [rəzím] |
| révolution (f) | revolucion (m) | [rɛvolutsión] |

| coup (m) d'État | grusht shteti (m) | [grúʃt ʃtéti] |
| coup (m) d'État militaire | puç ushtarak (m) | [putʃ uʃtarák] |

| crise (f) | krizë (f) | [krízə] |
| baisse (f) économique | recesion ekonomik (m) | [rɛtsɛsión ɛkonomík] |
| manifestant (m) | protestues (m) | [protɛstúɛs] |
| manifestation (f) | protestë (f) | [protéstə] |
| loi (f) martiale | ligj ushtarak (m) | [liɟ uʃtarák] |
| base (f) militaire | bazë ushtarake (f) | [bázə uʃtarákɛ] |

| stabilité (f) | stabilitet (m) | [stabilitét] |
| stable (adj) | stabil | [stabíl] |

| exploitation (f) | shfrytëzim (m) | [ʃfrytəzím] |
| exploiter (vt) | shfrytëzoj | [ʃfrytəzój] |
| racisme (m) | racizëm (m) | [ratsízəm] |

| raciste (m) | racist (m) | [ratsíst] |
| fascisme (m) | fashizëm (m) | [faʃízəm] |
| fasciste (m) | fashist (m) | [faʃíst] |

## 245. Les différents pays du monde. Divers

| étranger (m) | i huaj (m) | [i húaj] |
| étranger (adj) | huaj | [húaj] |
| à l'étranger (adv) | jashtë shteti | [jáʃtə ʃtéti] |

| émigré (m) | emigrant (m) | [ɛmigránt] |
| émigration (f) | emigracion (m) | [ɛmigratsión] |
| émigrer (vi) | emigroj | [ɛmigrój] |

| Ouest (m) | Perëndimi (m) | [pɛrəndími] |
| Est (m) | Lindja (f) | [líndja] |
| Extrême Orient (m) | Lindja e Largët (f) | [líndja ɛ lárgət] |
| civilisation (f) | civilizim (m) | [tsivilizím] |
| humanité (f) | njerëzia (f) | [ɲɛrəzía] |
| monde (m) | bota (f) | [bóta] |
| paix (f) | paqe (f) | [pácɛ] |
| mondial (adj) | botëror | [botərór] |

| patrie (f) | atdhe (f) | [atðé] |
| peuple (m) | njerëz (m) | [ɲérəz] |
| population (f) | popullsi (f) | [popuɫsí] |
| gens (m pl) | njerëz (m) | [ɲérəz] |
| nation (f) | komb (m) | [komb] |
| génération (f) | brez (m) | [brɛz] |
| territoire (m) | zonë (f) | [zónə] |
| région (f) | rajon (m) | [rajón] |
| état (m) (partie du pays) | shtet (m) | [ʃtɛt] |

| tradition (f) | traditë (f) | [tradítə] |
| coutume (f) | zakon (m) | [zakón] |
| écologie (f) | ekologjia (f) | [ɛkoloɟía] |

| indien (m) | Indian të Amerikës (m) | [indián tə amɛríkəs] |
| bohémien (m) | jevg (m) | [jɛvg] |
| bohémienne (f) | jevge (f) | [jévgɛ] |
| bohémien (adj) | jevg | [jɛvg] |

| empire (m) | perandori (f) | [pɛrandorí] |
| colonie (f) | koloni (f) | [koloní] |
| esclavage (m) | skllevëri (m) | [skɫɛvərí] |
| invasion (f) | pushtim (m) | [puʃtím] |
| famine (f) | uria (f) | [uría] |

## 246. Les groupes religieux. Les confessions

| religion (f) | religjion (m) | [rɛliɟión] |
| religieux (adj) | religjioz | [rɛliɟióz] |

| foi (f) | fe, besim (m) | [fé], [bɛsím] |
| croire (en Dieu) | besoj | [bɛsój] |
| croyant (m) | besimtar (m) | [bɛsimtár] |

| athéisme (m) | ateizëm (m) | [atɛízəm] |
| athée (m) | ateist (m) | [atɛíst] |

| christianisme (m) | Krishterimi (m) | [kriʃtɛrími] |
| chrétien (m) | i krishterë (m) | [i kriʃtérə] |
| chrétien (adj) | krishterë | [kriʃtérə] |

| catholicisme (m) | Katolicizëm (m) | [katolitsízəm] |
| catholique (m) | Katolik (m) | [katolík] |
| catholique (adj) | katolik | [katolík] |

| protestantisme (m) | Protestantizëm (m) | [protɛstantízəm] |
| Église (f) protestante | Kishë Protestante (f) | [kíʃə protɛstántɛ] |
| protestant (m) | Protestant (m) | [protɛstánt] |

| Orthodoxie (f) | Ortodoksia (f) | [ortodoksía] |
| Église (f) orthodoxe | Kishë Ortodokse (f) | [kíʃə ortodóksɛ] |
| orthodoxe (m) | Ortodoks (m) | [ortodóks] |

| Presbytérianisme (m) | Presbiterian (m) | [prɛsbitɛrián] |
| Église (f) presbytérienne | Kishë Presbiteriane (f) | [kíʃə prɛsbitɛriánɛ] |
| presbytérien (m) | Presbiterian (m) | [prɛsbitɛrián] |

| Église (f) luthérienne | Luterianizëm (m) | [lutɛrianízəm] |
| luthérien (m) | Luterian (m) | [lutɛrián] |

| Baptisme (m) | Kishë Baptiste (f) | [kíʃə baptístɛ] |
| baptiste (m) | Baptist (m) | [baptíst] |

| Église (f) anglicane | Kishë Anglikane (f) | [kíʃə aŋlikánɛ] |
| anglican (m) | Anglikan (m) | [aŋlikán] |

| Mormonisme (m) | Mormonizëm (m) | [mormonízəm] |
| mormon (m) | Mormon (m) | [mormón] |

| judaïsme (m) | Judaizëm (m) | [judaízəm] |
| juif (m) | çifut (m) | [tʃifút] |

| Bouddhisme (m) | Budizëm (m) | [budízəm] |
| bouddhiste (m) | Budist (m) | [budíst] |

| hindouisme (m) | Hinduizëm (m) | [hinduízəm] |
| hindouiste (m) | Hindu (m) | [híndu] |

| islam (m) | Islam (m) | [islám] |
| musulman (m) | Mysliman (m) | [myslimán] |
| musulman (adj) | Mysliman | [myslimán] |

| Chiisme (m) | Islami Shia (m) | [islámi ʃía] |
| chiite (m) | Shiitë (f) | [ʃíitə] |
| Sunnisme (m) | Islami Suni (m) | [islámi súni] |
| sunnite (m) | Sunit (m) | [sunít] |

## 247. Les principales religions. Le clergé

| | | |
|---|---|---|
| prêtre (m) | prift (m) | [prift] |
| Pape (m) | Papa (f) | [pápa] |
| | | |
| moine (m) | murg, frat (m) | [murg], [frat] |
| bonne sœur (f) | murgeshë (f) | [murgéʃə] |
| pasteur (m) | pastor (m) | [pastór] |
| | | |
| abbé (m) | abat (m) | [abát] |
| vicaire (m) | famullitar (m) | [famuɫitár] |
| évêque (m) | peshkop (m) | [pɛʃkóp] |
| cardinal (m) | kardinal (m) | [kardinál] |
| | | |
| prédicateur (m) | predikues (m) | [prɛdikúɛs] |
| sermon (m) | predikim (m) | [prɛdikím] |
| paroissiens (m pl) | faullistë (f) | [fauɫístə] |
| | | |
| croyant (m) | besimtar (m) | [bɛsimtár] |
| athée (m) | ateist (m) | [atɛíst] |

## 248. La foi. Le Christianisme. L'Islam

| | | |
|---|---|---|
| Adam | Adam (m) | [adám] |
| Ève | eva (f) | [éva] |
| | | |
| Dieu (m) | Zot (m) | [zot] |
| le Seigneur | Zoti (m) | [zóti] |
| le Tout-Puissant | i Plotfuqishmi (m) | [i plotfucíʃmi] |
| | | |
| péché (m) | mëkat (m) | [məkát] |
| pécher (vi) | mëkatoj | [məkatój] |
| pécheur (m) | mëkatar (m) | [məkatár] |
| pécheresse (f) | mëkatare (f) | [məkatárɛ] |
| | | |
| enfer (m) | ferr (m) | [fɛr] |
| paradis (m) | parajsë (f) | [parájsə] |
| | | |
| Jésus | Jezus (m) | [jézus] |
| Jésus Christ | Jezu Krishti (m) | [jézu kríʃti] |
| | | |
| le Saint-Esprit | Shpirti i Shenjtë (m) | [ʃpírti i ʃéɲtə] |
| le Sauveur | Shpëtimtar (m) | [ʃpətimtár] |
| la Sainte Vierge | e Virgjëra Meri (f) | [ɛ vírɟəra méri] |
| | | |
| le Diable | Djalli (m) | [djáɫi] |
| diabolique (adj) | i djallit | [i djáɫit] |
| Satan | Satani (m) | [satáni] |
| satanique (adj) | satanik | [sataník] |
| | | |
| ange (m) | engjëll (m) | [éɲɟəɫ] |
| ange (m) gardien | engjëlli mbrojtës (m) | [éɲɟəɫi mbrójtəs] |
| angélique (adj) | engjëllor | [ɛɲɟəɫór] |

| | | |
|---|---|---|
| apôtre (m) | **apostull** (m) | [apóstuɫ] |
| archange (m) | **kryeengjëll** (m) | [kryɛénɟəɫ] |
| antéchrist (m) | **Antikrishti** (m) | [antikríʃti] |

| | | |
|---|---|---|
| Église (f) | **Kishë** (f) | [kíʃə] |
| Bible (f) | **Bibla** (f) | [bíbla] |
| biblique (adj) | **biblik** | [biblík] |

| | | |
|---|---|---|
| Ancien Testament (m) | **Dhiata e Vjetër** (f) | [ðiáta ɛ vjétər] |
| Nouveau Testament (m) | **Dhiata e Re** (f) | [ðiáta ɛ ré] |
| Évangile (m) | **ungjill** (m) | [unɟíɫ] |
| Sainte Écriture (f) | **Libri i Shenjtë** (m) | [líbri i ʃéɲtə] |
| Cieux (m pl) | **parajsa** (f) | [parájsa] |

| | | |
|---|---|---|
| commandement (m) | **urdhëresë** (f) | [urðərésə] |
| prophète (m) | **profet** (m) | [profét] |
| prophétie (f) | **profeci** (f) | [profɛtsí] |

| | | |
|---|---|---|
| Allah | **Allah** (m) | [aɫáh] |
| Mahomet | **Muhamed** (m) | [muhaméd] |
| le Coran | **Kurani** (m) | [kuráni] |

| | | |
|---|---|---|
| mosquée (f) | **xhami** (f) | [dʒamí] |
| mulla (m) | **hoxhë** (m) | [hódʒə] |
| prière (f) | **lutje** (f) | [lútjɛ] |
| prier (~ Dieu) | **lutem** | [lútɛm] |

| | | |
|---|---|---|
| pèlerinage (m) | **pelegrinazh** (m) | [pɛlɛgrináʒ] |
| pèlerin (m) | **pelegrin** (m) | [pɛlɛgrín] |
| La Mecque | **Mekë** (f) | [mékə] |

| | | |
|---|---|---|
| église (f) | **kishë** (f) | [kíʃə] |
| temple (m) | **tempull** (m) | [témpuɫ] |
| cathédrale (f) | **katedrale** (f) | [katɛdrálɛ] |
| gothique (adj) | **Gotik** | [gotík] |
| synagogue (f) | **sinagogë** (f) | [sinagógə] |
| mosquée (f) | **xhami** (f) | [dʒamí] |

| | | |
|---|---|---|
| chapelle (f) | **kishëz** (m) | [kíʃəz] |
| abbaye (f) | **abaci** (f) | [ábatsi] |
| monastère (m) | **manastir** (m) | [manastír] |

| | | |
|---|---|---|
| cloche (f) | **kambanë** (f) | [kambánə] |
| clocher (m) | **kulla e kambanës** (f) | [kúɫa ɛ kambánəs] |
| sonner (vi) | **bien** | [bíɛn] |

| | | |
|---|---|---|
| croix (f) | **kryq** (m) | [kryc] |
| coupole (f) | **kupola** (f) | [kupóla] |
| icône (f) | **ikona** (f) | [ikóna] |

| | | |
|---|---|---|
| âme (f) | **shpirt** (m) | [ʃpirt] |
| sort (m) (destin) | **fat** (m) | [fat] |
| mal (m) | **e keqe** (f) | [ɛ kécɛ] |
| bien (m) | **e mirë** (f) | [ɛ mírə] |
| vampire (m) | **vampir** (m) | [vampír] |
| sorcière (f) | **shtrigë** (f) | [ʃtrígə] |

| | | |
|---|---|---|
| démon (m) | djall (m) | [djáł] |
| esprit (m) | shpirt (m) | [ʃpirt] |
| | | |
| rachat (m) | shëlbim (m) | [ʃəlbím] |
| racheter (pécheur) | shëlbej | [ʃəlbéj] |
| | | |
| office (m), messe (f) | meshë (f) | [méʃə] |
| dire la messe | lus meshë | [lús méʃə] |
| confession (f) | rrëfim (m) | [rəfím] |
| se confesser (vp) | rrëfej | [rəféj] |
| | | |
| saint (m) | shenjt (m) | [ʃɛɲt] |
| sacré (adj) | i shenjtë | [i ʃéɲtə] |
| l'eau bénite | ujë i bekuar (m) | [újə i bɛkúar] |
| | | |
| rite (m) | ritual (m) | [rituál] |
| rituel (adj) | ritual | [rituál] |
| sacrifice (m) | sakrificë (f) | [sakrifítsə] |
| | | |
| superstition (f) | besëtytni (f) | [bɛsətytní] |
| superstitieux (adj) | supersticioz | [supɛrstitsióz] |
| vie (f) après la mort | jeta e përtejme (f) | [jéta ɛ pərtéjmɛ] |
| vie (f) éternelle | përjetësia (f) | [pərjɛtəsía] |

# DIVERS

## 249. Quelques mots et formules utiles

| | | |
|---|---|---|
| aide (f) | ndihmë (f) | [ndíhmə] |
| arrêt (m) (pause) | pauzë (f) | [paúzə] |
| balance (f) | ekuilibër (m) | [ɛkuilíbər] |
| barrière (f) | pengesë (f) | [pɛŋésə] |
| base (f) | bazë (f) | [bázə] |
| | | |
| catégorie (f) | kategori (f) | [katɛgorí] |
| cause (f) | shkak (m) | [ʃkak] |
| choix (m) | zgjedhje (f) | [zɟéðjɛ] |
| chose (f) (objet) | gjë (f) | [ɟə] |
| coïncidence (f) | rastësi (f) | [rastəsí] |
| | | |
| comparaison (f) | krahasim (m) | [krahasím] |
| compensation (f) | shpërblim (m) | [ʃpərblím] |
| confortable (adj) | i rehatshëm | [i rɛhátʃəm] |
| croissance (f) | rritje (f) | [rítjɛ] |
| début (m) | fillim (m) | [fiɬím] |
| | | |
| degré (m) (~ de liberté) | nivel (m) | [nivél] |
| développement (m) | zhvillim (m) | [ʒviɬím] |
| différence (f) | ndryshim (m) | [ndryʃím] |
| d'urgence (adv) | urgjentisht | [urɟɛntíʃt] |
| effet (m) | efekt (m) | [ɛfékt] |
| | | |
| effort (m) | përpjekje (f) | [pərpjékjɛ] |
| élément (m) | element (m) | [ɛlɛmént] |
| exemple (m) | shembull (m) | [ʃémbuɬ] |
| fait (m) | fakt (m) | [fakt] |
| faute, erreur (f) | gabim (m) | [gabím] |
| | | |
| fin (f) | fund (m) | [fund] |
| fond (m) (arrière-plan) | sfond (m) | [sfónd] |
| forme (f) | formë (f) | [fórmə] |
| fréquent (adj) | i shpeshtë | [i ʃpéʃtə] |
| | | |
| genre (m) (type, sorte) | tip (m) | [tip] |
| idéal (m) | ideal (m) | [idɛál] |
| labyrinthe (m) | labirint (m) | [labirínt] |
| mode (m) (méthode) | rrugëzgjidhje (f) | [rugəzɟíðjɛ] |
| moment (m) | moment (m) | [momént] |
| | | |
| objet (m) | objekt (m) | [objékt] |
| obstacle (m) | pengesë (f) | [pɛŋésə] |
| original (m) | origjinal (m) | [oriɟinál] |
| part (f) | pjesë (f) | [pjésə] |
| particule (f) | grimcë (f) | [grímtsə] |

| pause (f) | pushim (m) | [puʃím] |
| position (f) | pozicion (m) | [pozitsión] |
| principe (m) | parim (m) | [parím] |
| problème (m) | problem (m) | [problém] |
| processus (m) | proces (m) | [protsés] |

| progrès (m) | ecje përpara (f) | [étsjɛ pərpára] |
| propriété (f) (qualité) | cilësi (f) | [tsiləsí] |
| réaction (f) | reagim (m) | [rɛagím] |
| risque (m) | rrezik (m) | [rɛzík] |
| secret (m) | sekret (m) | [sɛkrét] |

| série (f) | seri (f) | [sɛrí] |
| situation (f) | situatë (f) | [situátə] |
| solution (f) | zgjidhje (f) | [zɟíðjɛ] |
| standard (adj) | standard | [standárd] |
| standard (m) | standard (m) | [standárd] |

| style (m) | stil (m) | [stil] |
| système (m) | sistem (m) | [sistém] |
| tableau (m) (grille) | tabelë (f) | [tabélə] |
| tempo (m) | ritëm (m) | [rítəm] |

| terme (m) | term (m) | [tɛrm] |
| tour (m) (attends ton ~) | kthesë (f) | [kθésə] |
| type (m) (~ de sport) | lloj (m) | [ɬoj] |
| urgent (adj) | urgjent | [urɟént] |

| utilité (f) | vegël (f) | [végəl] |
| vérité (f) | e vërtetë (f) | [ɛ vərtétə] |
| version (f) | variant (m) | [variánt] |
| zone (f) | zonë (f) | [zónə] |

## 250. Les adjectifs. Partie 1

| affamé (adj) | i uritur | [i urítur] |
| agréable (la voix) | i bukur | [i búkur] |
| aigre (fruits ~s) | i hidhur | [i híður] |
| amer (adj) | i hidhur | [i híður] |
| ancien (adj) | i lashtë | [i láʃtə] |

| arrière (roue, feu) | i pasmë | [i pásmə] |
| artificiel (adj) | artificial | [artifitsiál] |
| attentionné (adj) | i dashur | [i dáʃur] |
| aveugle (adj) | i verbër | [i vérbər] |

| bas (voix ~se) | i ulët | [i úlət] |
| basané (adj) | zeshkan | [zɛʃkán] |
| beau (homme) | i bukur | [i búkur] |
| beau, magnifique (adj) | i bukur | [i búkur] |

| bien affilé (adj) | i mprehtë | [i mpréhtə] |
| bon (~ voyage!) | i mirë | [i mírə] |
| bon (au bon cœur) | i mirë | [i mírə] |

| | | |
|---|---|---|
| bon (savoureux) | i shijshëm | [i ʃíʃʃəm] |
| bon marché (adj) | i lirë | [i lírə] |
| bronzé (adj) | i nxirë | [i ndzírə] |
| calme (tranquille) | i qetë | [i cétə] |
| central (adj) | qendror | [cɛndrór] |
| chaud (modérément) | ngrohtë | [ŋróhtə] |

| | | |
|---|---|---|
| cher (adj) | i shtrenjtë | [i ʃtréɲtə] |
| civil (droit ~) | civil | [tsivíl] |
| clair (couleur) | i çelët | [i tʃélət] |
| clair (explication ~e) | i qartë | [i cártə] |
| clandestin (adj) | klandestin | [klandɛstín] |

| | | |
|---|---|---|
| commun (projet ~) | i përbashkët | [i pərbáʃkət] |
| compatible (adj) | i përshtatshëm | [i pərʃtátʃəm] |
| considérable (adj) | i rëndësishëm | [i rəndəsíʃəm] |
| content (adj) | i kënaqur | [i kənácur] |

| | | |
|---|---|---|
| continu (incessant) | i vazhdueshëm | [i vaʒdúɛʃəm] |
| continu (usage ~) | i zgjatur | [i zɟátur] |
| convenu (approprié) | i përshtatshëm | [i pərʃtátʃəm] |
| court (de taille) | i shkurtër | [i ʃkúrtər] |
| court (en durée) | jetëshkurtër | [jɛtəʃkúrtər] |

| | | |
|---|---|---|
| cru (non cuit) | i gjallë | [i ɟátə] |
| d'à côté, voisin | pranë | [právnə] |
| dangereux (adj) | i rrezikshëm | [i rɛzíkʃəm] |
| d'enfant (adj) | i fëmijëve | [i fəmíjəvɛ] |
| dense (brouillard ~) | i dendur | [i déndur] |

| | | |
|---|---|---|
| dernier (final) | i fundit | [i fúndit] |
| différent (adj) | i ndryshëm | [i ndrýʃəm] |
| difficile (complexe) | i vështirë | [i vəʃtírə] |
| difficile (décision) | i vështirë | [i vəʃtírə] |

| | | |
|---|---|---|
| divers (adj) | i ndryshëm | [i ndrýʃəm] |
| d'occasion (adj) | i përdorur | [i pərdórur] |
| douce (l'eau ~) | i freskët | [i fréskət] |
| droit (pas courbe) | i drejtë | [i dréjtə] |

| | | |
|---|---|---|
| droit (situé à droite) | djathtë | [djáθtə] |
| dur (pas mou) | i fortë | [i fórtə] |
| éloigné (adj) | larg | [larg] |
| ensoleillé (jour ~) | me diell | [mɛ díɫ] |

| | | |
|---|---|---|
| entier (adj) | i plotë | [i plótə] |
| épais (brouillard ~) | i trashë | [i tráʃə] |
| épais (mur, etc.) | i trashë | [i tráʃə] |
| étranger (adj) | huaj | [húaj] |
| étroit (passage, etc.) | i ngushtë | [i ŋúʃtə] |

| | | |
|---|---|---|
| excellent (adj) | i shkëlqyer | [i ʃkəlcýɛr] |
| excessif (adj) | i tepërt | [i tépərt] |
| extérieur (adj) | i jashtëm | [i jáʃtəm] |
| facile (adj) | i lehtë | [i léhtə] |
| faible (lumière) | i zbehtë | [i zbéhtə] |

| fatiguant (adj) | i mundimshëm | [i mundímʃəm] |
| fatigué (adj) | i lodhur | [i lóður] |
| fermé (adj) | i mbyllur | [i mbýɫur] |
| fertile (le sol ~) | pjellore | [pjɛɫórɛ] |

| fort (homme ~) | i fortë | [i fórtə] |
| fort (voix ~e) | i lartë | [i lártə] |
| fragile (vaisselle, etc.) | delikat | [dɛlikát] |
| frais (adj) (légèrement froid) | i ftohtë | [i ftóhtə] |
| frais (du pain ~) | i freskët | [i fréskət] |

| froid (boisson ~e) | i ftohtë | [i ftóhtə] |
| gauche (adj) | majtë | [májtə] |
| géant (adj) | i madh | [i máð] |
| gentil (adj) | i mirë | [i mírə] |
| grand (dimension) | i madh | [i máð] |

| gras (repas ~) | i yndyrshëm | [i yndýrʃəm] |
| gratuit (adj) | falas | [fálas] |
| heureux (adj) | i lumtur | [i lúmtur] |
| hostile (adj) | armiqësor | [armicəsór] |
| humide (adj) | i lagësht | [i lágəʃt] |

| immobile (adj) | i palëvizshëm | [i palëvízʃəm] |
| important (adj) | i rëndësishëm | [i rəndəsíʃəm] |
| impossible (adj) | i pamundur | [i pamúndur] |
| indéchiffrable (adj) | i pakuptueshëm | [i pakuptúɛʃəm] |
| indispensable (adj) | i pazëvendësueshëm | [i pazəvɛndəsúɛʃəm] |

| intelligent (adj) | i zgjuar | [i zɟúar] |
| intérieur (adj) | i brendshëm | [i bréndʃəm] |
| jeune (adj) | i ri | [i rí] |
| joyeux (adj) | i gëzuar | [i gəzúar] |
| juste, correct (adj) | i saktë | [i sáktə] |

## 251. Les adjectifs. Partie 2

| large (~ route) | i gjerë | [i ɟérə] |
| le même, pareil (adj) | i njëjtë | [i ɲéjtə] |
| le plus important | më i rëndësishmi | [mə i rəndəsíʃmi] |
| le plus proche | më i afërti | [mə i áfərti] |
| légal (adj) | ligjor | [liɟór] |

| léger (pas lourd) | i lehtë | [i léhtə] |
| libre (accès, etc.) | i lirë | [i lírə] |
| limité (adj) | i kufizuar | [i kufizúar] |
| liquide (adj) | i lëngët | [i lə́ŋət] |
| lisse (adj) | i lëmuar | [i ləmúar] |

| lointain (adj) | i largët | [i lárgət] |
| long (~ chemin) | i gjatë | [i ɟátə] |
| lourd (adj) | i rëndë | [i réndə] |
| maigre (adj) | i dobët | [i dóbət] |
| malade (adj) | i sëmurë | [i səmúrə] |

| | | |
|---|---|---|
| mat (couleur) | mat | [mat] |
| mauvais (adj) | i keq | [i kéc] |
| méticuleux (~ travail) | i hollësishëm | [i hoɫəsíʃəm] |
| | | |
| miséreux (adj) | i mjerë | [i mjérə] |
| mort (adj) | i vdekur | [i vdékur] |
| mou (souple) | i butë | [i bútə] |
| mûr (fruit ~) | i pjekur | [i pjékur] |
| myope (adj) | miop | [mióp] |
| | | |
| mystérieux (adj) | misterioz | [mistɛrióz] |
| natal (ville, pays) | autokton | [autoktón] |
| nécessaire (adj) | i nevojshëm | [i nɛvójʃəm] |
| négatif (adj) | negativ | [nɛgatív] |
| négligent (adj) | i pakujdesshëm | [i pakujdésʃəm] |
| | | |
| nerveux (adj) | nervoz | [nɛrvóz] |
| neuf (adj) | i ri | [i rí] |
| normal (adj) | normal | [normál] |
| obligatoire (adj) | i detyrueshëm | [i dɛtyrúɛʃəm] |
| opposé (adj) | i kundërt | [i kúndərt] |
| | | |
| ordinaire (adj) | i zakonshëm | [i zakónʃəm] |
| original (peu commun) | origjinal | [oriɟinál] |
| ouvert (adj) | i hapur | [i hápur] |
| parfait (adj) | i përsosur | [i pərsósur] |
| pas clair (adj) | i paqartë | [i pacártə] |
| | | |
| pas difficile (adj) | jo i vështirë | [jo i vəʃtírə] |
| pas grand (adj) | jo i madh | [jo i máð] |
| passé (le mois ~) | i fundit | [i fúndit] |
| passé (participe ~) | kaluar | [kalúar] |
| pauvre (adj) | i varfër | [i várfər] |
| | | |
| permanent (adj) | i përhershëm | [i pərhérʃəm] |
| personnel (adj) | personal | [pɛrsonál] |
| petit (adj) | i vogël | [i vógəl] |
| peu expérimenté (adj) | i papërvojë | [i papərvójə] |
| peu important (adj) | i parëndësishëm | [i parəndəsíʃəm] |
| | | |
| peu profond (adj) | i cekët | [i tsékət] |
| plat (l'écran ~) | i sheshtë | [i ʃéʃtə] |
| plat (surface ~e) | i barabartë | [i barabártə] |
| plein (rempli) | i mbushur | [i mbúʃur] |
| | | |
| poli (adj) | i sjellshëm | [i sjéɫʃəm] |
| ponctuel (adj) | i përpiktë | [i pərpíktə] |
| possible (adj) | i mundur | [i múndur] |
| précédent (adj) | i mëparshëm | [i məpárʃəm] |
| précis, exact (adj) | i saktë | [i sáktə] |
| | | |
| présent (moment ~) | i pranishëm | [i praníʃəm] |
| principal (adj) | kryesor | [kryɛsór] |
| principal (idée ~e) | kryesor | [kryɛsór] |
| privé (réservé) | privat | [prívat] |
| probable (adj) | i mundshëm | [i múndʃəm] |

| proche (pas lointain) | i afërt | [i áfərt] |
| propre (chemise ~) | i pastër | [i pástər] |
| public (adj) | publik | [publík] |
| rapide (adj) | i shpejtë | [i ʃpéjtə] |

| rare (adj) | i rrallë | [i rátə] |
| reconnaissant (adj) | mirënjohës | [mirəɲóhəs] |
| risqué (adj) | i rrezikshëm | [i rɛzíkʃəm] |
| salé (adj) | kripur | [krípur] |
| sale (pas propre) | i pistë | [i pístə] |

| sans nuages (adj) | pa re | [pa rɛ] |
| satisfait (client, etc.) | i kënaqur | [i kənácur] |
| sec (adj) | i thatë | [i θátə] |
| serré, étroit (vêtement) | ngushtë | [ŋúʃtə] |
| similaire (adj) | i ngjashëm | [i ŋɟáʃəm] |

| simple (adj) | i thjeshtë | [i θjéʃtə] |
| solide (bâtiment, etc.) | i ngjeshur | [i ŋɟéʃur] |
| sombre (paysage ~) | i vrazhdë | [i vráʒdə] |
| sombre (pièce ~) | i errët | [i érət] |
| spacieux (adj) | i bollshëm | [i bóɫʃəm] |

| spécial (adj) | i veçantë | [i vɛtʃántə] |
| stupide (adj) | budalla | [budaɫá] |
| sucré (adj) | i ëmbël | [i əmbəl] |
| suivant (vol ~) | tjetër | [tjétər] |
| supplémentaire (adj) | shtesë | [ʃtésə] |

| suprême (adj) | më i larti | [mə i lárti] |
| sûr (pas dangereux) | i sigurt | [i sígurt] |
| surgelé (produits ~s) | i ngrirë | [i ŋrírə] |
| tendre (affectueux) | i ndjeshëm | [i ndjéʃəm] |
| tranquille (adj) | i qetë | [i cétə] |

| transparent (adj) | i tejdukshëm | [i tɛjdúkʃəm] |
| trempé (adj) | i lagur | [i lágur] |
| très chaud (adj) | i nxehtë | [i ndzéhtə] |
| triste (adj) | i mërzitur | [i mərzítur] |
| triste (regard ~) | i mërzitur | [i mərzítur] |

| trop maigre (émacié) | i hollë | [i hóɫə] |
| unique (exceptionnel) | unik | [uník] |
| vide (bouteille, etc.) | zbrazët | [zbrázət] |
| vieux (bâtiment, etc.) | i vjetër | [i vjétər] |
| voisin (maison ~e) | fqinj | [fcíɲ] |

# LES 500 VERBES LES PLUS UTILISÉS

## 252. Les verbes les plus courants (de A à C)

| | | |
|---|---|---|
| abaisser (vt) | ul | [ul] |
| accompagner (vt) | shoqëroj | [ʃocərój] |
| accoster (vi) | ankoroj | [ankorój] |
| accrocher (suspendre) | var | [var] |

| | | |
|---|---|---|
| accuser (vt) | akuzoj | [akuzój] |
| acheter (vt) | blej | [blɛj] |
| admirer (vt) | admiroj | [admirój] |
| affirmer (vt) | pohoj | [pohój] |

| | | |
|---|---|---|
| agir (vi) | veproj | [vɛprój] |
| agiter (les bras) | bëj me dorë | [bəj mɛ dórə] |
| aider (vt) | ndihmoj | [ndihmój] |
| aimer (apprécier) | më pëlqen | [mə pəlcén] |

| | | |
|---|---|---|
| aimer (qn) | dashuroj | [daʃurój] |
| ajouter (vt) | shtoj | [ʃtoj] |
| aller (à pied) | ec në këmbë | [ɛts nə kémbə] |
| aller (en voiture, etc.) | shkoj | [ʃkoj] |
| aller bien (robe, etc.) | më rri mirë | [mə ri mírə] |

| | | |
|---|---|---|
| aller se coucher | shtrihem | [ʃtríhɛm] |
| allumer (~ la cheminée) | ndez | [ndɛz] |
| allumer (la radio, etc.) | ndez | [ndɛz] |
| amener, apporter (vt) | sjell | [sjɛɫ] |

| | | |
|---|---|---|
| amputer (vt) | amputoj | [amputój] |
| amuser (vt) | argëtoj | [argətój] |
| annoncer (qch a qn) | njoftoj | [ɲoftój] |
| annuler (vt) | anuloj | [anulój] |

| | | |
|---|---|---|
| apercevoir (vt) | vërej | [vəréj] |
| apparaître (vi) | shfaq | [ʃfac] |
| appartenir à ... | përkas ... | [pərkás ...] |
| appeler (au secours) | thërras | [θərás] |

| | | |
|---|---|---|
| appeler (dénommer) | emërtoj | [ɛmərtój] |
| appeler (vt) | thërras | [θərás] |
| applaudir (vi) | duartrokas | [duartrokás] |
| apprendre (qch à qn) | mësoj | [məsój] |

| | | |
|---|---|---|
| arracher (vt) | gris | [gris] |
| arriver (le train) | arrij | [aríj] |
| arroser (plantes) | ujis | [ujís] |
| aspirer à ... | synoj ... | [synój ...] |
| assister (vt) | ndihmoj | [ndihmój] |

| | | |
|---|---|---|
| attacher à ... | lidh ... | [lið ...] |
| attaquer (mil.) | sulmoj | [sulmój] |
| atteindre (lieu) | arrij | [aríj] |
| atteindre (objectif) | arrij | [aríj] |

| | | |
|---|---|---|
| attendre (vt) | pres | [prɛs] |
| attraper (vt) | kap | [kap] |
| attraper ... (maladie) | infektohem ... | [infɛktóhɛm ...] |
| augmenter (vi) | shtoj | [ʃtoj] |

| | | |
|---|---|---|
| augmenter (vt) | rritem | [rítɛm] |
| autoriser (vt) | lejoj | [lɛjój] |
| avertir (du danger) | paralajmëroj | [paralajmərój] |
| aveugler (par les phares) | zë rrugën | [zə rúgən] |

| | | |
|---|---|---|
| avoir (vt) | kam | [kam] |
| avoir confiance | besoj | [bɛsój] |
| avoir peur | kam frikë | [kam fríkə] |
| avouer (vi, vt) | rrëfehem | [rəféhɛm] |
| baigner (~ les enfants) | lahem | [láhɛm] |

| | | |
|---|---|---|
| battre (frapper) | rrah | [rah] |
| boire (vt) | pi | [pi] |
| briller (vi) | shkëlqej | [ʃkəlcéj] |
| briser, casser (vt) | thyej | [θýɛj] |

| | | |
|---|---|---|
| brûler (des papiers) | djeg | [djég] |
| cacher (vt) | fsheh | [fʃéh] |
| calmer (enfant, etc.) | qetësoj | [cɛtəsój] |
| caresser (vt) | përkëdhel | [pərkəðél] |
| céder (vt) | tërhiqem | [tərhícɛm] |

| | | |
|---|---|---|
| cesser (vt) | ndaloj | [ndalój] |
| changer (~ d'avis) | ndryshoj | [ndryʃój] |
| changer (échanger) | shkëmbej | [ʃkəmbéj] |
| charger (arme) | mbush | [mbúʃ] |

| | | |
|---|---|---|
| charger (véhicule, etc.) | ngarkoj | [ŋarkój] |
| charmer (vt) | tërheq | [tərhéc] |
| chasser (animaux) | dal për gjah | [dál pər ɟáh] |
| chasser (faire partir) | largoj | [largój] |

| | | |
|---|---|---|
| chauffer (vt) | ngroh | [ŋróh] |
| chercher (vt) | kërkoj ... | [kərkój ...] |
| choisir (vt) | zgjedh | [zɟɛð] |
| citer (vt) | citoj | [tsitój] |

| | | |
|---|---|---|
| combattre (vi) | luftoj | [luftój] |
| commander (~ le menu) | porosis | [porosís] |
| commencer (vt) | filloj | [fiɫój] |
| comparer (vt) | krahasoj | [krahasój] |

| | | |
|---|---|---|
| compenser (vt) | kompensoj | [kompɛnsój] |
| compliquer (vt) | komplikoj | [komplikój] |
| composer (musique) | kompozoj | [kompozój] |
| comprendre (vt) | kuptoj | [kuptój] |

| | | |
|---|---|---|
| compromettre (vt) | komprometoj | [kompromɛtój] |
| compter (l'argent, etc.) | numëroj | [numərój] |
| compter sur ... | mbështetem ... | [mbəʃtétɛm ...] |
| concevoir (créer) | projektoj | [projɛktój] |
| concurrencer (vt) | konkurroj | [konkurój] |
| condamner (vt) | dënoj | [dənój] |

| | | |
|---|---|---|
| conduire une voiture | ngas makinën | [ŋas makínən] |
| confondre (vt) | ngatërroj | [ŋatərój] |
| connaître (qn) | njoh | [ɲóh] |
| conseiller (vt) | këshilloj | [kəʃiɫój] |
| consulter (docteur, etc.) | konsultohem | [konsultóhɛm] |

| | | |
|---|---|---|
| contaminer (vt) | ndot | [ndot] |
| continuer (vt) | vazhdoj | [vaʒdój] |
| contrôler (vt) | kontrolloj | [kontroɫój] |
| convaincre (vt) | bind | [bínd] |

| | | |
|---|---|---|
| coopérer (vi) | bashkëpunoj | [baʃkəpunój] |
| coordonner (vt) | koordinoj | [koordinój] |
| corriger (une erreur) | korrigjoj | [koriɟój] |
| couper (avec une hache) | këpus | [kəpús] |

| | | |
|---|---|---|
| couper (un doigt, etc.) | pres | [prɛs] |
| courir (vi) | vrapoj | [vrapój] |
| coûter (vt) | kushton | [kuʃtón] |
| cracher (vi) | pështyj | [pəʃtýj] |
| créer (vt) | krijoj | [krijój] |

| | | |
|---|---|---|
| creuser (vt) | gërmoj | [gərmój] |
| crier (vi) | bërtas | [bərtás] |
| croire (vi, vt) | besoj | [bɛsój] |
| cueillir (fleurs, etc.) | këpus | [kəpús] |
| cultiver (plantes) | rris | [ris] |

## 253. Les verbes les plus courants (de D à E)

| | | |
|---|---|---|
| dater de ... | daton ... | [datón ...] |
| décider (vt) | vendos | [vɛndós] |
| décoller (avion) | nisem | [nísɛm] |
| décorer (~ la maison) | zbukuroj | [zbukurój] |

| | | |
|---|---|---|
| décorer (de la médaille) | dekoroj | [dɛkorój] |
| découvrir (vt) | zbuloj | [zbulój] |
| dédier (vt) | dedikoj | [dɛdikój] |
| défendre (vt) | mbroj | [mbrój] |
| déjeuner (vi) | ha drekë | [ha drékə] |

| | | |
|---|---|---|
| demander (de faire qch) | pyes | [pýɛs] |
| dénoncer (vt) | denoncoj | [dɛnontsój] |
| dépasser (village, etc.) | kaloj | [kalój] |
| dépendre de ... | varem nga ... | [várɛm ŋa ...] |
| déplacer (des meubles) | lëviz | [ləvíz] |
| déranger (vt) | shqetësoj | [ʃcɛtəsój] |

| descendre (vi) | zbres | [zbrɛs] |
| désirer (vt) | dëshiroj | [dǝʃirój] |

| détacher (vt) | zgjidh | [zɟið] |
| détruire (~ des preuves) | shkatërroj | [ʃkatǝrój] |
| devenir (vi) | bëhem | [béhɛm] |
| devenir pensif | humbas në mendime | [humbás nǝ mɛndímɛ] |
| deviner (vt) | hamendësoj | [hamɛndǝsój] |

| devoir (v aux) | duhet | [dúhɛt] |
| diffuser (distribuer) | shpërndaj | [ʃpǝrndáj] |
| diminuer (vt) | ul | [ul] |
| dîner (vi) | ha darkë | [ha dárkǝ] |

| dire (vt) | them | [θɛm] |
| diriger (~ une usine) | drejtoj | [drɛjtój] |
| diriger (vers …) | drejtoj | [drɛjtój] |
| discuter (vt) | diskutoj | [diskutój] |

| disparaître (vi) | zhduk | [ʒduk] |
| distribuer (bonbons, etc.) | shpërndaj | [ʃpǝrndáj] |
| diviser (~ par 2) | pjesëtoj | [pjɛsǝtój] |
| dominer (château, etc.) | ngrihem mbi | [ɲríhɛm mbi] |
| donner (qch à qn) | jap | [jap] |

| doubler (la mise, etc.) | dyfishoj | [dyfiʃój] |
| douter (vt) | dyshoj | [dyʃój] |
| dresser (~ une liste) | përgatis | [pǝrgatís] |
| dresser (un chien) | stërvit | [stǝrvít] |

| éclairer (soleil) | ndriçoj | [ndritʃój] |
| écouter (vt) | dëgjoj | [dǝɟój] |
| écouter aux portes | dëgjoj fshehurazi | [dǝɟój fʃéhurazi] |
| écraser (cafard, etc.) | shtyp | [ʃtyp] |

| écrire (vt) | shkruaj | [ʃkrúaj] |
| effacer (vt) | fshij | [fʃij] |
| éliminer (supprimer) | largoj | [largój] |
| embaucher (vt) | punësoj | [punǝsój] |

| employer (utiliser) | përdor | [pǝrdór] |
| emporter (vt) | heq | [hɛc] |
| emprunter (vt) | marr borxh | [mar bórdʒ] |
| enlever (~ des taches) | heq | [hɛc] |

| enlever (un objet) | heq | [hɛc] |
| enlever la boue | pastroj | [pastrój] |
| entendre (bruit, etc.) | dëgjoj | [dǝɟój] |
| entraîner (vt) | stërvit | [stǝrvít] |
| entreprendre (vt) | ndërmarr | [ndǝrmár] |

| entrer (vi) | hyj | [hyj] |
| envelopper (vt) | mbështjell | [mbǝʃtjéɬ] |
| envier (vt) | xhelozoj | [dʒɛlozój] |
| envoyer (vt) | dërgoj | [dǝrgój] |
| épier (vt) | spiunoj | [spiunój] |

| équiper (vt) | pajis | [pajís] |
| espérer (vi) | shpresoj | [ʃprɛsój] |
| essayer (de faire qch) | përpiqem | [pərpícɛm] |
| éteindre (~ la lumière) | fik | [fik] |

| éteindre (incendie) | shuaj | [ʃúaj] |
| étonner (vt) | befasoj | [bɛfasój] |

| être (vi) | jam | [jam] |
| être allongé (personne) | shtrihem | [ʃtríhɛm] |
| être assez (suffire) | mjafton | [mjaftón] |
| être assis | ulem | [úlɛm] |

| être basé (sur ...) | bazuar | [bazúar] |
| être convaincu de ... | bindem | [bíndɛm] |
| être d'accord | bie dakord | [bíɛ dakórd] |
| être différent | ndryshoj | [ndryʃój] |

| être en tête (de ...) | drejtoj | [drɛjtój] |
| être fatigué | lodhem | [lóðɛm] |
| être indispensable | kërkohet | [kərkóhɛt] |
| être la cause de ... | shkaktoj ... | [ʃkaktój ...] |

| être nécessaire | nevojitet | [nɛvojítɛt] |
| être perplexe | jam në mëdyshje | [jam nə mədýʃjɛ] |
| être pressé | nxitoj | [ndzitój] |
| étudier (vt) | studioj | [studiój] |

| éviter (~ la foule) | shmang | [ʃmaŋ] |
| examiner (une question) | ekzaminoj | [ɛkzaminój] |
| exclure, expulser (vt) | përjashtohem | [pərjaʃtóhɛm] |
| excuser (vt) | fal | [fal] |

| exiger (vt) | kërkoj | [kərkój] |
| exister (vi) | ekzistoj | [ɛkzistój] |
| expliquer (vt) | shpjegoj | [ʃpjɛgój] |
| exprimer (vt) | shpreh | [ʃprɛh] |

## 254. Les verbes les plus courants (de F à N)

| fâcher (vt) | zemëroj | [zɛmərój] |
| faciliter (vt) | lehtësoj | [lɛhtəsój] |
| faire (vt) | bëj | [bəj] |
| faire allusion | nënkuptoj | [nənkuptój] |

| faire connaissance | njihem me | [ɲíhɛm mɛ] |
| faire de la publicité | reklamoj | [rɛklamój] |
| faire des copies | shumëfishoj | [ʃuməfiʃój] |
| faire la guerre | në luftë | [nə lúftə] |

| faire la lessive | laj rroba | [laj róba] |
| faire le ménage | rregulloj | [rɛguɫój] |
| faire surface (sous-marin) | dal në sipërfaqe | [dál nə sipərfácɛ] |
| faire tomber | lëshoj | [ləʃój] |

| faire un rapport | raportoj | [raportój] |
| fatiguer (vt) | lodh | [loð] |
| féliciter (vt) | përgëzoj | [pərgəzój] |
| fermer (vt) | mbyll | [mbyɫ] |

| finir (vt) | përfundoj | [pərfundój] |
| flatter (vt) | lajkatoj | [lajkatój] |
| forcer (obliger) | detyroj | [dɛtyrój] |
| former (composer) | formoj | [formój] |

| frapper (~ à la porte) | trokas | [trokás] |
| garantir (vt) | garantoj | [garantój] |
| garder (lettres, etc.) | mbaj | [mbáj] |
| garder le silence | hesht | [hɛʃt] |

| griffer (vt) | gërvisht | [gərvíʃt] |
| gronder (qn) | qortoj | [cortój] |
| habiter (vt) | jetoj | [jɛtój] |
| hériter (vt) | trashëgoj | [traʃəgój] |

| imaginer (vt) | imagjinoj | [imaɟinój] |
| imiter (vt) | imitoj | [imitój] |
| importer (vt) | importoj | [importój] |
| indiquer (le chemin) | tregoj | [trɛgój] |

| influer (vt) | ndikoj | [ndikój] |
| informer (vt) | informoj | [informój] |
| inquiéter (vt) | preokupoj | [prɛokupój] |
| inscrire (sur la liste) | përfshij | [pərfʃíj] |
| insérer (~ la clé) | fus | [fus] |

| insister (vi) | këmbëngul | [kəmbəŋúl] |
| inspirer (vt) | frymëzoj | [fryməzój] |
| instruire (vt) | udhëzoj | [uðəzój] |
| insulter (vt) | fyej | [fýɛj] |

| interdire (vt) | ndaloj | [ndalój] |
| intéresser (vt) | interesohem | [intɛrɛsóhɛm] |
| intervenir (vi) | ndërhyj | [ndərhýj] |
| inventer (machine, etc.) | shpik | [ʃpik] |

| inviter (vt) | ftoj | [ftoj] |
| irriter (vt) | acaroj | [atsarój] |
| isoler (vt) | izoloj | [izolój] |
| jeter (une pierre) | hedh | [hɛð] |

| jouer (acteur) | luaj | [lúaj] |
| jouer (s'amuser) | luaj | [lúaj] |
| laisser (oublier) | harroj | [harój] |
| lancer (un projet) | nis | [nis] |
| larguer les amarres | hedh poshtë | [hɛð póʃtə] |

| laver (vt) | laj | [laj] |
| libérer (ville, etc.) | çliroj | [tʃlirój] |
| ligoter (vt) | prangos | [praŋós] |
| limiter (vt) | kufizoj | [kufizój] |

| lire (vi, vt) | lexoj | [lɛdzój] |
| louer (barque, etc.) | marr me qira | [mar mɛ cirá] |
| louer (prendre en location) | marr me qira | [mar mɛ cirá] |
| lutter (~ contre ...) | luftoj | [luftój] |

| lutter (sport) | ndeshem | [ndéʃɛm] |
| manger (vi, vt) | ha | [ha] |
| manquer (l'école) | humbas | [humbás] |
| marquer (sur la carte) | shënjoj | [ʃəɲój] |

| mélanger (vt) | përziej | [pərzíɛj] |
| mémoriser (vt) | mbaj mend | [mbáj ménd] |
| menacer (vt) | kërcënoj | [kərtsənój] |
| mentionner (vt) | përmend | [pərménd] |
| mentir (vi) | gënjej | [gəɲéj] |

| mépriser (vt) | përbuz | [pərbúz] |
| mériter (vt) | meritoj | [mɛritój] |
| mettre (placer) | vendos | [vɛndós] |
| montrer (vt) | tregoj | [trɛgój] |

| multiplier (math) | shumëzoj | [ʃumэzój] |
| nager (vi) | notoj | [notój] |
| négocier (vi) | negocioj | [nɛgotsiój] |
| nettoyer (vt) | pastroj | [pastrój] |

| nier (vt) | mohoj | [mohój] |
| nommer (à une fonction) | caktoj | [tsaktój] |
| noter (prendre en note) | shënoj | [ʃənój] |
| nourrir (vt) | ushqej | [uʃcéj] |

## 255. Les verbes les plus courants (de O à R)

| obéir (vt) | bindem | [bíndɛm] |
| objecter (vt) | kundërshtoj | [kundərʃtój] |
| observer (vt) | vëzhgoj | [vэʒgój] |
| offenser (vt) | ofendoj | [ofɛndój] |

| omettre (vt) | heq | [hɛc] |
| ordonner (mil.) | urdhëroj | [urðərój] |
| organiser (concert, etc.) | organizoj | [organizój] |
| oser (vt) | guxoj | [gudzój] |

| oublier (vt) | harroj | [harój] |
| ouvrir (vt) | hap | [hap] |
| paraître (livre) | del | [dɛl] |
| pardonner (vt) | fal | [fal] |
| parler avec ... | bisedoj ... | [bisɛdój ...] |

| participer à ... | marr pjesë | [mar pjésə] |
| partir (~ en voiture) | largohem | [largóhɛm] |
| payer (régler) | paguaj | [pagúaj] |
| pécher (vi) | mëkatoj | [məkatój] |
| pêcher (vi) | peshkoj | [pɛʃkój] |

| pénétrer (vt) | depërtoj | [dɛpərtój] |
| penser (croire) | besoj | [bɛsój] |
| penser (vi, vt) | mendoj | [mɛndój] |
| perdre (les clefs, etc.) | humb | [húmb] |

| permettre (vt) | lejoj | [lɛjój] |
| peser (~ 100 kilos) | peshoj | [pɛʃój] |
| photographier (vt) | bëj foto | [bəj fóto] |
| placer (mettre) | vendos | [vɛndós] |

| plaire (être apprécié) | pëlqej | [pəlcéj] |
| plaisanter (vi) | bëj shaka | [bəj ʃaká] |
| planifier (vt) | planifikoj | [planifikój] |
| pleurer (vi) | qaj | [caj] |

| plonger (vi) | zhytem | [ʒýtɛm] |
| posséder (vt) | zotëroj | [zotərój] |
| pousser (les gens) | shtyj | [ʃtyj] |
| pouvoir (v aux) | mund | [mund] |

| prédominer (vi) | mbizotëroj | [mbizotərój] |
| préférer (vt) | preferoj | [prɛfɛrój] |
| prendre (vt) | marr | [mar] |
| prendre en note | mbaj shënim | [mbáj ʃəním] |

| prendre le petit déjeuner | ha mëngjes | [ha məɲés] |
| prendre un risque | rrezikoj | [rɛzikój] |
| préparer (le dîner) | përgatis | [pərgatís] |
| préparer (vt) | përgatis | [pərgatís] |

| présenter (faire connaître) | prezantoj | [prɛzantój] |
| présenter (qn) | prezantoj | [prɛzantój] |
| préserver (~ la paix) | ruaj | [rúaj] |
| pressentir (le danger) | parandiej | [parandíɛj] |
| presser (qn) | nxitoj | [ndzitój] |

| prévoir (vt) | parashikoj | [paraʃikój] |
| prier (~ Dieu) | lutem | [lútɛm] |
| priver (vt) | heq | [hɛc] |
| progresser (vi) | ec përpara | [ɛts pərpára] |

| promettre (vt) | premtoj | [prɛmtój] |
| prononcer (vt) | shqiptoj | [ʃciptój] |
| proposer (vt) | propozoj | [propozój] |
| protéger (la nature) | mbroj | [mbrój] |
| protester (vi, vt) | protestoj | [protɛstój] |

| prouver (une théorie, etc.) | dëshmoj | [dəʃmój] |
| provoquer (vt) | provokoj | [provokój] |
| punir (vt) | ndëshkoj | [ndəʃkój] |
| quitter (famille, etc.) | lë | [lə] |

| raconter (une histoire) | tregoj | [trɛgój] |
| ranger (jouets, etc.) | largoj | [largój] |
| rappeler (évoquer un souvenir) | më kujton ... | [mə kujtón ...] |

| | | |
|---|---|---|
| réaliser (vt) | përmbush | [pərmbúʃ] |
| recommander (vt) | rekomandoj | [rɛkomandój] |
| reconnaître (erreurs) | pranoj | [pranój] |
| reconnaître (qn) | njoh | [ɲóh] |
| refaire (vt) | ribëj | [ribə́j] |

| | | |
|---|---|---|
| refuser (vt) | refuzoj | [rɛfuzój] |
| regarder (vi, vt) | shikoj | [ʃikój] |
| régler (~ un conflit) | zgjidh | [zɟið] |
| regretter (vt) | pendohem | [pɛndóhɛm] |

| | | |
|---|---|---|
| remarquer (qn) | hedh një sy | [hɛð ɲə sý] |
| remercier (vt) | falënderoj | [faləndɛrój] |
| remettre en ordre | rregulloj | [rɛguɫój] |
| remplir (une bouteille) | mbush | [mbúʃ] |

| | | |
|---|---|---|
| renforcer (vt) | përforcoj | [pərfortsój] |
| renverser (liquide) | derdh | [dérð] |
| renvoyer (colis, etc.) | kthej mbrapsht | [kθɛj mbrápʃt] |
| répandre (odeur) | emetoj | [ɛmɛtój] |

| | | |
|---|---|---|
| réparer (vt) | riparoj | [riparój] |
| repasser (vêtement) | hekuros | [hɛkurós] |
| répéter (dire encore) | përsëris | [pərsərís] |
| répondre (vi, vt) | përgjigjem | [pərɟíɟɛm] |
| reprocher (qch à qn) | qortoj | [cortój] |

| | | |
|---|---|---|
| réserver (une chambre) | rezervoj | [rɛzɛrvój] |
| résoudre (le problème) | zgjidh | [zɟið] |
| respirer (vi) | marr frymë | [mar frýmə] |
| ressembler à ... | ngjasoj | [nɟasój] |
| retenir (empêcher) | ruhem | [rúhɛm] |

| | | |
|---|---|---|
| retourner (pierre, etc.) | kthej | [kθɛj] |
| réunir (regrouper) | bashkoj | [baʃkój] |
| réveiller (vt) | zgjoj | [zɟoj] |
| revenir (vi) | kthehem | [kθéhɛm] |

| | | |
|---|---|---|
| rêver (en dormant) | ëndërroj | [əndərój] |
| rêver (faut pas ~!) | ëndërroj | [əndərój] |
| rire (vi) | qesh | [cɛʃ] |
| rougir (vi) | skuqem | [skúcɛm] |

## 256. Les verbes les plus courants (de S à V)

| | | |
|---|---|---|
| s'adresser (vp) | i drejtohem | [i drɛjtóhɛm] |
| saluer (vt) | përshëndes | [pərʃəndés] |
| s'amuser (vp) | kënaqem | [kənácɛm] |
| s'approcher (vp) | afrohem | [afróhɛm] |

| | | |
|---|---|---|
| s'arrêter (vp) | ndaloj | [ndalój] |
| s'asseoir (vp) | ulem | [úlɛm] |
| satisfaire (vt) | kënaq | [kənác] |
| s'attendre (vp) | pres | [prɛs] |

| | | |
|---|---|---|
| sauver (la vie à qn) | shpëtoj | [ʃpətój] |
| savoir (qch) | di | [di] |
| se baigner (vp) | notoj | [notój] |
| se battre (vp) | luftoj | [luftój] |

| | | |
|---|---|---|
| se concentrer (vp) | përqendrohem | [pərcɛndróhɛm] |
| se conduire (vp) | sillem | [síɬɛm] |
| se conserver (vp) | ruhem | [rúhɛm] |
| se débarrasser de ... | heq qafe ... | [hɛc cáfɛ ...] |

| | | |
|---|---|---|
| se défendre (vp) | mbrohem | [mbróhɛm] |
| se détourner (vp) | largohem | [largóhɛm] |
| se fâcher (contre ...) | revoltohem | [rɛvoltóhɛm] |
| se fendre (mur, sol) | plasarit | [plasarít] |

| | | |
|---|---|---|
| se joindre (vp) | i bashkohem | [i baʃkóhɛm] |
| se laver (vp) | lahem | [láhɛm] |
| se lever (tôt, tard) | ngrihem | [ŋríhɛm] |
| se marier (prendre pour épouse) | martohem | [martóhɛm] |

| | | |
|---|---|---|
| se moquer (vp) | tallem | [táɬɛm] |
| se noyer (vp) | mbytem | [mbýtɛm] |
| se peigner (vp) | kreh flokët | [kréh flókət] |
| se plaindre (vp) | ankohem | [ankóhɛm] |

| | | |
|---|---|---|
| se préoccuper (vp) | shqetësohem | [ʃcɛtəsóhɛm] |
| se rappeler (vp) | kujtoj | [kujtój] |
| se raser (vp) | rruhem | [rúhɛm] |
| se renseigner (sur ...) | pyes për | [pýɛs pər] |
| se renverser (du sucre) | derdh | [dérð] |

| | | |
|---|---|---|
| se reposer (vp) | pushoj | [puʃój] |
| se rétablir (vp) | shërohem | [ʃəróhɛm] |
| se rompre (la corde) | këpus | [kəpús] |
| se salir (vp) | bëhem pis | [bə́hɛm pis] |

| | | |
|---|---|---|
| se servir de ... | përdor | [pərdór] |
| se souvenir (vp) | kujtohem | [kujtóhɛm] |
| se taire (vp) | ndaloj së foluri | [ndalój sə fóluri] |
| se tromper (vp) | gaboj | [gabój] |
| se trouver (sur ...) | shtrihem | [ʃtríhɛm] |

| | | |
|---|---|---|
| se vanter (vp) | mburrem | [mbúrɛm] |
| se venger (vp) | hakmerrem | [hakmérɛm] |
| s'échanger (des ...) | shkëmbej | [ʃkəmbéj] |
| sécher (vt) | thaj | [θaj] |
| secouer (vt) | tund | [tund] |

| | | |
|---|---|---|
| sélectionner (vt) | zgjedh | [ʒɟɛð] |
| semer (des graines) | mbjell | [mbjéɬ] |
| s'ennuyer (vp) | mërzitem | [mərzítɛm] |
| sentir (~ les fleurs) | nuhas | [nuhás] |

| | | |
|---|---|---|
| sentir (avoir une odeur) | mban erë | [mbán érə] |
| s'entraîner (vp) | stërvitem | [stərvítɛm] |

| | | |
|---|---|---|
| serrer dans ses bras | përqafoj | [pərcafój] |
| servir (au restaurant) | shërbej | [ʃərbéj] |
| | | |
| s'étonner (vp) | çuditem | [tʃudítɛm] |
| s'excuser (vp) | kërkoj falje | [kərkój fáljɛ] |
| signer (vt) | nënshkruaj | [nənʃkrúaj] |
| signifier (avoir tel sens) | nënkuptoj | [nənkuptój] |
| | | |
| signifier (vt) | nënkuptoj | [nənkuptój] |
| simplifier (vt) | thjeshtoj | [θjɛʃtój] |
| s'indigner (vp) | zemërohem | [zɛməróhɛm] |
| s'inquiéter (vp) | shqetësohem | [ʃcɛtəsóhɛm] |
| | | |
| s'intéresser (vp) | interesohem ... | [intɛɾɛsóhɛm ...] |
| s'irriter (vp) | acarohem | [atsaróhɛm] |
| soigner (traiter) | kuroj | [kurój] |
| sortir (aller dehors) | dal | [dal] |
| | | |
| souffler (vent) | fryn | [fryn] |
| souffrir (vi) | vuaj | [vúaj] |
| souligner (vt) | nënvijëzoj | [nənvijəzój] |
| soupirer (vi) | psherëtij | [pʃɛrətíj] |
| | | |
| sourire (vi) | buzëqesh | [buzəcéʃ] |
| sous-estimer (vt) | nënvlerësoj | [nənvlɛrəsój] |
| soutenir (vt) | mbështes | [mbəʃtés] |
| suivre ... (suivez-moi) | ndjek ... | [ndjék ...] |
| supplier (vt) | përgjërohem | [pərɟəróhɛm] |
| | | |
| supporter (la douleur) | duroj | [durój] |
| supposer (vt) | supozoj | [supozój] |
| surestimer (vt) | mbivlerësoj | [mbivlɛrəsój] |
| suspecter (vt) | dyshoj | [dyʃój] |
| | | |
| tenter (vt) | përpiqem | [pərpícɛm] |
| tirer (~ un coup de feu) | qëlloj | [cətój] |
| tirer (corde) | tërheq | [tərhéc] |
| tirer une conclusion | nxjerr konkluzion | [ndzjér konkluzión] |
| | | |
| tomber amoureux | bie në dashuri | [bíɛ nə daʃurí] |
| toucher (de la main) | prek | [prɛk] |
| tourner (~ à gauche) | kthej | [kθɛj] |
| traduire (vt) | përkthej | [pərkθéj] |
| | | |
| transformer (vt) | shndërrohem | [ʃndəróhɛm] |
| travailler (vi) | punoj | [punój] |
| trembler (de froid) | dridhem | [dríðɛm] |
| tressaillir (vi) | rrëqethem | [rəcéθɛm] |
| | | |
| tromper (vt) | mashtroj | [maʃtrój] |
| trouver (vt) | gjej | [ɟéj] |
| tuer (vt) | vras | [vras] |
| vacciner (vt) | vaksinoj | [vaksinój] |
| | | |
| vendre (vt) | shes | [ʃɛs] |
| verser (à boire) | derdh | [dérð] |

| | | |
|---|---|---|
| viser ... (cible) | vë në shënjestër | [və nə ʃəɲéstər] |
| vivre (vi) | jetoj | [jɛtój] |
| | | |
| voler (avion, oiseau) | fluturoj | [fluturój] |
| voler (qch à qn) | vjedh | [vjɛð] |
| voter (vi) | votoj | [votój] |
| vouloir (vt) | dëshiroj | [dəʃirój] |